Madeleine Walker
Wie Tiere Seelen heilen

Madeleine Walker

Wie Tiere Seelen heilen

Aus dem Englischen von
Karl Friedrich Hörner

Aquamarin Verlag

Titel der englischen Originalausgabe:
AN EXCHANGE OF LOVE
© 2008 by Madeleine Walker
published by O Books (John Hunt Publishing Ltd.), S024 OBE, UK

Deutsche Ausgabe:
1. Auflage 2016
© Aquamarin Verlag GmbH
Voglherd 1
85567 Grafing
www.aquamarin-verlag.de

Übersetzung aus dem Englischen: Karl Friedrich Hörner

Umschlaggestaltung: Annette Wagner

Druck: C.H. Beck • Nördlingen

ISBN 978-3-89427-753-6

Inhalt

* * *

Dieses Buch widme ich meinen Kindern
Sophie, Christopher und Cameron, die mir
auf meiner Seelenreise alle gleichermaßen
und unterschiedlich geholfen haben – und
meiner ganzen Familie: Den Menschen
und den Tieren in Vergangenheit,
Gegenwart und Zukunft.

* * *

Solange du kein Tier geliebt hast,
verharrt ein Teil deiner Seele im Schlafe.

Geleitwort

Ich habe das große Glück, seit einigen Jahren mit Madeleine zusammenarbeiten und in diversen Fällen, die ich nicht selbst auszuloten vermochte, von ihrer Sachkenntnis profitieren zu können. Den Tieren eine Chance zu geben, über ihre Probleme zu „sprechen", ermöglicht ihnen, Ängste abzubauen. Darüber hinaus hilft es mir bei der Entscheidung über den weiteren Weg ihrer Behandlung und – was sehr wichtig ist – verhilft sowohl dem Besitzer/Versorger als auch dem Tier zu einem viel tieferen und näheren gegenseitigen Verständnis in ihrer Beziehung. In Verbindung mit der Heilbehandlung, die Madeleine durchführt, trägt es dazu bei, eine umfassende Heilung herbeizuführen, da wir den Kern, die zentrale Störung eines Falles, ansprechen und somit Geist, Seele und Leib behandeln können.

Vielen Lesern wird die Vorstellung von Reinkarnation und früheren Leben bekannt sein. Das vorliegende Buch veranschaulicht, wie bedeutsam und folgenreich frühere Erdenleben für die Gesundheit unserer Tiere in deren aktueller Inkarnation sind und wie das Erkennen und Handhaben dieser Dinge dazu beitragen können, ein krankes Tier zu heilen und möglicherweise das Leben seiner Besitzer zu erleichtern.

In diesem Buch erkundet Madeleine die oft komplexen Verbindungen und Themen zwischen einem Tier und seinem Besitzer/Versorger, denen ganzheitlich arbeitende Veterinärmediziner wie ich im Rahmen unserer Tätigkeit täglich begegnen.

Dieses Buch wird ein breites Spektrum von Lesern ansprechen, von Haustierbegeisterten bis hin zu Menschen, die professionell in der Tierpflege oder -Heilkunde arbeiten. Lesen und genießen Sie dieses Buch – und seien Sie bereit, sich von der Macht der bedingungslosen Liebe in Staunen versetzen zu lassen.

Judith Webster

* * *

Vorgeschichte

Viele Menschen haben gerne ein Haustier, und die Zahl derer, die in die Gesellschaft eines Tieres ein unerklärliches Behagen empfinden, ist noch größer. Viele spüren und erkennen auch, dass es eine spirituelle Verbindung zwischen Tieren und Menschen gibt. Der „Austausch von Liebe" (Titel des engl. Originals), so hat mich die Philosophie gelehrt, geht sogar noch weiter.

Ich hoffe, zu einem wachsenden Gewahrsein beizutragen, dass die Tiere, die das Leben mit uns teilen, mit unsere engsten Freunde sind. Häufig sind sie durch viele Erdenleben in anderen Inkarnationen bei und um uns gewesen und haben als unsere mehr-als-lebenslangen Freunde Zugang zu Aspekten unseres Unbewussten, auf die wir selbst uns nicht mehr einzustimmen vermögen, weil wir zu sehr technisch orientiert sind. Manchmal versuchen sie, Aufmerksamkeit auf unser tiefsitzendes Unbehagen zu lenken und geraten wegen eines solchen „Hilfeschreis" in Schwierigkeiten. In vielen Fällen, in denen sich ein Tier so „schlecht benimmt", dass der Besitzer es für notwendig hält, Hilfe von einem Psychologen, einem Tierverhaltens-Spezialisten oder schließlich von einem Heiler wie mir in Anspruch zu nehmen, werden durch meine Kommunikation mit dem Haustier Traumata aufgedeckt, die der Heilung bedürfen – nicht nur beim Tier, sondern auch bei seinem Halter. Da es seinen menschlichen Begleiter so gut kennt, ist das Haustier in der Lage, auf ein tiefsitzendes Problem aufmerksam zu machen, dessen sich sein Besitzer vielleicht gar nicht bewusst ist, bis er im Rahmen einer Tierkommunikations-Sitzung darauf hingewiesen wird und eine Erklärung übermittelt bekommt.

Die Formulierung „Austausch von Liebe" steht für die Fähigkeit und Bereitwilligkeit des einen, den anderen zu heilen. Diese Art von Kommunikation funktioniert auf vielen Ebenen. Da gibt es die Eins-zu-eins-Verbindung zwischen mir selbst und dem Tier auf einer physischen und mentalen Ebene. Alles, was ich dabei empfinde, ist ein Geben und Empfangen von überwältigender Liebe. Wenn erst ein Vertrauen besteht, entspannt sich selbst das scheinbar aggressivste und gefährlichste Tier, und die Kommunikation beginnt. Sie kann eine komplizierte Verstrickung verschiedener Themen und Traumata zutage fördern, die das Tier im derzeitigen oder in einem früheren Leben erlitt, bis hin zu Szenarien in vergangenen Erdenleben, die das gleiche Tier und der gleiche Besitzer heute neu inszenieren und die es aufzudecken und zu heilen gilt. Da sie ständig unsere energetische Verfassung registrieren, können unsere Tiere selbst auf noch nicht diagnostizierte gesundheitliche Probleme ihres Besitzers aufmerksam machen oder sogar Ereignisse erspüren und wahrnehmen, die ihrem Besitzer andernorts zugestoßen sind und dazu führten, dass dieser in einer negativen Gemütsverfassung heimkehrte. Die „schartigen" Energien, die er dabei mitbringt, können die Tiere wahrnehmen, die nun ihrerseits mit auffälligem oder Fehlverhalten darauf reagieren.

Wie tief und weit das Gewahren und Verstehen, die Liebe und das Mitgefühl der Tiere reichen, die sich um unser Wohlbefinden sorgen, dürfen wir nicht unterschätzen.

Mit diesem Buch bitte ich Sie nur, Ihr Fühlen und Denken zu öffnen. Legen Sie Ihre Zweifel und Skepsis beiseite – es könnte geschehen, dass diese Geschichten Ihre Erwartungen übertreffen. Im Laufe meiner Lehrzeit im Dienst an meinen tierischen Freunden habe ich oft an meinem Verstand gezweifelt und schon fast damit gerechnet, den festen Griff der Männer in den weißen Kitteln an meiner Schulter zu spüren, die mich in psychiatrische Obhut entführen!

Doch die Echtheit und außerordentliche Reichweite und Tiefe der Wahrnehmung wurde ein ums andere Mal nachträglich bestätigt, wenn die Botschaften der Tiere deren Besitzern übermittelt wurden.

Geben Sie der Möglichkeit Raum, von den Tieren zu lernen. Lösen Sie sich von Ihrer festgefahrenen Wirklichkeit und öffnen Sie sich unbegrenzten Möglichkeiten.

Manche der in diesem Buch behandelten Themen mögen weit hergeholt scheinen. Die Tiere haben tatsächlich einen weiten Weg zurückgelegt, um diese enorme Weisheit zu „holen", um unser Wieder-Erwachen zu erleichtern. Erlauben Sie den Berichten in diesem Buch, Samen neuen, kräftigenden Wissens zu legen, die zu einem Verstehen Ihrer selbst heranwachsen werden.

Der „Austausch" macht uns darauf aufmerksam, dass wir unsere Tiere lieben, aber nicht uns selbst. Unsere Tiere lehren uns, uns selbst zu vertrauen, und sie wecken uns, damit wir uns erinnern, dass alles *eins* ist. Ihre Liebe zu uns hat sie getragen, so dass sie nicht an uns verzweifeln – trotz ihrer Schwierigkeiten, uns zu erreichen.

Wir Menschen müssen unser Gefühl des Getrenntseins loslassen und das Gespür für uns selbst zurückgewinnen, um uns zu erinnern, dass es nur Liebe gibt. Das ist das Geschenk der Tiere. Sie öffnen uns Herz und Sinne, mit ihnen zu kommunizieren, damit wir mit uns selbst kommunizieren können. Wir haben uns von unserer Wahrheit sehr weit entfernt. Die Tiere sind hier, um uns sanft auf unseren Pfad zum Verstehen zurück zu stupsen. Sie haben uns viel zu lehren, und wir haben viel zu lernen. Alles, was wir wissen müssen, ist in unserem Inneren; wir haben es nur im Laufe der Zeit vergessen.

Auf Ihrem Weg durch dieses Buch wird jedes seiner Kapitel Sie auffordern, Ihre Vorstellungen über die gewohnten, vorgefassten Begrenzungen hinaus auszudehnen. Lassen Sie zu, dass Sie sich erinnern, wie erstaunlich Sie sind …

Gute Reise!

Madeleine Walker

Einführung

Die Landschaft in Somerset war von glitzerndem Raureif bedeckt, und das Gras stand in frostigen Reihen erstarrt, verziert von Spinnweben, die aussahen, als hätten eisige Finger sie gehäkelt. Aber das war draußen. Ich saß drinnen, die Hände um eine Tasse heißen Tees geschlossen, und genoss die Wärme im Bauernhaus meiner Freundin Leigh. Ich hatte mich zum Aufwärmen in ihre Küche gesetzt, nachdem ich draußen in der Kälte ihre Pferde bewundert hatte. Dort, im kalten Morgenwind, musste ich zittern und beneidete die Tiere um ihre warmen Decken.

Hier, in der gemütlichen Küche, konnte ich nicht widerstehen, die Gelegenheit zu nutzen, Sam zu streicheln, Leighs neuen Jack-Russell-Welpen. Er war einfach hinreißend, wie er sich mit seinem kleinen Körper auf meinem Schoß rekelte und faul auf dem Rücken lag, während ich sein rosiges Bäuchlein kraulte. Ich staunte über seine weiche Haut und genoss den zarten Welpenduft, der es verdiente, in Flaschen abgefüllt und zur Freude aller Tierliebhaber verkauft zu werden.

Als ich so wunschlos glücklich dahindämmerte, fing Sam zu meinem größten Erstaunen an, zu mir zu sprechen. Ich hörte eine Stimme im Kopf, die so ähnlich wie meine eigene klang, aber von irgendwo außerhalb zu kommen schien. Sam selbst fixierte intensiv meine Augen, als bohrte er seine Gedanken und Worte per Blickkontakt in meinen Kopf. Sachlich und wie selbstverständlich erklärte er mir, dass er eine Reinkarnation von Leighs altem Hund sei, einem Border-Collie. Nun sei er in seinem Jack-Russell-Körper zu ihr zurückgekommen, um die liebevolle Beziehung von früher fortzusetzen. Ich war so schockiert, dass ich ihn fast fallenließ. Ich starrte hinüber zu Leigh, die jedoch gerade damit beschäftigt war, einem Kunden homöopathische Medikamente zu geben.

Damit der kleine Sam nicht hinunterfiel, hielt ich es für angebracht, ihn auf den Boden abzusetzen, während ich mich von meinem Schrecken erholte. Doch der Abbruch meiner Erholung ließ nicht lange auf sich warten: Direkt vor meinen Augen verwandelten sich Sams Züge in die eines Border-Collies, um mir noch deutlicher zu veranschaulichen, wie er in seiner früheren Inkarnation ausgesehen hatte. Mir war bewusst, was ich gerade sah, aber das machte es mir nicht leichter, das Geschehen zu begreifen. Ich erkannte die schwarze und weiße Zeichnung eines Collies auf dem Gesicht des Hundes und die deutlichen Flecken an seiner Schnauze. Das wurde mir unheimlich! Ich war überzeugt, dass ich im Begriff war, den Verstand zu verlieren und obendrein alle Tassen, die ich bisher ordentlich im Schrank geborgen wusste. Doch dann, ebenso plötzlich, verwandelte sich das Hundegesicht zurück und nahm wieder die kindlichen Züge des Jack-Russell-Welpen an.

Angesichts von Sams Enthüllung war ich sprachlos. Obwohl ich an meinen medialen und intuitiven Fähigkeiten gearbeitet hatte, war dies nun doch etwas anderes. Endlich war Leigh mit der Medikamentenausgabe fertig, und ihre Klientin verließ das Haus. Leigh kam in die Küche zurück und entschuldigte sich für die Unterbrechung. Sie plauderte über dies und jenes, während ich damit beschäftigt war, all meinen Mut zusammenzuklauben, um zu berichten, was Sam mir mitgeteilt hatte. Schließlich fühlte ich, dass ich es ihr einfach sagen musste. Statt sie geradewegs zu fragen, ob sie früher einmal einen Border-Collie besessen habe, fragte ich nur allgemein, ob sie schon einmal einen Hund besessen habe. Leigh antwortete, sie habe seit Jahren keinen Hund gehabt, doch ihren Border-Collie namens Briar habe sie einst sehr geliebt. Sie wollte wissen, warum ich ihr diese Frage gestellt hatte. Als ich ihr mitteilte, was Sam mir anvertraut hatte, war sie nicht weniger erstaunt, als ich es gewesen war. Doch nach reiflicher Überlegung könne sie es vielleicht glauben, da Sam immer zu wissen scheine, was von ihm erwartet wurde, und sie anscheinend sehr gut verstehe. Er scheine viel klüger zu sein, als es seinem Alter entspreche; dies hätten schon viele Menschen bemerkt.

Ich fragte Leigh, ob sie ein Foto von Briar besitze, und sie machte sich auf die Suche nach einem alten Schnappschuss von ihrem geliebten Border-Collie. Sie fand ein Bild von Briar, der all die unverwechselbaren Merkmale aufwies, die Sam mir vorher gezeigt hatte.

Ich erkannte, dass hier etwas ganz Besonderes geschehen war. Ich hatte eine Rückführung in eine frühere Existenz erlebt und erkannte ihr heilsames Potenzial zur Lösung von Traumata und emotionalen Belastungen: Eine solche Rückschau hilft uns, zu verstehen, wo unerklärliche Phobien oder negative Glaubensmuster herrühren könnten. Untersuchungen früherer Leben zeigen auch, wie wir in Seelen-Gruppen unterwegs sind, um in aufeinander folgenden Lebenszeiten wechselnde Rollen zu spielen, die es uns ermöglichen, unerledigte Geschäfte abzuschließen und ungelöste Themen zu klären. Nachdem ich schon einiges davon erlebt und ein wenig über die therapeutische Arbeit mit früheren Leben gelesen hatte, war ich durchaus offen für den menschlichen Aspekt dieses Konzepts, aber es war mir nie in den Sinn gekommen, mir die Frage zu stellen, ob dies auch für Tiere möglich sein könnte.

Die Vorstellung, dass Tiere tatsächlich wählen und entscheiden können, wo und bei wem sie inkarnieren, um die liebevolle Beziehung mit ihrem früheren Besitzer fortzusetzen, und sich verpflichten, auf verschiedenen Ebenen zu unserer Heilung beizutragen, war verblüffend. Ich fühlte mich geradezu gezwungen, meine Reise in diese neue Welt zu erzählen und dieses Buch zu schreiben, um Sie durch die Phasen der Entdeckungen und des Verstehens zu führen und so anderen Menschen zu helfen, zu erfahren und wertzuschätzen, wie viel unsere tierischen Begleiter uns zu lehren haben. So viele Tiere werden aufgrund ihrer schwierigen Verhaltensprobleme ins Heim zurückgebracht, geschlagen, missbraucht, ausgesetzt und getötet. In Fernsehsendungen über Tiere, die sich schlecht benehmen, werden die Probleme gewöhnlich – bewusst oder unbewusst – dem unsachgemäßen Verhalten der Besitzer zugeschrieben.

Es gibt einige wunderbare Verhaltensforscher, die brillante Arbeit leisten, doch der Unterschied zwischen ihrer Arbeit und meiner ist, dass ich eine direkte, telepathische Verbindung mit den Tieren aufnehme. Die Tiere kommunizieren auf einer sehr tiefen Ebene und informieren mich dabei über ihre Verbindung mit ihren Besitzern und zeigen mir Themen und Probleme zwischen Mensch und Tier, die einer Heilung bedürfen. Hierbei kann es sich um eine Angelegenheit aus einem früheren Leben handeln, die auf einer körperlichen oder emotionalen Ebene zur Beeinträchtigung wird; manchmal spiegeln die Tiere auch den Stress ihres Besitzers wider. Schon häufig wurde beobachtet und dokumentiert, dass sich die Gesellschaft von Hauskatzen auf ihre Besitzer geradezu heilsam auswirkt; doch dies ist ein noch viel weiter reichendes Konzept.

Ich weiß, wie traumatisch es für Tierfreunde sein kann, ein geliebtes Haustier zu verlieren, und so fühlte ich mich sehr getröstet durch die Tatsache, dass unsere lieben tierischen Begleiter in anderer Gestalt zurückkehren konnten, um die intensiven Verbindungen fortzusetzen, sowie durch die Entdeckung, dass es möglich war, von diesen unglaublichen Geschöpfen so klare Botschaften zu empfangen. Je mehr ich lernte, besonders von Pferden, desto mehr staunte ich, wie viel sie von ihren Besitzern wahrnahmen und verstanden. Die tief- und weitreichende Bedeutung ihrer Botschaften machten mir zunehmend bewusst, dass es hier einen Austausch gab, ein Heilen in beide Richtungen. Häufig zeigen Tiere Symptome, die anscheinend angesprochen werden müssen, während der wirkliche Zweck ihrer Behandlung darin besteht, die Aufmerksamkeit auf ein drängendes Problem im Leben ihres Besitzers zu lenken. Es ist wunderbar, zu erleben, wie sehr es meine Klienten beruhigt, Liebe und Rat von ihren Tieren zu erhalten, und nun auch zu wissen, dass sich Tiere so sehr um ihre Menschen kümmern, dass sie bereit sind, ihre früheren menschlichen Gefährten erneut durchs Leben zu begleiten.

Ich staune immer wieder neu über meine Erlebnisse und fühle mich sehr geehrt durch das Vertrauen, das es mir erlaubt, in viele sehr schmerzliche physische und emotionale Erinnerungen mit einzutauchen. Ich fühle mich klein und privilegiert zugleich, Teil eines Heilungsprozesses sein zu dürfen, und ich danke dem Universum, dass ich mein Leben der heilenden Arbeit widmen darf. Mir ist klar, dass mir eine wunderbare Gabe anvertraut wurde. Es sind keine außergewöhnlichen Kräfte, die mir allein zur Verfügung stehen, sondern das Wissen, dass es in unserer physischen Welt so viel mehr gibt, als wir uns je vorgestellt haben. Unsere tierischen Freunde besitzen die Fähigkeit, bedingungslos zu lieben – trotz der Grausamkeit, die ihnen manchmal angetan wird. Sie können unsere Lehrer sein.

Mir scheint, dass es nur eines gibt, das wirklich real ist: Liebe. Liebe ist nicht durch eine physische Ebene begrenzt. Sie dauert fort in Ewigkeit. Wir alle können uns öffnen, um dieses Geschenk zu empfangen. Es liegt latent in jedem von uns. Tiere und Menschen können Liebe geben, Liebe austauschen, Liebe empfangen und – geheilt werden durch LIEBE.

Kapitel 1

Mulberry erzählt

Wenn ich über die Richtungen und Wendungen nachdenke, die unser Leben genommen hat, dann staune ich über alle die Schritte entlang des Weges, die seinerzeit eher wahllos und zufällig anmuteten. Ich glaube, dass uns besondere Tiere geschickt werden, die uns auf unserem Lebensweg helfen; sie können wichtige Katalysatoren sein, die uns wieder „auf die Spur" bringen, wenn wir vom Kurs oder der Bestimmung unseres Lebens abgekommen sind.

Es war eine kleine Ziege, die mein Leben und das meines jüngsten Sohnes Cameron für immer radikal veränderte. Der tiefgreifende Wandel begann, als uns Mulberry 1995 als Zicklein gegeben wurde, genauer gesagt, als eine einjährige Ziege. Das heißt, Mulberry war kein Kind mehr, sondern in dem Alter, in dem sich Ziegen gebärden wie halbstarke Jugendliche, bevor sie zur Ruhe kommen und sich auf eine reifere und leichter zu beherrschende Beziehung mit ihren Besitzern einlassen.

Wir hatten eine kleine Landwirtschaft mit einer seltsamen Menagerie von Tieren, darunter Pferde und Ponys, Hunde und Katzen, Minischweine, Enten und Gänse – alle viel zu geliebt, um verspeist zu werden! Ich hatte seit etlichen Jahren reinrassige British-Alpine-Ziegen gezüchtet und liebte ihre Lebhaftigkeit und ihren starken Charakter. Ihr glänzend schwarzes Sommerkleid zu betrachten, das wie

Ebenholz schimmerte, war reine Freude. Leider teilten die anderen Ziegen mein Vergnügen beim Empfang eines so wunderbaren Geschenkes nicht. Sie jagten und belästigten Mulberry gnadenlos. Wie alle anderen Herdentiere, scheinen Ziegen ihre Hackordnung festzustellen und sehr bald zu entscheiden, wer in ihrer Hierarchie welchen Rang einnimmt. Dieser Faktor hat bei der Entwicklung von Mulberrys Charakter wohl eine wichtige Rolle gespielt. Als das Tier in der Rangordnung unserer kleinen Herde aufstieg, beschloss es, sich nie wieder piesacken zu lassen. Wenn es jemand wagte, Mulberry zu behelligen, war sie es, die jedem arglosen Ziegentier, das ihr Missfallen erregt hatte, disziplinarische Maßnahmen angedeihen ließ.

Mein Sohn Cameron wurde 1994 geboren, und so waren er und Mulberry etwa gleichaltrig. Mulberry wurde im März geboren, Cameron im Mai. Mit den Jahren entwickelte sich eine starke Bindung zwischen ihnen. Nie war Cameron glücklicher, als wenn er in seinen Gummistiefeln steckte und gemeinsam mit Mulberry in unserem Paddock zugange war. Mulberry war aufgrund ihres unglückliches Starts in der Herde gegenüber anderen Ziegen ein echter Drachen, doch im Umgang mit Cameron war sie der Inbegriff von Sanftmut. Wehe der Ziege, die ihn unabsichtlich stieß: Mulberry eilte augenblicklich zu seiner Verteidigung herbei. An Sommertagen war Cameron so pittoresk wie ein Kitschgemälde, wenn er sich an Mulberry klammerte, die Arme um den Hals des zickigen Kindermädchens geschlungen. Selig zogen die beiden über die Weide, Mulberry dabei stets auf der Suche nach saftigen Leckerbissen. Camerons goldene Ringellöckchen leuchteten im Sonnenlicht, wenn er in T-Shirt, kurzen Hosen und Gummistiefeln dahinstapfte, so gut seine kleinen Beine es vermochten, Seite an Seite mit seiner zuverlässigen Freundin. Als Peak, Mulberrys eigenes Kind, Cameron einmal umrannte, hatte dieses Fehlverhalten schmerzliche Konsequenzen, da Mulberry ihren Nachwuchs ins Ohr biss, so dass das Ziegenmädchen jämmerlich blökte. Eine größere Ziege erlitt einst eine ähnliche Bestrafung, als Mulberry ihre Autorität in der Verteidigung ihres jungen menschlichen Schutzbefohlenen geltend machte.

Wir machten häufig Bemerkungen darüber, wie klein Cameron innerhalb der Herde war. Wenn er irgendwo im Obstgarten ein Stöckchen fand, tippte er den Ziegen damit sanft auf den Rücken; dabei kam es uns vor, als sei er ein alter Hirte. Er war immer sanft und ruhig mit ihnen. Wir kamen nicht auf den Gedanken, dass er damit auf Erfahrungen aus seinem früheren Leben zurückgriff und sie neu inszenierte.

Die arme Mulberry hatte große Schwierigkeiten, als sie ihre ersten Zwillinge gebar. Ich schrieb dies dem Umstand zu, dass es ihr erstes Mal war, doch als sie wieder Junge zur Welt zu bringen versuchte, geriet sie leider abermals in große Not. Die Geburtswehen zogen sich hin, und sie schien ohnmächtig zu werden, deshalb rief ich den Tierarzt, der eine Notfallentbindung per Kaiserschnitt anordnete. Die arme Mulberry war in einer verzweifelten Situation. Dem Tierarzt gelang es, ein weibliches Zicklein lebend zu entbinden, aber Mulberry war in ei-

nem sehr schlechten Zustand, als wir sie nach Hause brachten. Sie war so schwach, dass ich Strohballen um sie schichtete, um sie zu stützen, und ihr Kleines neben sie legte, durch Strohballen getrennt, um es vor Schaden zu bewahren, falls Mulberry umfiel oder sich unglücklich bewegte. Ich hoffte, dass ihr der Anblick ihres Kindes den Lebenswillen wiedergeben würde.

Nacht für Nacht stand ich Stunde um Stunde auf und versuchte, Mulberry zu bewegen, etwas zu essen oder zu trinken. Sie verlor zusehends an Substanz. Ich war so verzweifelt, dass ich fieberhaft versuchte, mich zu erinnern, was ich über die heilende Energie in unseren Händen gelernt hatte – ohne wirklich zu glauben, dass ich sie retten könne. Sie sah so mitleiderregend aus, war nur noch Haut und Knochen, ihr herrliches schwarzes Fell wurde stumpf und matt. Dass Mulberry starb, kam nicht infrage. Wie könnte ich Cameron erklären, dass seine beste Freundin auf der ganzen Welt gestorben war?! Ich betete inständig um Hilfe. Ich legte meine Hände um das Tier und strich die riesige Wundnaht entlang, die wie ein bizarrer Reißverschluss an ihrer hohlen Seite aussah. Plötzlich spürte ich, dass etwas aus meinen Händen strömte, und ich fühlte mich geführt, sie an verschiedene Stellen des Ziegenkörpers aufzulegen. Ich wusste, dass ich dabei Hilfe und Führung erhielt. Im Spaß sagte ich zu Mulberry: „Wenn du mir stirbst, bringe ich dich um!" Ich konnte die Vorstellung nicht ertragen, Cameron mitzuteilen, dass sie gegangen war. Mulberry war wirklich ein integraler Bestandteil unserer Familie geworden, und wir waren alle verzweifelt und in Sorge um sie. Wenn sie sterben müsste, wären wir alle untröstlich.

Irgendwie begann sie sich ihren Weg zur Gesundheit zurück zu erkämpfen. Es war ein langsamer Prozess. Die einzige Flüssigkeit, die sie trank, war warmes Wasser, das ich auf Haferflocken goss. Sie leckte das warme, milchige Nass auf, und als sie an Kraft zunahm, gelang es ihr, auch die durchweichten Haferflocken aufzuschlürfen. Manchmal inhalierte sie etwas von dem Haferschleim und musste niesen; dabei bedeckte sie mein Gesicht mit spritzendem Haferbrei, was unter anderen Umständen recht wirkungsvoll für meinen Teint gewesen wäre. Wenn ich dann vom Ziegenschuppen zurückkehrte, trug ich einen seltsamen Kleckerhafer-Look zur Schau.

Endlich, nach drei Monaten intensiver, liebevoller Pflege, begann Mulberry wieder auszusehen und sich zu verhalten wie früher. Sie setzte ihre Autorität und Disziplin durch – sie spürte offenbar selbst, dass sie diese Elemente zuletzt eher vernachlässigt hatte – und sorgte dafür, dass jedem unachtsamem Verhalten ihrer Artgenossen eine Strafaktion folgte. Mulberry nahm ihren Platz als Königin der Herde wieder ein, und unser Respekt vor ihrem Mut und Lebenswillen nach einer so schlimmen Zeit nahm zu.

Cameron verbrachte weiterhin viele glückliche Stunden mit der Ziege. Er war ein wunderbares Kind, doch sein Vater und ich mühten uns ab, weil es unmöglich schien, dass er abends zur Ruhe kam. Wir ertrugen Jahre gestörter Nächte, und Camerons Eigenheiten nahmen noch zu. Im Spaß sagten wir uns, dass wir in einem früheren Leben wohl irgendetwas Schlimmes verbrochen haben mussten, um jetzt in diesem Leben so viel Mühe mit Cameron zu haben. Wir liebten ihn beide, aber sein Verhalten – außer mit den Tieren – begann seinen Tribut zu fordern. Er entwickelte eine Obsession für Lokomotiven und Modelleisenbahnen, die für kleine Jungen anscheinend durchaus normal war. Doch angesichts seiner nächsten Obsession mussten wir uns fragen, ob hier emotional und mental alles in Ordnung war. Cameron war fasziniert von Telegrafenmasten. Er konnte sie detailliert beschreiben – jeden einzelnen Masten auf unserem sechs Kilometer weiten Weg zur Schule – und versuchte, sie auf Papiere zu zeichnen, die er über den Fußboden unseres Wohnzimmers verteilte. Wenn er einen Draht dicker gezeichnet hatte, als er sein sollte, dann tauschte er nicht das Blatt Papier aus oder korrigierte das Bild des störenden Telegrafenmasts, sondern er brach aus in einer Explosion von Frustration und Zorn und ließ das ganze Projekt wütend liegen.

Wir waren natürlich beunruhigt, da er sich selbst so sehr unter Druck zu setzen schien und so verzweifelt war. Diese Obsession begann sein Leben zu beeinträchtigen. In der Schule wurde er gehänselt wegen der Art und Weise, wie er angesichts von Telegrafenmasten ins Schwärmen geriet, und Cameron selbst konnte nicht verstehen, warum sich niemand sonst dafür zu interessieren schien. Wir mussten in unserem Garten einige „Masten" errichten, und unsere Geduld wurde extrem auf die Probe gestellt, als er sehr pedantisch wurde in Bezug auf das präzise Maß des Durchhängens oder die Höhe der „Leitungen", die wir aus Seilen nachgebildet hatten, die wir an die hölzernen Pfosten banden. Zu unserer großen Verzweiflung mussten alle Versuche, Ebenbilder seiner geliebten Masten zu erschaffen, unbefriedigend bleiben.

Als Cameron sieben Jahre alt war, wurde ich gebeten, an einem Seminar über Autismus und das Asperger-Syndrom teilzunehmen. Ich hatte von Asperger nie etwas gehört, doch bei Beschreibung einiger Symptome begannen mir die Ohren zu klingen – und ich dachte an meinen Sohn. Camerons Probleme schienen zwar vergleichsweise mild, doch es gab definitiv erkennbare Tendenzen. Dies könnte möglicherweise eine Erklärung für seine seltsamen Obsessionen sein. Wir konsultierten Allgemein- und Kinderärzte und entdeckten, dass dies der Fall war. Obwohl Cameron unglaublich gut klarkam, war es eine Herausforderung, ihn auf eine Weise zu unterstützen, die ihm ein möglichst glückliches Leben gestattete. Solange er bei Mulberry sein konnte, war er zufrieden.

Der Wendepunkt trat ein, als eine Therapeutin, die ich konsultiert hatte, meinte, dass Cameron unter einem Trauma aus einem früheren Leben leide. Dies war ein kleiner Schock, und als sie beschrieb, was sie intuitiv über die Ursache von Camerons Tod in jenem früheren Leben wahrnahm, gefror mir das Blut in den Adern. Es war entsetzlich, doch es erklärte auf irgendeine bizarre Weise einige seiner Ängste, für die es in seinem jetzigen Leben keinen Grund zu geben schien.

Sie teilte mir mit, wie Cameron im frühen 18. Jahrhundert in einen sehr dunklen kleinen Raum oder Schrank gesperrt worden sei. Er war damals etwa sechs Jahre alt und recht ungezogen gewesen. Der Mann, der sein Vormund war, hatte ihn in jenes schreckliche Dunkel eingesperrt, wo er sein Verhalten überdenken sollte. Cameron war in dieser Zwangslage so entsetzt und verängstigt, dass er sich erbrach und dann erstickte. Als der Mann wiederkam, um nachzusehen, ob Cameron seine Lektion gelernt hätte, war es sehr zu seinem Leidwesen schon zu spät, um den Jungen wiederzubeleben.

Ich wusste nicht, was ich von dieser seltsamen und erschreckenden Information halten sollte. Sie entsetzte mich zutiefst, doch sie schien auch weit hergeholt. Als ich mit Camerons Vater darüber sprach, erinnerte er mich an eines von Camerons ersten Wörtern. Abgesehen von dem gewöhnlichen „Mama, Mama, Papa, Papa", pflegte er vor unserem großen Schrank stehen zu bleiben und zu sagen: „In a dubber, in a dubber!" Dies ging so einige Wochen lang. Wir hatten damals keine Ahnung, was er damit meinte oder was er uns auf seine noch recht unbeholfene Weise zu sagen versuchte. Christopher, sein älterer Bruder, übersetzte für uns: „Er sagt: In the cupboard, in the cupboard!" [" Im Schrank, im Schrank!"] Ich hatte jene Episode längst vergessen, doch nun hatten wir allen Anlass, die Anzeichen neu und ernstlich zu überdenken, die diese Geschichte vom Trauma in einem früheren Leben bestätigen könnten.

Cameron wurde immer völlig hysterisch, wenn er allein in einem Raum gelassen oder gar hingelegt wurde. Dann steigerte er sich in eine Raserei, bis er sich übergab. Dann fing er an zu würgen. Wann immer er unter großem Druck war, machte er beängstigende Erstickungsgeräusche, und er fürchtete sich sehr vor abgeschlossenen dunklen Orten. „Einfach zuzulassen, dass er sich in den Schlaf schreit oder weint", wie uns oft empfohlen wurde, war keine Option. Leichte Quengeleien hatte ich von meinen anderen Kindern erlebt, wenn sie ins Bettchen gelegt wurden; später beruhigten sie sich dann, und wir konnten sehen, wie sie friedlich schliefen. Nicht so Cameron. Er zeigte vielmehr schieres Entsetzen. Jahrelang schlief er entweder bei uns im Bett oder wir spielten die ganze Nacht „Reise nach Jerusalem" – wir probierten alles, um nur wenigstens *etwas* Schlaf zu bekommen. Schließlich suchten wir Hilfe von Therapeuten komplementärer Disziplinen. Homöopathie und Craniosakral-Therapie trugen viel dazu bei, Symptome zu lindern, aber einen ganzen Nachtschlaf zu bekommen, gelang uns schließlich erst, als Cameron etwa acht Jahre alt war.

Durch all diese Jahre und Nöte begleiteten uns unsere geliebten Tiere, wobei Mulberry immer das Geschehen dominierte. Sie war die Konstante inmitten unseres Chaos. Sie war auch weiterhin sein Halt im Leben und die Vertraute Camerons, und wenn ich ehrlich bin, auch für mich. Sie schien so weise und allwissend, wie sie seelenruhig wiederkäute, als betrachte sie die Dilemmata und Herausforderungen des Lebens von einer höheren Warte. Bis auf eine Gelegenheit – als sie sich beinahe zwischen ihren Stalltüren erhängte, als sie versuchte, einige schmackhafte Weinblätter zu stehlen, die sie lockten – behielt sie ihre herablassende und überlegene Fassung. Nichts kam dem Behagen gleich, sich an Mulberrys weichen, pelzigen Hals zu kuscheln und ihren beruhigenden, sanften Ziegenduft einzuatmen, der sich so sehr unterschied von dem stechenden Geruch ihrer männlichen Artgenossen. Es gab viele Gelegenheiten in den Turbulenzen des Lebens, bei denen ich Mulberry in die Arme schloss, weil ich Trost und Unterstützung suchte. Ich verstand, warum Cameron Ruhe und Zufriedenheit fand in dem schlichten Vergnügen, mit Mulberry zusammen zu sein.

Aus beruflichen Gründen und wegen der Schule zogen wir mehrere Male um und mussten am Ende unsere Ziegenherde reduzieren und feststellen, dass es nur dann wirklich praktisch und zu bewältigen war, wenn wir allein Mulberry behielten. Für unsere anderen Ziegen fanden wir geeignete und liebevolle Plätze, und Mulberry wurde in unserem neuen Zuhause installiert, zu dem ein großer Garten und ein Stall gehörten. Obwohl ich niemals irgendein anderes Herdentier einzeln halten würde, schien sie die menschliche Gesellschaft vorzuziehen und genoss es immer, mit eisernen Hufen unsere Hunde, Katzen und Hühner zu dominieren. Solange es reichlich Aktivität gab, die sie beaufsichtigen konnte, war sie glücklich. Wir nannten unser neues Haus sogar „Mulberry Cottage". Als ich bei seiner ersten Besichtigung die Vorzüge dieses Hauses aufzählte, war bereits klar, dass es fantastische Gegebenheiten für Mulberry bot. Meine Freundin fragte gleich, ob es auch für Menschen geeignet sei. Wir lachten, als ich bemerkte, dass es nur eines gab, was mir an dem Haus nicht gefiel – sein Name. So kam es zu dem Vorschlag, es zu Mulberrys Ehren umzutaufen.

In jenen Jahren entfaltete sich meine Arbeit als Heilerin und Lehrerin. Ich begann, Heilergruppen zu leiten. Ich führte Einweihungs-Sitzungen und Workshops an verschiedenen Orten und zu Hause durch. Ich hatte erkannt, wie es sich anfühlte, entmachtet zu sein, und ich wollte Menschen helfen, sich selbst wieder zu spüren. Es gab sehr viele Wechsel, Drehungen und Wendungen auf der mäandernden Reise meines Lebens.

Cameron hatte Schwierigkeiten in der Schule und wurde oft gehänselt. Im Unterricht galt er als „langsam", was, wie wir wissen, ein völliger Irrtum war. Wir be-
schlossen, es irgendwie zu ermöglichen, ihn auf eine Privatschule zu schicken, wo sein Selbstvertrauen wieder zunehmen und seine Fähigkeiten anerkannt werden könnten. Der Junge war äußerst ordentlich, und ihm graute davor, Fehler zu machen. Deshalb brauchte er so lange, um mit seiner Arbeit fertigzuwerden. Unglücklicherweise war dieser Weg sehr teuer, und unsere vereinten Einkünfte reichten nicht aus, das große Haus und Camerons Schulgebühren zu finanzieren. Also beschlossen wir, uns zu verklei-

nern, und zogen in eine Doppelhaushälfte mit drei Morgen Land in der Nähe von Camerons neuer Schule.

Alle unsere Tiere wurden im neuen Zuhause untergebracht, und das Leben ging einige Wochen weiter. Mulberry war, wie gewohnt, die Nummer eins; an ihrem Gatter empfing sie viele Besucher und Leckerbissen, da die Passanten sie liebten.

Mit dem fortschreitenden Sommer begann Mulberry Zeichen ihres Alters zu zeigen. Ein wunderbarer Schamane namens Dave hatte uns ein hübsches altes Pferd namens Troy geschenkt. Diese beiden neuen Figuren in unserem Leben erwiesen sich als wichtige Katalysatoren. Ich hatte Dave über Leigh kennengelernt, die ihm zugesehen hatte, als er in Cornwall krebskranke Pferde behandelte. Ich hatte ihn um Hilfe gebeten bei der Behandlung meiner Mutter, die schwer erkrankt war. Er war uns eine wichtige Stütze, und ich habe viel von ihm gelernt. Als ich Troy das erste Mal sah und hörte, dass „Plod" sein Spitzname war, brach ich in Tränen aus. Das war recht peinlich, denn niemand konnte meinen Gefühlsausbruch verstehen. Ich aber „wusste" einfach, dass Troy ein Pferd war, das ich vor fünfundzwanzig Jahren in seiner früheren Inkarnation besessen hatte. Damals war er ein sehr ähnlich aussehender gescheckter Cob namens Mister Plod. Über seinen Verlust war ich tieftraurig gewesen.

Da war etwas in Troys Blick, das mich im Innersten berührte. Ich wünschte, ich könnte dem Tier einen glücklichen Lebensabend ermöglichen, wenn die Zeit gekommen wäre, und hatte das Gefühl, er wäre ein wunderbarer Gefährte für Mulberry. Dave jedoch hatte andere Pläne für ihn. Sie sollten sich ändern, ohne dass ich davon wusste, denn das Universum richtete es irgendwie ein, dass Troy zu uns nach Hause kam.

Cameron und ich waren von unserem Urlaub zurückgekehrt und fanden auf unserem Anrufbeantworter eine Nachricht von einem gemeinsamen Freund, der fragte, ob wir interessiert seien, Troy zu übernehmen, da Dave ein gutes Zuhause für ihn brauche. Wir riefen sofort zurück, und wenige Wochen später kam der alte Knabe an und stampfte mit seinen von starker Fesselbehaarung geschmückten Hufen die Ladeklappe herunter. Troy, dessen rundlicher Leib ihn mahnte, die nächstgelegene Futterquelle aufzusuchen, ging sofort daran, Gras zu mampfen. Mulberrys erste Reaktion war Entsetzen. Sie war schockiert, diese riesige, haarige, pferdige Vision in ihrem Hof zu gewahren, den sie bis dato allein beherrscht hatte.

Doch Troy und Mulberry wurden gute Freunde und spielten sich ständig Streiche, indem sie versuchten, einander in Schwierigkeiten zu bringen. Ich beschwerte mich über Troys Zappelei, während ich ihm die Hufe auskratzte. Ich protestierte, weil seine großen behaarten Füße recht schwer hochzuhalten waren und seine zuckenden Bewegungen meinen Rücken belasteten. Tatsächlich aber war es Mulberry, die ihn provozierte. Ich ertappte sie dabei, wie sie büschelweise Haar aus Troys wolligem Fell zupfte, weil sie eifersüchtig war auf die Aufmerksamkeit, die ich ihm gab. Noch mehr erfreute es die Ziege, dass ich ihn tadelte, statt sie zu schimpfen. Das war ganz ihr Charakter, sie hatte immer den Schelm im Nacken und brachte mich zum Lachen. Allmählich jedoch begann sie ruhiger zu werden, und ihre Gelenke brachten knirschende Geräusche hervor. Sie schien langsam ihren Glanz zu verlieren.

Als ich aus Ägypten zurückkehrte, wo ich eine Woche verbracht hatte, um mein Gespür für uralte Energien zu vertiefen, entdeckte ich einen großen Tumor in Mulberrys Brustkorb. Sie war auch rasch an Fußfäule erkrankt und einer ernsten Verschlimmerung ihres Hinterhufs. Reinrassige Ziegen sind erfahrungsgemäß nicht so langlebig wie Rassenkreuzungen oder Buschland-Ziegen, da sie gezüchtet werden, um reichlich Milch hervorzubringen. Ein großer Teil ihrer Lebenskraft geht in die Milchproduktion. Diese Gegebenheiten und ihre physischen Traumata in der Vergangenheit forderten ihren Preis. Ich spürte, dass das Tier mir mitteilte, es habe genug, und es sei nun an der Zeit zu gehen. Ich fühle in der Tat, dass Tiere uns zeigen können, wann sie bereit sind hinüberzugehen. Als ich sie telepathisch fragte, teilte sie mir mit, dass sie gehen wolle. Sie sei auch sehr verärgert, nicht mehr so beweglich auf den Beinen zu sein, wie sie es gewohnt war. Ich rief unsere Tierärztin um Rat an. In unser aller Interesse wollte ich sicher sein, das Richtige zu tun.

Ich war verzweifelt, dass Cameron nach einer sehr traumatischen Zeit voller familiärer Probleme einen noch größeren Verlust zu bewältigen hätte. Mir graute davor, mit ihm darüber zu sprechen. Ich wusste nur zu gut, was er in jenem Jahr durchgemacht hatte und wie schwer es gewesen war. Doch er sah ein, dass Mulberry in ihrer Verfassung nicht glücklich war, und wir hatten ein langes Gespräch über die Verantwortung für das Leben und Wohlbefinden der Tiere in unserer Obhut, aber auch darüber, dass wir tragischerweise manchmal die Verantwortung für ihren Tod übernehmen mussten, um sie von ihrem Leiden zu befreien.

Cameron war entsetzt bei der Vorstellung, dass Mulberry erschossen würde. Er meinte, wenn diese schreckliche Tat begangen werden müsse, wäre eine Spritze das Beste. Ich wusste aus früherer Erfahrung, dass dies bei Ziegen nicht immer die optimale Lösung war und entschied, Cameron mit unserer Tierärztin sprechen zu lassen. Er war einverstanden, ihren fachlichen Rat zu respektieren, da er großes Vertrauen in ihre Befähigung hatte. Sie empfahl, dass der Jagdhundehüter mit einem Bolzen eine humane Tötungstechnik anwenden sollte; dies sei das Beste für Mulberry, die Injektionen hasste.

Ich war erstaunt über Camerons Tapferkeit, doch er liebte seine Ziege so sehr, dass er wusste, dass er nicht zulassen könnte, dass sie litt. Ich sagte ihm, dass ihre tiefe Liebe zueinander niemals aufhören werde. Ich versicherte ihm, dass sie immer für ihn da sein werde und wahre Liebe niemals vergehe. Sie sei für immer da, und Mulberry werde immer in seinem Herzen sein.

Und so wurde es beschlossen. Ich bestellte den Hundehüter für Montagvormittag während Camerons Schulzeit. Wir hatten ein sehr emotionales Wochenende mit vielen Umarmungen Mulberrys – und vielen ihrer Lieblingsleckerbissen. Sie hatte eine wahre Leidenschaft für Bananenschalen, und bis heute kann ich keine Bananenschale wegwerfen, ohne daran zu denken, wie sich Mulberry über diese Vergeudung ärgern würde. Jedes Jahr hatte sie einen Geburtstagskuchen erhalten, dessen Hauptbestandteil Bananenschalen waren.

Nie werde ich vergessen, wie sich Cameron von Mulberry verabschiedete, bevor er zur Schule fuhr. Er war so tapfer, was es mir wiederum etwas schwerer machte, da ich mit den Tränen kämpfte. Irgendwie schafften wir den Weg zur Schule, nahmen einander fest in die Arme und ich versprach, ihm zu erzählen, wie alles gegangen war, wenn ich ihn später abholte. Troy stellte ich auf die untere Koppel, da ich nicht wollte, dass er mitansähe, wie seine Freundin ums Leben kam. Ich hörte das Quietschen der Bremsen am Auto des Hundehüters und wusste, dass die Zeit gekommen war. Ich versuchte, jede Unze meines schwindenden Mutes zusammenzunehmen, und führte ihn zu Mulberrys Platz. Er war ein freundlicher junger Mann und voll Mitgefühl. Er war ganz ruhig und behutsam mit Mulberry, sprach mit ihr und streichelte sie sanft. Dann zog er zu meinem Entsetzen ein Gewehr hervor und legte eine Patrone ein, um seine schreckliche Aufgabe zu erfüllen. Ich wusste nicht, was ich tun sollte. Ich hatte Cameron versprochen, dass dies nicht passieren werde, aber ich wusste auch, dass es das Richtige war. Der fürchterliche Knall ging geradewegs durch mich hindurch. Tränen strömten mir übers Gesicht … unsere wunderbare Freundin war tot. Könnte es in unserem Leben denn noch schlimmer kommen? Es hatte schon so viel Verlust und Trauer gegeben in jenem Jahr. Ich war dankbar, dass der junge Mann so viel Mitgefühl mit Mulberry und mir gezeigt hatte.

Irgendwie fasste ich mich wieder, um eine Freundin zu besuchen, die mich als „Testperson" gebrauchte für einen Energie-Heilungskurs, den sie besuchte. Sie war sehr freundlich und verstand, wie schwer es ist, eine so liebe Freundin zu verlieren. Ich lag auf dem Behandlungstisch, während sie an meinem Körper arbeitete. Auf einmal, tief in der Meditation, sah ich Mulberry liegen, wie sie umgefallen war, als sie erschossen wurde. Ihr Geist sprang auf, schüttelte den Kopf und tollte auf dem Hof umher, wozu Mulberry körperlich schon seit langem nicht mehr imstande gewesen war. Sie teilte mir mit, dass sie so froh sei, keine Schmerzen mehr zu leiden und jetzt tun zu können, was immer sie wollte, und genauso schelmisch und lieb zu sein wie früher. Diese Vision war wundervoll, sie baute und heiterte mich auf. Obwohl ich fest davon überzeugt bin und schon so viele Beweise erlebte habe, dass es ein Leben nach dem Tode gibt, machte dieses Wissen die akute Situation doch nicht einfacher.

Ich holte Cameron von der Schule ab und berichtete ihm von den schrecklichen Ereignissen des Tages, ließ dabei aber die Sache mit dem Gewehr und der Patrone aus, da ich wusste, dass es ihn zu sehr schmerzen würde. Er war beruhigt, als ich ihm meine Vision schilderte, in der Mulberry mir gezeigt hatte, dass sie wohlauf war. Ich versicherte ihm erneut, dass ihre liebevolle Verbindung sehr stark war und Mulberry immer für ihn da sein würde. Ich hoffte zutiefst, dass dies der Wahrheit entsprach. Dieser zehnjährige Junge hatte in dem vergangenen Jahr mehr Mut gezeigt, als viele Erwachsene aufgebracht hätten, und ich war sehr stolz auf ihn.

Zwei Nächte später jedoch, als ich ihn zu Bett brachte, war ich sprachlos angesichts seines Ausbruchs. Voller Wut starrte er mich an. „Wie konntest du nur!", heulte er. „Wie konntest du mich nur anlügen?" Ich hatte keine Ahnung, was er meinte. Er war außer sich. Ich bat ihn, mir zu erklären, was ich falsch gemacht hätte und warum er wütend auf mich war. Was er dann sagte, traf mich bis ins Mark. Er schrie: „Mulberry hat mir gesagt, dass sie eine Kugel im Kopf hat, und dass sie erschossen wurde!"

Ich konnte es nicht glauben. Ich bettelte, er möge mir vergeben, und sagte ihm, dass ich wirklich nicht gewusst hatte, dass der Hundehüter sie erschießen würde. Ich versuchte, ihm zu versichern, dass es sehr schnell gegangen war und Mulberry keinen Schmerz dabei empfunden hatte.

Dann erst wurde mir die Tragweite dessen klar, was hier geschehen war. Nicht genug, dass sich Mulberry Cameron aus der geistigen Welt mit verheerender Genauigkeit mitgeteilt hatte – der Junge hatte ihre Mitteilung auch allzu deutlich verstanden. Ich versuchte, ihn zu trösten, indem ich ihm erklärte, dass Mulberry doch bewiesen hatte, dass sie immer noch bei ihm war, und sie weiterhin in seiner Nähe sein werde, so dass er sie rufen könnte, wenn sie ihm helfen oder Gesellschaft leisten sollte.

Ich bin nicht überzeugt, dass Zeit die Trauer unbedingt heilt. Ich denke, wir finden Bewältigungsstrategien, um weiterzuleben. Ich beziehe viel Trost von unseren Verbündeten in der geistigen Welt, aber es gibt nichts, das eine körperliche Umarmung ersetzen kann, obwohl unsere Lieben ihr Möglichstes tun, um uns aus der geistigen Welt zu trösten.

Cameron sprach an den meisten Tagen mit Mulberry, und sie gab ihm weiterhin erstaunliche Beweise dafür, dass sie sehr wohl wahrnahm, was in seinem Leben geschah. Wann immer er eine schwierige Prüfung in der Schule hatte, nahm er ein Foto mit, das ihn zeigte, wie er einen von Mulberrys Geburtstagskuchen präsentierte, von dem die geliebte Ziege mit großer Lust fraß. Er spürte, dass sie irgendwie bei ihm war, ihn unterstützte und ermutigte, auf seine Fähigkeiten zu vertrauen. Sie half ihm wirklich, seine Stärken zu erkennen in so manchen schwierigen Situationen, die das Asperger-Syndrom mit sich brachte.

Mulberry lehrte uns, an die Kommunikation mit und die Unterstützung aus der geistigen Welt zu glauben. Sie hat uns wieder und wieder bewiesen, dass ihre Liebe zu Cameron nicht aufhörte. Sie hat ihn bei vielen Gelegenheiten beruhigt, wenn er ängstlich war, und ihre Erklärungen haben sich als korrekt erwiesen. Manchmal, wenn ich einen schwierigen Fall habe, der mir Kopfzerbrechen bereitet, fragen wir Mulberry um Rat, und Cameron richtet mir aus, was gebraucht wird.

Kurze Zeit nach Mulberrys Tod kontaktierte mich eine Klientin, die gerade einen Anruf von ihren Eltern erhalten hatte. Diese hatten ihr mitgeteilt, dass ein Pony an der Autobahn in der Nähe ihres Bauernhofes ausgesetzt worden sei; die Polizei habe das Pony auf ihre Weide gestellt. Sie hätten keine Ahnung, woher das Pony stammte oder was passiert war, doch es sei körperlich und emotionell in schlechter Verfassung. Ich bat Cameron, Mulberry zu fragen, und sie gab ihm eine Fülle von Informationen, besonders über den körperlichen Zustand des Tieres, über sein Alter und die Vorgeschichte (die der Tierarzt bestätigte, als er auf die Farm kam und das Pony untersuchte). Mulberry teilte uns sogar mit, dass das Pony Rosy heiße. Wir hatten keine Möglichkeit, dies zu verifizieren, aber das Tier schien auf den Namen anzusprechen und ist nun ganz erholt und glücklich, obwohl sein früherer Besitzer nie ausfindig gemacht werden konnte.

Troy hat sich als ein wunderbarer Verbündeter für Cameron und mich bewährt. Er teilte Dave mit, der ihn uns gab, dass etwas mit Camerons Denkvorgängen nicht stimmte. Dave rief mich an, um danach zu fragen, da er besorgt war durch die Botschaft des alten Pferdes. Ich verriet ihm, dass Cameron Asperger hatte, und er rief aus: „Ach, das ist es, was der alte Junge mir zu sagen versuchte.“ Dave sprach weiter, Troy habe ihm gesagt, dass es ihm wirklich gefalle, wenn ihm Cameron die Hände auf seine linke Schulter legte, da er durchaus heilende Hände besitze. Ich ermutigte Cameron, dies zu tun, und es wurde offensichtlich, dass Troy auf Camerons neu entdeckte Heilfähigkeit ansprach. Ich werde später noch schildern, wie Troy bei vielen schwierigen Fällen geholfen hat. Cameron begleitet mich häufig, wenn ich Pferde besuche, und seine medialen Fähigkeiten sind erstaunlich. Ich habe das Gefühl, dass ihm sein Asperger irgendwie hilft, auf eine ungewöhnliche Art und Weise Dinge zu sehen, und Cameron kann Informationen auf eine besondere Weise erspüren.

Er ist auf unserem Weg durch all unsere emotionalen Notlagen sehr gewachsen, und durch seinen Kummer hat er lebenswichtige Lektionen über das Heilen und die Liebe gelernt. Ich weiß, dass er mich auf diesen unkonventionellen Pfad geführt hat und wir in der Vergangenheit schon viele Male zusammen waren. Er hat meinen Glauben bestätigt, dass wir alle miteinander verbunden sind. Sowohl Menschen als auch Tiere reisen in „Seelengruppen", und wir interagieren viele Male gemeinsam, um uns auf dem Weg unserer Seele weiter zu entwickeln.

Mulberrys Geschichte

Eines Sonntagmorgens blieben Cameron und ich faul im Bett liegen. Er kuschelte sich an mich, während wir plauderten. Wir hatten über die Vorstellung von früheren Leben gesprochen und darüber, wie tiefe Verbindungen und Zuneigungen zu Menschen und Tieren über die Erdenleben hinweg fortbestehen können; dass wir vielleicht Zeitreisende sind in einer Art Seelenfamilie und dabei wechselnde Rollen spielen wie in einem Theaterstück, in dem wir unsere Differenzen auflösen, Lektionen lernen und Liebesbeziehungen fortsetzen. Ich hatte ihm die Geschichte von Sam, dem Jack-Russell-Welpen, erzählt, der zurückgekommen war, um Leigh zu helfen, und Cameron fragte sich, ob er vielleicht ein früheres Leben mit Mulberry gehabt habe. Ich sagte, wir könnten ja sehen, ob er sich erinnere, und er erklärte sich gleich einverstanden. Ich bat ihn, einige Male tief und mühelos ein- und auszuatmen und sich vorzustellen, eine lange Treppe hinunterzusteigen. Als er den Fuß der Treppe erreicht hatte, bat ich ihn, sich eine Tür vorzustellen, die beim Öffnen von Licht erfüllt sei. Er werde hindurchtreten und in eine andere Zeit gelangen.

Als er die Tür durchschritt, stellte er überrascht fest, dass er schwarz war – ein kleiner Junge von etwa sieben Jahren. Ich bat ihn, seine äußere Erscheinung zu betrachten, und er beschrieb seine kleine Gestalt. Je mehr er schilderte, was er erlebte, desto besser vermochte ich mitzuerleben und den Bildern zu folgen, die sich entfalteten, als sähe ich einen Videoclip. Es war, als gäbe er mir einen laufenden Kommentar zu dem, was wir beide in seinem Rückblick in ein früheres Leben „sahen". Obwohl die damit verbundenen Emotionen recht intensiv waren, schien es, als ob er sie gleichzeitig selbst erlebte und beschrieb. Er schilderte die Ereignisse auf eine ruhige, sachliche Art und Weise, ohne Furcht und staunend angesichts der sich entfaltenden Zusammenhänge.

Gnadenlos brannte die afrikanische Sonne auf das staubtrockene Land. Das Krokodil wartete … es wartete auf die minimalen Erschütterungen durch Hufe, die sich früher oder später vorsichtig dem Ufer des Gewässers nähern würden. Das riesige Tier lag fast reglos wie ein Baumstamm, mühelos wachsam und bereit, im richtigen Augenblick zur gezielten Attacke zu starten. Diese Fertigkeiten hatten sich seit Jahrtausenden bewährt, und das Krokodil beherrschte sie meisterhaft.

Der kleine Bantu-Junge wedelte mit einem krummen Stock nach seiner dezimierten Herde abgemagerter Ziegen und trieb sie zu dem Flussufer. Die Dürre war schlimm gewesen dieses Jahr, und viele der älteren Ziegen waren den schwierigen Bedingungen zum Opfer gefallen. Der Junge wusste nur zu gut von den Gefahren dieses Flusses. Er wusste, was dort geduldig wartete, gefangen im eigenen Zyklus des Überlebens; doch die uralte Quelle des Stammes war unbrauchbar geworden, das Wasser verseucht. Der Fluss war ihre einzige Hoffnung, den Durst zu stillen, und die Herde war durstig, besonders die alte Ziege, die gerade geworfen hatte. Sie hatte sich abgekämpft, ihr Zicklein zu gebären, und der Junge hatte geschickt seine kleinen Hände gebraucht, um in den Leib des Muttertieres zu greifen und das Bein des Kindes zu drehen, das den Fortgang der Entbindung behindert hatte. Das Kitz war schwach und mühte sich einige Stunden lang ab, auf eigenen Beinen zu stehen. Der Junge bedauerte den mühevollen Weg des Kleinen in eine Welt voller Schwierigkeiten. Er hatte das Zicklein in den Armen getragen, um ihm den Kampf auf dem Weg zum Gehenlernen zu erleichtern, bis es kräftig genug war und nun neben seiner Mutter herstaksen konnte. Das Ziegenmädchen war sehr hübsch und wies eine ungewöhnliche Zeichnung auf. Der Hirtenjunge war stolz auf seine Geschicklichkeit, doch er begriff schon in seinem zarten Alter die zuweilen grausame Realität der Welt, in der er lebte.

Die Herde setzte behutsam die zögernden Hufe in den weichen Schlamm am Ufer des Flusses, die Ziegen in der Nachhut, meckernd in ihrer durstigen Frustration. Der süße Duft der Ziegen mischte sich mit dem kräftigen Geruch des dominierenden Bocks, dessen Bart in den Schlamm hinabhing, als er näher ans Wasser kam, das er so dringend benötigte. Als die Ziegen von hinten nachdrängten, wurden einige Tiere vorn ins Wasser geschoben. Die Mutter des Zickleins spritzte in Panik, als ob sie – zu spät – ihr drohendes Schicksal erkannte. Das riesige Reptil sprang aus seiner Lauerstellung hervor und schnappte ihren Vorderlauf knapp oberhalb des Knies. Die Wucht des Zusammenpralls warf sie ins Wasser, ihre gespaltenen Hufe schlugen wild um sich, als sie kämpfte, sich aus dem eisernen Zugriff zu befreien. Das Zicklein blieb durchnässt, zitternd und verwirrt am Ufer des Gewässers zurück und war in Gefahr, ins Wasser gestoßen zu werden und dort das gleiche Schicksal zu erleiden, da sich weitere Krokodile dem Getümmel anschlossen. Der Junge stürzte nach vorn, schrie die Herde an und riskierte seine eigene Sicherheit, als er die Ziegen vom Ufer wegtrieb und nach dem durchnässten, erschreckten Zicklein griff, das verzweifelt nach seiner Mutter rief. Diese war nun leider unter den Wasserspiegel verschwunden; nur einige Luftblasen zeigten an, wo sie gerade ums Leben kam.

Der Junge stand starr und zitternd vor Entsetzen über die blitzschnelle Attacke. Er schrie laut auf, als er sah, wie das Krokodil

Fleisch von der bedauernswerten Ziege riss. Ein weiteres Krokodil fauchte den Jungen wütend an und verfolgte mit gierigem Blick die dünnen Waden und die kleinen, bloßen Füße, die am Flussufer auf und ab rannten, während sie verzweifelt versuchten, Halt in dem aufgewühlten Schlamm zu finden.

Die von Panik ergriffene Herde zog sich vom gefährlichen Flussufer zurück. Ein älterer Junge, der den Tumult gehört hatte, rannte herbei, um zu helfen, die Ziegen zurück zu dem dornigen Kral und den strohgedeckten Hütten zu treiben, die dem Stamm kaum Schutz boten. Die Jungen fürchteten stets, dass der Geruch von Angst und Tod andere Raubtiere anziehen könnte. Löwen und Hyänen kämpften in dieser grausamen Dürre nicht weniger verzweifelt ums Überleben.

Der kleine Junge hielt das Zicklein in den Armen. Die Älteren hatten ihm Vorhaltungen gemacht, dass er ein weiteres kostbares Wirtschaftsgut des angeschlagenen Stammes verloren hatte. Das weiche Fell, der warme Körper und die zarten baumelnden Hufe gaben dem Jungen irgendwie Trost; jetzt waren sie zum Überleben aufeinander angewiesen. Da das Zicklein keine Mutter mehr hatte, musste der Junge eine weitere Milchziege halten, damit das Kleine von dieser trinken und lernen konnte, den unwilligen Abweisungen seiner Ersatzmutter auszuweichen. Und so überlebte es. Irgendwie gelang es ihnen, der ausgedörrten Landschaft ein wenig Feuchtigkeit und Nahrung abzutrotzen. Der Junge entwickelte eine tiefe Zuneigung zu dem Zicklein, und dieses wiederum folgte ihm überallhin und blökte laut, wenn er aus seinem Blickfeld verschwand. Irgendwie suchten sie Beistand von und beieinander.

Es gab noch mehr Waisenkinder, aber dieses war anders. Der Vater des Jungen war bei Stammeskonflikten getötet worden, seine Mutter war schwach, und ihre Gesundheit ließ nach. Der Junge fühlte sich sehr allein in der Welt, die anderen Ziegen waren ein Quell der Sorge und eine große Belastung, da er gewöhnlich für alle Missgeschicke verantwortlich gemacht wurde. Dieses Zicklein zeigte eine innere

Stärke und einen Lebenswillen, die ihm irgendwie als Anhalt für etwas Hoffnung halfen. Nun entwickelte sich ein tiefes Band der Liebe, wie es der kleine Junge bis dahin kaum erlebt hatte; ihre Beziehung wurde dadurch noch spezieller.

Sechs Monate gingen so ins Land, bis endlich der Regen kam und den großen Durst löschte. Das Zicklein war alt genug, um entwöhnt zu werden; schon im nächsten Jahr würde es eigenen Nachwuchs haben. Der Junge war stolz auf seine Pflege und freute sich, wie gut es dem Tier gelungen war, trotz aller Widrigkeiten zu überleben. Sie verbrachten immer noch so viel Zeit miteinander wie möglich. Sie war immer an seiner Seite, wenn sich die Herde von den kostbaren grünen Trieben und den Blättern an den dornigen Büschen ernährte.

Eines schicksalsträchtigen Abends wurde der Junge von Schreckensrufen und schreienden Tieren geweckt. Er war im Inneren des Krals eingeschlafen. Ein gegnerischer Stamm war gekommen, um die Männer anzugreifen und die Rinder- und Ziegenherden zu stehlen. Hütten wurden in Brand gesteckt, und alle, denen es nicht gelang zu entkommen, wurden erschlagen. Der kleine Junge versuchte, das Zieglein in den dichten Büschen zu verstecken, doch in ihrer Angst rannte sie hinaus in die Herde, die dann von den Angreifern fortgetrieben wurde. Der Junge fürchtete sich sehr; er kannte sein Schicksal, falls er von diesen skrupellosen Angreifern gefangen würde. Er musste entsetzt zusehen, wie seine Herde fortgetrieben wurde und mit ihr seine einzige Freundin. Tränen rannen über sein staubiges Gesicht, als er ins Dunkel starrte, hin- und hergerissen von dem Gedanken, dem Tier zu folgen.

Er beschloss, bis Sonnenaufgang zu warten. Ein tiefer Schmerz erfüllte ihn, der Schmerz des Verlustes. Das Entsetzen über den nächtlichen Überfall auf sein beschauliches Dorf quälte ihn. Seine Mutter hatte das schreckliche Ereignis kaum überlebt und sah schwächer aus denn je. Überall schienen nur rauchende Ruinen zurückgeblieben zu sein, und ohne die Versorgung durch Rinder und Ziegen, die nun alle geraubt worden waren, blieb nur wenig Hoffnung für die Zukunft der Stammesgemeinschaft.

Sobald die Sonne ihre Kraft zu zeigen begann, machte sich der Junge auf und folgte den Spuren. Er wusste nicht, was er tun würde, wenn er die verlorene Herde fände, aber er wusste, dass er versuchen musste, seine gehörnte Freundin zu finden und zu retten. Er folgte den Markierungen aus Hufabdrücken und Ausscheidungen der geraubten Herde und den Spuren, die ihre Räuber hinterlassen hatten. Der Junge war hungrig, da der größte Teil ihres Mais-Vorrats gestohlen oder verdorben war, und es jetzt, da die Tiere fort waren, kein Fleisch und keine Milch mehr gab. Er wusste, dass seine Lage verzweifelt war, aber er konnte nicht einfach aufgeben.

Als er spürte, dass ihn seine Beine nicht mehr weiter tragen konnten, schob er sich durchs Gestrüpp; schließlich sah er den Kral des plündernden Stammes vor sich. Er konnte sehen, dass einige Ziegen und Rinder gerade geschlachtet wurden, und er erhaschte einen Blick auf seine kleine Ziege, die von größeren Jungen umhergejagt wurde, was ihn erzürnte. Dann näherte sich ein sanftes Knurren hinter ihm; in seiner Eile, seinen verlorenen Freund wiederzufinden, hatte er übersehen, dass der weiche Boden auch andere Spuren aufwies.

Der Löwe tötete ihn rasch und schmerzlos; der kleine Junge starb sofort und fühlte nie wieder das warme, weiche Fell und den süßen Duft seiner kleinen Freundin.

Cameron blinzelte mit einem Ausdruck milder Überraschung, doch er war recht ruhig, wie er da neben mir lag. Ich hatte ihn sanft in die Gegenwart zurückgebracht, und wir staunten beide über das, was geschehen war. Er fühlte, dass er großen Mut gezeigt hatte, als er sich bemühte, die Ziege zu retten und für sie zu sorgen, so gut er konnte. Nachdenklich schloss er, dass Mulberry versucht hatte, ihm dies im jetzigen Leben zu vergelten. Irgendwie hatte sie ihn von seinen Schwierigkeiten und Kümmernissen gerettet, indem sie ihm half, mit seinem Leben klarzukommen. Sie hatte auch seine telepathischen, intuitiven Fertigkeiten wieder geweckt und ihm die Mittel gegeben, ihn für die Reife vorzubereiten. Sie hatte ihm so viel geschenkt.

Ich erklärte Cameron, dass es nie eine Zeit gegeben hatte, in der unser Leben nicht von Tieren erfüllt war. Ich erzählte ihm von früher, als ich viele glückliche Schulferien auf dem Hof von Verwandten verbracht hatte. Mein Bruder und ich ritten auf Ponys und lernten, Kühe und Ziegen zu melken; ich selbst hatte ein Zicklein geschenkt bekommen, als ich jung war. Wir hatten das große Glück, dass wir unsere Kindheit mit so vielen wunderbaren Tieren – Hunden, Katzen, Kaninchen, Hamstern, Mäusen und Meerschweinchen – verbringen durften.

Ich erzählte Cameron, dass ich wollte, dass meine Kinder den gleichen Spaß und die Freude einer ungezwungenen, wenn auch leicht chaotischen Kindheit haben können. Für Tiere sorgen zu lernen, das spürte ich, vermittelte lebenswichtige Lektionen über Verantwortung und Sorge für andere. Ich wollte, dass meine Kinder die bedingungslose Liebe eines Hundes erlebten, die Aufregung, ein Pferd zu reiten, eine Katze zu knuddeln oder eine Maus zu haben, die sich im Ärmel versteckte. Und so richtete ich es ein, dass wir immer das Glück hatten, in unserer erweiterten Familie spezielle tierische Gefährten zu haben.

Kapitel 2

Unsere tierischen Freunde
in der geistigen Welt

Nach der Entdeckung, wie unsere Tiere uns sogar nach ihrem Tode noch weiter unterstützen können, war ich überrascht festzustellen, dass sie auch bei meinen Heilungssitzungen für ihre menschlichen Gefährten helfend mitwirken konnten. Zum ersten Mal erlebte ich einen solchen verblüffenden Fall an einem sonnigen Morgen in Devon, als mein Behandlungsraum recht „voll" wurde.

Das Shire-Pferd Duke

Bert humpelte in den Raum. In seinem wunderbar weichen Devon-Akzent erklärte er einige seiner Symptome und den Schmerz, den sie seinem Körper bereiteten. Als er vorsichtig Platz nahm, taxierte ich seine Energie und allgemeine körperliche Erscheinung. Sein rötlicher Teint und die rauen Hände zeugten von den Umständen und der schweren Arbeit, die er über Jahre ertragen hatte. Er schien müde und verhärmt. Als er beschrieb, was mit ihm körperlich geschehen war, fühlte ich seine tiefe Traurigkeit und die Frustration darüber, wie rasch die Jahre an ihm vorüberzuziehen schienen. Ich spürte Empfindungen wie seine Wut auf sich selbst, dass er nicht länger imstande war, all die Arbeit rund um den Hof so zu leisten, wie er es gewohnt war. Er sah sich zusehends gezwungen, die Leitung der Farm an seinen Sohn abzugeben. Anstatt die Gelegenheit zu nutzen, die wohl-verdiente Ruhe zu genießen, schien er sich nun selbst zu bestrafen und weiterhin eine schwere Arbeitslast zu tragen, die körperlich und emotionell einen hohen Preis von ihm forderte. Er merkte, dass er an seine Grenzen kam. Er war erschöpft.

Plötzlich sah ich den Kopf eines sehr großen Pferdes hinter ihm. Es war nur der Kopf, aber doch recht lebendig. Er war schwarz mit einer langen Blesse, deren Weiß in ein Rosa überging, wo sie das weiche Maul erreichte. Ich sah dies alles so deutlich, dass ich das Gefühl hat-te, ich könnte das Tier riechen, wenn ich mich nur ein wenig vorbeug-te. Sein stoppeliges Kinn nickte, als wollte er unbedingt eine wichtige Information übermitteln.

Ich war eher sprachlos angesichts dieser Erscheinung hinter Bert. Es fiel mir schwer, mich auf das zu konzentrieren, was Bert gerade sagte, da das Pferd jetzt noch heftiger nickte; ich konnte dessen Frustration fühlen, nicht angesprochen oder erkannt zu werden.

Schließlich fühlte ich mich von dem Pferd so gedrängt, dass ich den Dialog mit Bert stoppen und irgendwie erklären musste, was ich gerade „sah". Ich fragte Bert, ob er das riesige Pferd erkenne, und be-schrieb seine Gesichtszüge. Ich erwartete fast, dass Bert nun dachte, dass ich es sei, die einer Behandlung bedurfte, doch statt dessen sagte er: „Aah, das könnte Duke sein."

Duke war ein Shire-Hengst gewesen, den Bert gekannt hatte, als er als junger Bursche auf der Farm seines Vaters aufwuchs. Duke „zeig-te" mir bildlich vor meinem inneren Auge, wie Bert schon als kleiner Junge die großen Pferde versorgt hatte und Stunden damit verbrach-te, auf den Feldern zu schuften. Duke war ein ganz besonderes Tier gewesen. Obwohl er den Jungen weit überragte, hatten seine großen, mit weißem Behang geschmückten Hufe immer eine gerade, gleich-mäßige Furche eingehalten, wenn der Junge sich abmühte, den Pflug zu halten. Duke tat immer sein Bestes, um Bert zu helfen, ein gutes Tagewerk zu leisten, selbst unter widrigsten Bedingungen. Damals gab es keine moderne, mechanische Maschine, die die Abläufe und Tätigkeiten auf der Farm vereinfachte oder erleichterte. Obwohl die Arbeit für Bert sehr anstrengend war, liebte er die Pferde und besonders Duke.

Duke zeigte mir eine Szene, in der ein besonders starker Frost herrschte, und ich sah, wie beide, das Pferd und der Junge, weiße Atemwolken in die kalte Luft ausstießen. Es war eine fast malerische Szene aus einer vergangenen Zeit. Ich fragte Bert, was aus Duke geworden sei. Mit trauriger Miene erzählte er, dass Tiere in jenen Tagen ihren Unterhalt selbst verdienen mussten, und wenn sie finanziell nicht mehr rentabel waren, hielt man sie nicht länger. Er erinnerte sich noch an seinen Kummer, als er eines Tages entdeckte, dass Duke nicht mehr zufrieden kauend in seinem Stall wartete. Bert hatte den Hof zu einem Besuch bei Verwandten kurz verlassen. Diese Gelegenheit hatte sein Vater genutzt, um Duke töten und schlachten zu lassen. Bert brach es das Herz, und es gab nie wieder ein Pferd, das Dukes Stelle in seinem Herzen eingenommen hatte.

Er hat seit damals viele Pferde geritten und mit ihnen gearbeitet, aber Duke war das eine, das sein liebstes blieb. Als er älter wurde, begriff Bert natürlich die praktischen Aspekte, dass sich eine Farm tragen und rentieren musste und sich keine „Kostgänger" leisten konnte, und er verstand die harten Entscheidungen seines Vaters.

Später heiratete er und übernahm den Hof, tief auf dem Lande in Devonshire. Von den Anforderungen und Verpflichtungen der Farm schien er niemals entspannen und abzuschalten zu können, und so arbeitete er sich am Ende selbst auf. Dukes Wunsch war es nun, dass Bert sich die Zeit nahm, seine späteren Jahre zu genießen und aus der ihm verbleibenden Lebenszeit das Beste zu machen.

Duke forderte mich auf, Bert auszurichten, dass er jetzt die Gelegenheit ergreifen sollte, all die Dinge zu tun, die er liebte, für die er aber vorher nie Zeit gehabt hatte. Duke wollte, dass Bert den glücklichen Ruhestand haben würde, den er sich nie gegönnt hatte.

Bert hatte sich schon immer schwer damit getan, den Rat anderer in solchen Dingen anzunehmen, aber weil Duke so nachdrücklich war, stimmte er zu, die Angelegenheit gründlich zu überdenken. Daraufhin nickte Duke wieder, aber dieses Mal mit Vergnügen, dass sein „alter Herr" seine Hilfe annahm.

So plötzlich, wie Duke hinter Bert erschienen war, verschwand er auch wieder, und an seine Stelle trat der Geist eines Jack-Russell-Terriers. Ich beschrieb Bert die Farben und Fellzeichnung, der, das muss ich ihm zugutehalten, angesichts meiner seltsamen Visionen durchaus nicht beunruhigt schien und sagte, dass er den Hund erkenne.

Dieser kleine Terrier habe seiner Frau gehört, bevor sie geheiratet hatten. Der Hund war offenbar ein sehr tüchtiger Anstandswauwau gewesen in jenen Tagen, als voreheliche Kontakte nicht gerne gesehen waren. Wenn Bert mit Beweisen seiner Zuneigung allzu freizügig war, pflegte der Hund zu knurren und zu Berts großem Verdruss die 'Ehre' seines Frauchens zu verteidigen. Doch als sie dann rechtmäßig verheiratet waren, musste der Hund widerwillig akzeptieren, dass es Frauchens Loyalität nun zu teilen galt.

Ich dankte den Tieren in der geistigen Welt für ihre Hilfe bei dieser Sitzung. Ich behandelte Bert, um etwas von seinen körperlichen Symptomen zu lindern, und wir besprachen die Botschaften der Tiere, die uns zu helfen versucht hatten. Ich wiederholte die ernste Botschaft von Duke, dass Bert sich um sich kümmern müsse und das Leben genießen solle. Der Terrier hatte sich gezeigt, um Bert an heitere Zeiten in der Vergangenheit zu erinnern und darauf hinzuweisen, dass er jetzt mehr Zeit mit seiner Frau verbringen könnte, um andere gemeinsame Interessen wiederzuentdecken als die Schwerarbeit auf der Farm.

Die kleine Großkatze

Ich habe so viele köstliche Geschichten erlebt, wenn Tiere aus der geistigen Welt gekommen sind, um ihren Freunden zu helfen, aber der folgende Fall war einer der überraschendsten.

Janet saß vor mir, sie schien recht in sich gekehrt. Sie klagte über Schmerzen in Nacken und Schultern. Sie schien müde und teilnahmslos. Sie gab zu, dass sie nicht wirklich wusste, warum sie mich aufsuchte; sie habe eben von einer Freundin gehört, dass ich ihr möglicherweise helfen könne. In Bezug auf meine Methoden schien sie recht skeptisch, was durchaus verständlich war, da ich manchmal selbst an meiner geistigen Gesundheit zweifle. Doch als wir behutsam das Thema emotionaler Traumata ansprachen, welche die physischen Systeme des Körpers beeinträchtigten, bemerkte ich etwas sehr Seltsames, das ihre Beine umrundete. Ich blinzelte erstaunt mehrere Male und hatte Mühe, mir zu erklären, was ich da mit eigenen Augen sah. Ich bitte immer um Führung aus dem Universum, und seit Dukes Erscheinung war ich mir der Hilfe von Tieren in der geistigen Welt bewusst, die viel mehr über die Heil-Bedürfnisse und Erfordernisse ihrer früheren Besitzer wissen als ich.

Was ich hier „sah", war eine kleine Katze. Nicht eine kuschelige, schnurrende Hauskatze. Vielmehr handelte es sich um eine wildlebende Großkatze, die sich liebevoll an den Beinen meiner Klientin rieb. Hin und wieder starrte sie mit unheilvollem Blick aus großen, durchdringenden Augen zu mir, als wollte sie mich auffordern: „Sag es ihr!" Sie können sich mein Dilemma vorstellen. Ich versuchte, so behutsam wie möglich einige meiner weniger konventionellen Methoden zu beschreiben, wie ich mit Menschen arbeitete, und hier war diese Katze, die verlangte, dass ich ihre Anwesenheit meldete.

Schließlich nahm ich all meinen Mut zusammen und sagte, dass ich, so verrückt es vielleicht scheine, eine tierische „Energie" sehe, die offenbar aus der geistigen Welt gekommen sei, um ihr zu helfen.

Janet schenkte mir, nicht überraschend, einen eher vernichtenden Blick, bis ich beschrieb, was ich beobachtete, und sie dramatisch erbleichte. Dann brach sie in Tränen aus. Ich dachte, die Katze sei vielleicht ein Ozelot, da ihr Fell eine herrliche Zeichnung aufwies. Doch ich wusste, dass dies nicht ganz korrekt sein konnte. Janet korrigierte mich prompt. Unter Tränen sagte sie: „Es ist ein Serval."

Es war ein verwaistes Tier, das ihr zur Adoption geschenkt worden war, als sie selbst als kleines Kind in Afrika lebte, und sie waren unzertrennlich geworden. Als Janet sprach, waren nicht einmal Reste eines Afrikaans-Akzents zu erkennen, und so gab es keinen Hinweis auf ihre frühere Heimat. Je mehr sie an den vierbeinigen Gefährten aus ihrer Kindheit dachte, desto mehr konnte sie zu ihrer eigenen Überraschung das sanfte Anschmiegen spüren, wo die Katze liebevoll um ihre Beine strich. Sie sagte, die Katze sei ihre ständige Freundin gewesen, als ihre Eltern mit der Führung ihres Anwesens und den damit einhergehenden Schwierigkeiten sehr beschäftigt waren. Die junge Janet hatte alle ihre Geheimnisse und Träume ihrer Katzen-Freundin anvertraut; damals fühlte sie sich zuversichtlich und glücklich, dass ihr Leben immer frei und von Sorgen ungetrübt sein würde. Eines Tages jedoch verkündete ihr Vater, dass die Familie nach England zurückziehen müsse. Janet müsse ihre Freundin deshalb in die Wildnis entlassen.

Sie wusste, dass nur minimale Chancen bestanden, dass die in freier Wildbahn unerfahrene Katze überlebte. Sie war am Boden zerstört, das ihrer Obhut anvertraute Tier im Stich zu lassen. Janet musste die unsichere Katze im Buschland aussetzen und schluchzte, weil sie die großartige afrikanische Landschaft hinter sich lassen musste.

Während sie in England auf- und heranwuchs, dachte sie oft an ihre Zeit in Afrika zurück. Sie empfand es als bitter, dass sie ihre wunderschöne, zutrauliche Freundin im Stich lassen musste, die sich um

Schutz und die Erfüllung all ihrer Bedürfnisse immer auf sie verlassen hatte.

Dieses Muster, so fanden wir heraus, war ihr durch ihr ganzes Erwachsenenleben gefolgt. Janet hatte das Empfinden, dass sie niemals in irgendeiner Sache wirklich erfolgreich war. Sie war äußerst streng mit sich und sehr selbstkritisch. Ich spürte, dass dies die Ursache ihrer Nacken- und Schulterschmerzen war. Sie trug buchstäblich die Last der Welt auf ihren Schultern, und der Druck und die Anspannung verursachten die Beschwerden im Nacken.

Die Katze wollte ihr mitteilen, dass es ihr in der geistigen Welt gut ging und sie wirklich wusste, wie sehr sich Janet bemüht hatte, das Beste für sie zu geben. Sie wollte nur, dass Janet sich selbst vergab und ihr Leben von nun an genoss.

Janet schien sich fast augenblicklich zu ändern und erschien größer und sicherer. Die Botschaft der Katze hatte Janets Neubeurteilung ihres gefühlten Versagens und der negativen Ansichten über sich selbst ausgelöst. Wir besprachen, wie wir solche Erinnerungen in positive Lernerfahrungen umprogrammieren können. Dank jener kleinen Großkatze lernten wir, dass es niemals zu spät ist, uns selbst zu vergeben und mit positiver Selbstwertschätzung voranzuschreiten.

Bobtail Holly

Wendy rief an. Sie war sehr aufgeregt und brauchte dringend meine Hilfe. Die arme Wendy hatte eine schwere Zeit hinter sich. Ihre geliebte Bobtail-Hündin Holly musste auf dem Operationstisch eingeschläfert werden, da ihr Krebs gestreut hatte und der Tierarzt diese Lösung für die schonendste hielt. Wendy hatte mich angerufen, um zu fragen, ob Holly mit dieser Entscheidung einverstanden sei. Dies war ein recht traumatischer Auftrag, da hier offensichtlich sehr viel Emotion im Spiele war. Holly teilte mir mit, dass sie bereit sei zu gehen, und bat mich, Wendy auszurichten, sie solle versuchen, sich nicht zu sehr aufzuregen. Holly werde von der geistigen Welt aus immer um sie sein und sie begleiten. Dies ist alles schön und gut, wenn man es mitgeteilt bekommt, doch es zu glauben und Trost daraus zu beziehen, ist doch etwas ganz anderes. Ich bin überzeugt davon, dass unsere Tiere auf der geistigen Seite bei uns sind, trotzdem ist es immer sehr niederschmetternd, einen speziellen Freund zu verlieren.

Nun hatte Wendy mehrere Wochen mit Trauern verbracht, denn sie kam mit der veränderten Situation gar nicht zurecht. Aus heiterem Himmel war ein weiblicher Welpe verfügbar geworden, und Wendy meinte, ein neuer Welpe könne helfen, den Schmerz zu lindern. Aber dies war nicht der Fall. Schuldgefühle verzehrten sie, da sie das Gefühl hatte, Holly könne sie für treulos halten, weil Wendy versuchte, sie zu vergessen.

Als ich bei Wendy zu Hause ankam, begegnete ich dem hinreißendsten Flaumbündel. Augen wie helle, reife Kastanien blickten hinter Vorhängen aus lockigem Haar hervor. Der stahlgrau-weiße Welpe wedelte mit dem Schwanz wie ein Schaf, rollte auf den Rücken und präsentierte das hübsche Bäuchlein.

Das Tierchen war anbetungswürdig, aber Wendy fiel nicht von einer Verzückung in die andere, sondern war weiterhin verzweifelt und untröstlich. Der Schmerz über den Verlust von Holly plagte sie immer noch sehr.

Das Hundemädchen war äußerst hyperaktiv gewesen und hatte eine leichte Magenverstimmung gehabt, was mir interessant schien, wenn ich daran dachte, wie gestresst Wendy war. Wir hatten schon vorher telefonisch über den Protein- und Weizengehalt des Welpenfutters diskutiert, und ich war froh zu hören, dass sich das Hündchen ein wenig beruhigt hatte.

Ich saß mit der Kleinen auf dem Fußboden und versuchte, meine Finger aus einem Schnäuzchen voller nadelspitzer Babyzähne zu befreien. Ich fürchtete schon, nach geglückter Aktion meine Finger zählen zu müssen. Wendy saß gegenüber auf dem Sofa und versuchte sich zusammenzunehmen. Ich gab dem Hündchen eine Heilbehandlung in der Hoffnung, dies werde sowohl der Verdauung als auch seinem Verhalten eine Hilfe sein. Dabei machte ich mir um Wendy weit mehr Sorgen. Sie sah abgehärmt und erschöpft aus. Sie gestand, dass sie sich ernstlich frage, ob es eine kluge Entscheidung gewesen war, sich das Hündchen zuzulegen.

Während ich Wendy zuhörte, begann gleich neben ihr auf dem Sofa die alleraußergewöhnlichste Vision sichtbar zu werden. Nach und nach konnte ich die weichen Umrisse eines großen, haarigen, grau-weißen Hundes erkennen, der dort neben ihr saß. Holly tauchte hier nicht nur vor meinen Augen auf, sondern sie fing an, mir Anweisungen einzugeben dahingehend, welches die beste Art sei, diese Sitzung zu lenken, um das heilsamste Resultat für Wendy herbeizuführen. Holly leitete mich an, eine heilende Herz-Visualisierung durchzuführen. In dieser heilenden Herz-Visualisierung stellt sich die Person ihr emotionales Herz vor, das repariert und mit bedingungsloser Liebe gefüllt wird. Dies ist eine sehr schöne Übung mit einer überaus positiven Wirkung im Hinblick auf das Befreien von eingeschlossenen Emotionen. Ich fragte mich, ob es klug wäre, Wendy gegenüber die Tatsache zu erwähnen, dass sie einen großen Hund neben sich auf dem Sofa sitzen hatte. Holly „antwortete" unmissverständlich: „Sag Wendy, dass ich hier bin. Sie muss ihrem Herzen befehlen, dass es nicht aufhören soll zu fühlen, sondern aufhören soll wehzutun. Ich weiß, dass es niemanden gibt, der mehr versucht haben könnte, um mich zu retten." Die Kraft der Liebe zu Wendy, die in den Worten des Hundes mitschwang, überwältigte mich beinahe. Mir war klar: Wenn ich diese Botschaft ausspreche, wird es sehr emotional.

Ganz wie Duke, dem verzweifelt daran gelegen war, seine Wünsche zu übermitteln, verlangte jetzt Holly, dass ich ihre Worte an Wendy weitergab. Ich holte tief Luft und wünschte, ich hätte ein Päckchen Papiertaschentücher mitgebracht, denn ich fühlte die Intensität der bedingungslosen Liebe, die den Raum erfüllte. Ich gab die telepathisch empfangene Botschaft weiter. Wendy brach in Tränen aus, und ich ergab mich der überwältigenden Emotion, die uns alle bewegte. Wir schluchzten beide, aber dieses Mal vor Freude. Voller Staunen registrierte ich, was Holly diktierte; ich wiederholte ihre tröstende Weisheit wörtlich. Der Welpe hatte sich auf meinem Schoß zusammengerollt, blickte sich in gelinder Überraschung um und versuchte auszumachen, was hier eigentlich los war. Das Hündchen nahm die Präsenz Hollys durchaus wahr, seit es in seinem neuen Zuhause angekommen war. Es wusste genau, wie Holly sich fühlte. Es war fast, als sagte es: „Gott sei Dank! Jetzt kann das Leben weitergehen!"

Weit davon entfernt, sich vergessen oder verraten zu fühlen, war Holly wirklich froh, dass der Welpe nun die Aufgabe übernahm, Wendy zu lehren, was sie über sich selbst zu lernen hatte. Holly bestätigte, dass Wendy in guten Händen (bzw. Pfoten) war, dass sie selbst aber weiterhin in der Nähe sein werde, um die weitere Entwicklung zu verfolgen.

Ich verließ Wendy, die ihr Hündchen liebkoste, nun mit einem breiten Lächeln unter verweinten Augen; sie war Holly sehr dankbar für ihre Hilfe. Nie zuvor hatte ich eine ganze Sitzung unter der Anleitung eines Hundes durchgeführt.

Ich machte mir noch einige Gedanken über die tiefe Heilbehandlung, die gerade stattgefunden hatte. Wie hier von Herzen empfundene Liebe geschenkt und erwidert wurde, war unglaublich; ich empfand es als ein unschätzbares Privileg, an diesem Austausch beteiligt gewesen zu sein.

Tiere kommen als Tröster

Ich habe das Bedürfnis, ganz persönlich allen unseren tierischen Begleitern zu danken, die aufgetreten sind, um mir in meinen Stunden der Not Trost zu bringen.

Etwa eine Woche, bevor meine Mutter hinüberging, lag ich gerade im Bett und fragte mich, wie um Himmels willen ich den Schmerz aushalten würde, sie zu verlieren. Sie hatte ihren Krebs mit Anmut und Würde bekämpft, doch nun, am Ende, verlor sie diese Schlacht. Ich wusste, dass sie ihre Aufgabe hier erfüllt hatte, und jetzt galt es, durch ihr Hinübergehen in die nächste Phase ihrer Seelenreise zu wachsen. Aber dieses Wissen vermochte kaum die Traurigkeit zu lindern, die ich damals empfand.

Plötzlich wurde ich durch die Seiten unseres alten Familien-Fotoalbums geführt, die von der Zeit mitgenommene alte Bilder meiner Mutter mir ihren geliebten tierischen Gefährten zeigten. Da war Trixie, der Welpe zweifelhafter Eltern, der zu einem ansehnlichen, ja riesigen zotteligen Hund herangewachsen war. Trixie pflegte geduldig am Ende der Straße auf meine Mutter zu warten, bis diese nach den Tagen unfreiwilliger Trennung von der Schule zurückkehrte. Es war, als ob mir die Tiere halfen, mich zu erinnern und all die glücklichen Zeiten zu erleben, die meine Mutter mit ihren tierischen Freunden genossen hatte. Einer nach dem anderen schienen sie aus den Albumseiten lebendig hervorzutreten und sich zur Unterstützung um mich zu scharen. Alle die Tiere, die meine Mutter in ihrer Kindheit und mich in meinen Kinderjahren begleitet hatten, erschienen vor mir. Ich konnte die Pferde sehen, die Ponys, Hunde, Katzen und Kaninchen aus den alten Fotografien, als ob sie ein Begrüßungs-Komitee vorbereiteten. Sie waren alle dort in der geistigen Welt und warteten darauf, meine Mutter willkommen zu heißen; hier versicherten sie mir, dass alles gut sein werde. Obwohl ich immer noch verzweifelt und traurig war, fühlte ich mich durch ihre Anwesenheit getröstet und betete, dass ich ein ähnliches Willkommen erleben würde, wenn meine Zeit dereinst käme.

Meine Mutter hatte ihre Tiere geliebt und geduldig alle Obdachlosen und Streuner willkommen geheißen, die ich als Kind nach Hause mitbrachte – trotz unseres Mangels an Geldmitteln und Platz. Ich habe viele Erinnerungen an ihre Erzählungen von ihren Abenteuern als junges Mädchen in Devon mit den tierischen Freunden. Zwei Tage vor ihrem Tode saß ich an ihrem Bett und konnte „sehen", wie ihr altes Exmoor-Pony Robin in der geistigen Welt neben ihr stand. Ich konnte deutlich sein „mehlig-blasses" Maul sehen, die für Exmoor-Ponys typische blassbraune Färbung, und seine großen Rehaugen. Das Tier war eher zu kräftig für sie, und ich erinnerte mich an ihre Anekdoten von so manchen Gelegenheiten, als er sie schneller transportiert hatte, als es ihr lieb war.

Robin teilte mir mit, wenn meine Mutter es wünschte, würde er sie sehr sanft auf ihren Lieblings-Ausritt mitnehmen. Meine Mutter hielt das für eine entzückende Vorstellung. Sie war es müde, im Bett zu liegen, müde, sich so schwach und vom Leben erschöpft zu fühlen. Ich schlug vor, dass sie Robin erlaubte, sie mitzunehmen und ihren Ausritt zu genießen. Sie schloss die Augen in friedvoller Meditation. Als sie sie nach etwa einer halben Stunde wieder öffnete, berichtete sie, dass Robin wirklich lieb gewesen sei und sie einen wundervollen Ausritt zu all ihren Lieblingsplätzen in der Kindheit erlebt habe. Doch sie war recht verstimmt, in ihr Bett zurückgekehrt zu sein.

Als die Zeit ihres Hinübergangs kam, war ihre Mutter da – die bereits starb, als meine Mutter erst sechzehn war – und stand neben ihr; sie streckte ihre Hand aus, um sie in die geistige Welt zu führen. Meine Großmutter, die meine Namenspatronin war, teilte mir mit, dass sie sich um all die Tiere kümmerte. Sie warteten alle darauf, meine Mutter zu begrüßen, zusammen mit vielen lieben Angehörigen der Familie, die bereits in die geistige Welt vorausgegangen waren.

Als ich an jenem schlimmen Tag schließlich nach Hause zurückkehrte, machte ich Mulberry ausfindig – sie lag unter einer großen Eiche auf unserer Wiese – und setzte mich zu ihr. Sie schmiegte ihren glänzenden warmen Körper an mich, absorbierte meine Tränen und tröstete mich in meiner Verlassenheit. Ich hätte mit keinem Menschen reden können, nur Mulberry schien zu verstehen und schenkte mir stillschweigend Trost.

Kapitel 3

Seelenrückholung
und Traumalösung

Je mehr ich gebeten wurde, mit traumatisierten Pferden zu arbeiten, desto häufiger zeigten sie mir intuitiv, wie sie zu behandeln und wieder aufzurichten waren. Ich hatte von dem Begriff der „Seelenrückholung" bei Menschen gehört. Schamanen, Heiler oder Medizinmänner verschiedener Eingeborenenvölker hatten diese Methoden seit Jahrhunderten angewandt. Die Schamanen „reisten" im Geiste durch die Zeit zu dem Ereignis oder in die Situation zurück, in der das Trauma der Person, die sie gerade behandelten, verursacht wurde. Sie glaubten, dass die Person fragmentiert wurde, als ob sich ein Teil ihrer Seele abgespalten habe, so dass sie niemals wieder „ganz" und „heil" sein würden. Bevor jener Teil zurückgeholt und irgendwie in das Wesen der Person zurück platziert werde, würde diese niemals wirklich „geheilt".

Als die Pferde anfingen, mir wie in entsetzlichen Videosequenzen innerlich zu zeigen, was sie erlebt hatten, instruierten sie mich auch, wie die fehlenden Teile ihrer Seelenmuster zurückzuholen waren. Hierbei ging es um Teile, die durch traumatische Situationen erschüttert wurden, die nicht nur in dieser Existenz, sondern auch in früheren Leben eingetreten waren.

Die Tiere schilderten bei vielen Gelegenheiten, dass sie bereits in ferner Vergangenheit bei ihren heutigen Besitzern gewesen waren und sich nun von neuem mit diesen verbunden hatten, um ein ungelöstes Trauma zu heilen. Wieder wählten es diese wundervollen Geschöpfe, zu reinkarnieren, um uns zu helfen. Mulberry war ein feines Beispiel dafür, obwohl sie mir zeitlebens niemals ihre Traumata aus der Vergangenheit gezeigt hatte – sie war viel zu sehr damit beschäftigt, uns zu helfen. Erst als *wir* bereit waren, ihre tiefere Verbindung mit Cameron zu verstehen, offenbarte sie ihre Rolle.

Noch befremdlicher und doch ein weiteres neues Konzept für mich war, dass die Pferde in ihren früheren Leben nicht immer Pferde gewesen waren. Diese Vorstellung verlangte einiges Einfühlungsvermögen und Verständnisarbeit, doch nach mehreren Fällen, in denen ich Pferde als Zebras, Maultiere und Esel „sah", begann ich zu akzeptieren, dass ich auf alles gefasst sein musste.

Shannon, das Pferd mit hundert Leben

Der erstaunlichste Fall, dem ich je begegnet bin, war Shannon. Die kräftige Braune war äußerst unberechenbar geworden; ihr Besitzer verzweifelte allmählich, da sie durchaus gefährlich sein konnte. Sie war keinesfalls bösartig, nur unglaublich ängstlich gegenüber praktisch allem, was ihr begegnete.

Die Pferde hatten mir „gezeigt", dass ihr früheres Selbst hinter mir erscheinen konnte, eine Schatten-Energieform wie ein holographischer Umriss. Diese Frühere-Inkarnations-Präsenz ging dann durch mich hindurch und gebrauchte mich als Vehikel oder Werkzeug, wenn ich den abgespaltenen Teil in das heutige Tier zurückführte. Gewöhnlich traten solche Seelenfragmente an der Schulter des Tieres ein, manchmal aber blies ich den verlorenen Teil in einen Bereich des Körpers, der in der Vergangenheit verletzt worden war.

Für mich war es zuerst sehr seltsam, wenn die Energie des Tieres durch meinen Mund in das Tier vor mir überging. Die Umrisse der letzten Teile des Tieres konnte ich „sehen", wenn die Hinterhufe und das Schweifende in das lebende Tier vor mir verschwanden; dann wusste ich, dass der fehlende „Teil" zurückgelangt war.

Als ich auf Shannon zuging, war sie recht aufgeregt. Ich konnte fühlen, wie sie abschätzte, ob ich eine Bedrohung für sie darstellte. Ihre Nüstern flatterten, und ihre Augen waren weit offen. Sie schien in irgendeinem ewigwährenden Opfer-Modus gefangen zu sein. Dann begann sie mir zu zeigen, dass sie in vielen früheren Leben einem Raubtier zum Opfer gefallen oder in Situationen geraten war, in denen sie hilflos blieb und nicht entkommen konnte. Eine ihrer zahlreichen Ängste war, eingesperrt zu werden; sie hasste auch laute Geräusche, besonders metallischen Ursprungs. Wo sie jetzt lebte, gab es Wellblechdächer auf den Ställen, und wenn sie bebten oder vom Wind erschüttert wurden, war dies für Shannon eine schreckliche Qual.

Sie zeigte mir ein Leben, in dem sie ein Brauereipferd in London während der Luftangriffe im Kriege gewesen war. Eine Bombe war auf das Gebäude gefallen, in dem sich auch ihr Stall befand, und sie war von Fragmenten von Metall, Holz und Stein getroffen und tödlich verletzt worden. Das Gefühl der Hilflosigkeit und der Unfähigkeit zu entkommen war überwältigend. Dies schien ein wiederholtes Muster zu sein, da Shannon mir viele Erdenleben mit solchen Traumatisierungen zeigte. Das erste ihrer schrecklichen Erlebnisse war als ein Kleinpferd vor etwa fünfzig Millionen Jahren, das von einem Geschöpf, das einem Säbelzahntiger ähnelte, angegriffen und getötet wurde. Ich hatte ein sehr klares Bild von der prähistorischen Kreatur mit ihren Zehen, die sich später zu Hufen entwickeln sollten. Je mehr solcher „Videoclips" Shannon mir vor meinem inneren Auge zeigte, desto länger wurde die Prozession von Tierhologramm-Fragmenten. Geduldig erlaubte ich ihr, so viel zu übermitteln, wie sie konnte. Dies kostete sie enormen Mut, und ich fühlte mich höchst privilegiert, so viel Vertrauen geschenkt zu bekommen, um in jene ferne Vergangenheit eintauchen zu dürfen. Erst als sie fertig war und mir die Erlaubnis dazu gab, begann ich mit der Rück-Integrierung all ihrer früheren Wesensanteile. Eines nach dem anderen standen sie Schlange und warteten darauf, als reine „Energie" in mich zu springen, durch mich zu fließen und wieder in Shannon einzutreten. Dies mag recht sonderbar anmuten, aber ich habe gelernt, meiner geistigen Führung und den Anweisungen des betreffenden Tieres voll und ganz zu vertrauen, auch wenn dies enorme Offenheit und Lernbereitschaft von mir verlangte. Sie haben mich gelehrt, mein zweifelndes Ego beiseite zu stellen.

Ich weiß nicht, ob es tatsächlich hundert Frühere-Inkarnations-Hologramme waren, die da durch mich gingen; ich konnte nicht mehr mitzählen, aber es hat sich gewiss so angefühlt! Schließlich wurde Shannon ruhiger. Sie zeigte auch die Risse und Kerben in ihrem Aura-Energiefeld, die von jener Bombenexplosion herrührten, und so wurde ich geführt, mir vorzustellen, sie so gut zu reparieren, wie es mir möglich war.

Ich visualisierte, wie ich ihre Aura ausdehnte und all die Beulen ausglich und all die verzerrten Bereiche begradigte und das Tier auf diese Weise irgendwie wieder heil machte. Ich hoffte ehrlich, dass dies helfen werde. Ich fühle, dass die Kraft unserer Heilungsabsicht eine große Rolle spielt, und dass wunderbare Heilungen eintreten *können*.

Shannon wurde tatsächlich ruhiger, hatte aber immer noch gelegentlich unberechenbare Momente. Ich hätte gerne mehr mit ihr gearbeitet, da es bei diesem Pferd so viele „Schichten" gab. Ich reflektierte über ihre Entscheidungen, so viele Male neu zu inkarnieren, um so viele Traumata zu erleiden. Ich fragte mich, warum dies so verlaufen war und hoffte, dass Shannon in diesem Leben endlich glauben lernen könnte, dass sie nicht länger mehr ein Opfer sein musste.

Die manische Meg

Ich hatte mehrere Fälle, in denen Hunde dieser Behandlungsmethode bedurften, bei der ein holographisches Bild des Hundes in Erscheinung trat, um in dessen derzeitiges Selbst „zurückgegeben" zu werden.

Meg brachte man zu mir als der letzten Instanz, und leider denke ich, dass ihr Besitzer für meine eher seltsamen Methoden nicht ganz offen war. Es stimmte mich traurig, weil ich spürte, dass die Hündin verzweifelt versuchte, seinem Besitzer verstehen zu helfen, warum sie sich auf diese Weise verhielt. Sie schien ständig weit aufgerissene Augen zu haben und zu hecheln. Mir wurde mitgeteilt, dass Meg permanent ängstlich sei, besonders auf einem Spaziergang und unter freiem Himmel. Natürlich sind Collies bekannt und berühmt für ihren Herdeninstinkt. Es ist durchaus nicht ungewöhnlich, dass ein Collie will, dass bei einem Spaziergang alle zusammenhalten – so können sie ihre kleine Schar „behüten" –, aber Megs Ängstlichkeit war des Guten zu viel.

Als ich Meg bat, mir zu übermitteln, warum sie so ängstlich war, begann sie mir vor meinem inneren Auge einige Bilder zu zeigen; es kam mir vor, als bekomme ich Bilder und Filmsequenzen aus dem Zweiten Weltkrieg zu sehen. Ähnlich wie Sam, der Jack-Russell-Welpe, begann Meg nun ihre Physiognomie zu verändern und sah schließlich aus wie ein Deutscher Schäferhund. Dann wurde ich Zeugin einer erschütternden Szene. Meg zeigte mir ihren derzeitigen Besitzer als einen Offizier, der erschossen wurde; sie war sein Hund. Zu allem Unglück hatte sie das Gefühl, ihren Herrn enttäuscht zu haben, weil sie ihn nicht retten konnte. Als Meg wieder ihre normalen Collie-Züge angenommen hatte, visualisierte ich, wie der traumatisierte Schäferhund in sie zurückgeführt wurde.

Meg erklärte, dass sie ständig in Sorge sei, ihr Herrchen werde erneut verwundet. Ich versicherte ihr, dass dies nie wieder passieren müsse und wie wundervoll es sei, dass sie zusammen waren und sie selbst von nun an einfach ihr Leben genießen könne. Über Megs weitere Entwicklung wurde mir nicht berichtet, doch ich hoffte, dass ihr menschlicher Freund eines Tages erkennen möge, wie sehr sie sich um ihn sorgte.

Conker, der empfindliche Hengst

Ich hatte das Glück, gebeten zu werden, Conker zu besuchen, einen sehr hübschen Hengst. Er war gutartig und anhänglich, wurde aber unter der Einwirkung lauter Geräusche sehr unruhig und unbändig. Telepathisch übermittelte er mir, dass er auf einem früheren Gestüt angeschrien worden sei. Er war unglaublich empfindlich und leicht zu verstören – alles andere als ein robustes Macho-Pferd. Lärm schien hier der Schlüsselfaktor zu sein.

Ich bat ihn, mir zu zeigen, warum er durch laute Geräusche so zu erschrecken war. Er bat wiederum mich, seine Besitzerin nach einem kleinen Jungen zu fragen, dessen Bild er mir vor meinem inneren Auge zeigte.

Ich beschrieb, was ich „sah", und sie teilte mir mit, dass es tatsächlich einen kleinen Jungen gebe, der der Beschreibung entspreche und Conker regelmäßig besuchen komme. Die Besitzerin sagte, dass die beiden eine ganz spezielle Beziehung zu haben schienen. Conker bestätigte, dass er den kleinen Jungen liebe und sie in einem früheren Leben bereits zusammen gewesen seien.

Er zeigte mir eine vergangene Zeit in Wales, als sie in den Kohlebergwerken arbeiteten; der kleine Junge mühte sich ab in Schwerarbeit und Dreck. Der Junge war zu Conker immer lieb und sehr sanft gewesen in einer Welt, in der es wenig Empfindsamkeit und Sentimentalität gab, und in der Grubenpferde und Kinder gezwungen waren, unter äußerst harten Bedingungen zu arbeiten und leben. Conker berichtete, dass er im Bergwerk eines Tages den schrecklichsten Lärm hinter sich gehört habe. Sein kleiner Freund war zurückgegangen, weiter hinunter in den Stollen, um ein anderes Pony zu holen. Der schreckliche Lärm, das Krachen und Poltern, als das Bergwerk hinter ihm einstürzte, hatte Conker mit Entsetzen erfüllt. Die armen Pferde, Männer und Kinder waren in dem zusammenbrechenden Stollen verloren, und Conkers Leben war nie wieder das gleiche, da er um seinen kleinen Freund trauerte.

Er zeigte mir, dass er in jenem Leben kleiner und stämmiger war, sein Fell war schwarz oder sehr dunkelbraun. Er trug einen schmutzig-weißen Stern, der sich Mühe gab, von seiner Stirn zu strahlen, aber das weiße Fell war gewöhnlich von schwarzem Kohlenstaub verkrustet. Als Conker mir zeigte, wie er ausgesehen hatte, erschien das entsprechende „Hologramm", und ich „blies" das schwarze Pony zurück in Conker.

Dieses Mal hatte ich eine ganz präzise Stelle, in die ich das abgespaltene Fragment zurückgab. Weil Lärm ein so entscheidender Faktor bei Conkers Trauma war, erhielt ich die Anweisung, den Teil zurück in Conkers Ohr zu pusten. Normalerweise lassen Pferde es sich nicht gerne gefallen, dass ihnen jemand ins empfindliche Ohr bläst, und ich war mir nicht sicher, wie der Hengst darauf ansprechen würde. Ich fragte ihn gedanklich, ob dies in Ordnung sei, und falls ja, möge er mir ein Zeichen geben, so dass ich wüsste, dass ich ihn nicht erschreckte. Doch wie sollte ich bis zu seinem Ohr hinauf gelangen, um meine Aufgabe zu erfüllen? Conker kam mir buchstäblich entgegen, indem er den Kopf senkte und sein Ohr praktisch über meinen Mund hielt, was ein wenig unangenehm war. Ich pustete so behutsam ich konnte, während Conker keine Sekunde zurückzuckte, während die Energie des schwarzen Grubenponys in ihm verschwand.

Danach war Conker viel glücklicher und schien nicht mehr so lärmempfindlich zu sein. Er pflegte weiterhin seine liebevollen Beziehungen zu seiner Besitzerin und dem kleinen Jungen, deren Gesellschaft er genoss.

Angst im Mutterleib

Ein anderer prächtiger Hengst hatte ebenfalls ein Problem mit Geräuschen. Er zeigte mir, dass er bereits vor einer Geburt mit der Angst seiner Mutter „infiziert" wurde, als diese durch Schreie erschreckt wurde. Ich wurde intuitiv geleitet, mir vorzustellen, ihn als Fötus in den Armen zu wiegen und zu beruhigen, so dass er all seine Angst loslassen könnte. Es war ein eigenartiges Gefühl, die Energieform des kleinen Pferdes in den Armen zu halten.

Sobald ich spürte, dass all die Angst vorüber war, visualisierte ich, dem Hengst die geheilte Energie zurückzugeben. Er war während der Behandlung sehr aufgewühlt, doch sobald die Fötus-Energie übertragen und das Problem losgelassen war, wurde er wieder ganz ruhig und zutraulich.

Maultier Yorrick

In eine meiner Praxisstunden wurde ein feines rotbraunes Pferd namens Yorrick gebracht, das ich mir ansehen sollte. Yorrick war zu einer echten Gefahr im Verkehr geworden, besonders wenn sich irgendetwas von hinten näherte. Er hatte sich regelrecht auf die Motorhaube eines Autos gestürzt, was natürlich fatal war. Mir fiel auf, dass er wunderbare Ohren hatte. Julie, seine Besitzerin, sagte, dass viele Menschen dies schon bemerkt hätten. Die Ohren waren lang und auf höchst ungewöhnliche Weise ausdrucksvoll biegsam.

Yorrick war ein sehr elegantes Pferd, deshalb glaube ich nicht, dass die Ohren jene frühere Inkarnation andeuteten, die er mir in der Folge zeigte. Ich fragte ihn nach dem Ursprung seiner Angst vor Dingen, die von hinten kamen. Er zeigte mir etwas, das einer Szene vom Goldrausch am Yukon River glich. Hier war Yorrick nicht ein elegantes, wohlerzogenes Pferd, sondern ein großes braunes Maultier. Dies war mein erster Fall eines Artenwechsels bei Pferden, wenn auch nur innerhalb der gleichen Familie; später sollte ich herausfinden, dass dies nicht die einzige Form war, die sie annehmen konnten.

Yorrick erzählte mir, dass der alte Goldgräber, der ihn besaß, Jack hieß; seine heutige Besitzerin Julie sei dieselbe Person. Jetzt seien sie wieder vereint, um ihre Beziehung zu heilen.

Sie hatten in einem felsigen Terrain nach Gold gesucht. Da sie damit keinen Erfolg hatten, zogen sie sich in eine kleine, ärmliche Elendssiedlung zurück, die dort entstand, um den Goldgräbern und Glücksrittern Obdach zu bieten. Die Stadt war mehrere Meilen entfernt weiter unten am Berghang zu sehen. Sie bewältigten gerade ihren Abstieg, als plötzlich ein lautes Knurren zu vernehmen war, und ein großer Berglöwe sprang mit einem Satz von hinten auf das Maultier. Dieses geriet in Panik, warf Jack ab und stürzte zu Boden, und der Löwe zerfleischte das arme Tier.

Jack griff verzweifelt nach dem Gewehr, um das Maultier zu retten, aber die Zeit war gegen ihn. Seine Büchse steckte in der Halterung am Sattel, und seine kleinere Faustfeuerwaffe war aus dem Holster gefallen. Er suchte tastend den staubigen Grund um sich ab, bekam schließlich seine Waffe wieder in den Griff und feuerte. Es gelang ihm, den räuberischen Löwen zu töten, doch es war zu spät, um sein zuverlässiges Tragetier zu retten. Das Maultier lag schreiend und heftig blutend auf der Erde; Jack hatte keine andere Wahl, als seinen Freund zu töten. Der Mann liebte sein altes Maultier; sie hatten viele Jahre zusammen verbracht und versucht, ihre kärgliche Existenz mit einer Handvoll des kostbaren Metalls zu verbessern. Sie hatten sich ein Leben lang abgemüht, und es schien, dass das Maultier sein Hauptvermögen, die Stütze seiner ganzen Existenz war. Jack schloss die Augen und betätigte den Abzug. Nachdem er seinen Begleiter verloren hatte, ging es mit Jacks Leben bergab, und er verbrachte die Zeit damit, seinen Kummer in der Elendssiedlung zu ertränken.

Als Julie Yorrick das erste Mal zu sehen bekam, wurde sie von Schuldgefühlen überwältigt, die ihr unerklärlich schienen. Obwohl es wirtschaftlich unvernünftig war, ihn zu kaufen, fühlte sie sich gezwungen, das Tier zu erwerben; irgendwie gehörten sie zusammen. Jetzt verstand sie ihre damalige Entschlossenheit, ihn um jeden Preis zu besitzen.

Die meisten Besitzer hätten ein potenziell todbringendes Pferd wie diesen Hengst einschläfern lassen, aber Julie musste den Grund für sein Verhalten erfahren. Sobald die Energie des Maultiers an Yorrick „zurückgegeben" war und ich visualisierte, wie ich die schrecklichen Spuren heilte, die die Klauen des Löwen geschlagen hatten und die sich immer noch als eine Erinnerung im Energiefeld „zeigten", wandelte sich Yorricks Ausdruck tiefgreifend.

Dann half ich Julie, sich selbst zu vergeben und alle Traurigkeit loszulassen, die sie aus jener traumatischen Zeit noch belastete. Ich war froh, als ich später hörte, dass Yorrick nun ein Muster an Sicherheit auf der Straße war. Niemals wieder kam es zu Rückfällen der alten Ängste. Ich war erfreut, zu Yorricks und Julies Heilung beigetragen zu haben, und freute mich darauf, über glücklichere Ereignisse in ihren Leben zu hören.

Nick und Lily

Natürlich hat es in der Vergangenheit auch viele glückliche Leben gegeben, in denen Tiere und ihre Besitzer lange und zufriedene Jahre miteinander verbracht haben. Wenn jedoch ein körperliches oder emotionales Trauma auf zellulärer Ebene gespeichert wurde und in der Gegenwart irgendwie ausgelöst wird, kommt es zu Problemen.

Lily war eines der furchteinflößendsten Pferde, mit denen ich gearbeitet habe. Lily war riesig. Sie war kein sanfter Shire-ähnlicher Riese, sondern ein feingliedrigeres Geschöpf, aber fast ebenso groß. Sie war sehr aufdringlich und besaß anscheinend keine Wahrnehmung für das unmittelbare Umfeld, den persönlichem „Raum". Sie war aggressiv und besitzergreifend, was ihren eigenen Raum betraf, nahm aber keine Rücksicht auf den Raum der anderen. Innerhalb ihres Stalles fühlte ich mich wie in einer Falle und in Gefahr, zerquetscht zu werden.

Lily zeigte sich nicht offen bösartig, nur sehr gestresst. Sie war eine Krippenbeißerin und Kopperin – ein Pferd, das in die Stalltür oder andere Holzteile biss und dabei geräuschvoll Luft herunterschluckte. Dies gilt als schlimme Unart, die an hölzernen Ställen großen Schaden anrichten kann. Die reichlich geschluckte Luft wiederum kann zu Bauchschmerzen oder Verdauungsproblemen führen.

Dies war ein weiterer Fall, in dem sich der jetzige Besitzer, Nick, wider besseres Wissen gezwungen fühlte, ein Tier zu erwerben. Irgendwie spürte er, dass er dieser Stute ein glückliches Leben schuldig war, doch er konnte dieses Empfinden nicht begründen. Obwohl er all ihre Fehler erkannte, schützte er Lily erbittert und verteidigte sie gegen jeden, der sie vielleicht kritisierte. Doch ihm war klar, dass sie Hilfe brauchten.

Lily war sehr schwer zu handhaben, und sie zu reiten, war unmöglich geworden, weil sie in Panik zurückwich, sobald jemand einen Fuß ins Steigeisen setzte. Diesen mächtigen schwarzen Leviathan von einem Pferd unter sich steigen zu erleben, war nichts, um das man einen Reiter beneidete. Wir kamen überein, dass es besser war, sie hinaus auf die Wiese zu führen, statt sie im begrenzten Stall zu lassen. Sie machte immer noch einen gestressten Eindruck, aber nach einer sanften Heilbehandlung wurde sie ruhiger, und ihr Verhalten besserte sich. Nick bemerkte, dass sich auch ihre Züge veränderten, die vorher immer ein Stirnrunzeln gezeigt hatten. Lily schien mehr in Frieden mit sich selbst zu sein.

Sie teilte mir mit, dass sie über Jahre schlecht sitzende Sättel und so manche unerfahrene Behandlung habe ertragen müssen, die an ihrem Rücken nicht spurlos vorüber gegangen waren. Sie war durch viele Hände und Ställe gewandert. Ihr Aufbäumen geschah aus Angst vor Rückenschmerzen. Ich empfahl die Behandlung durch eine Freundin, die eine wunderbare Pferde-Kraniosakral-Therapeutin war und ein sehr intuitives Gespür für Probleme aus früheren Leben hat.

Dann zeigte Lily mir ihre Verbindung zu Nick aus einem früheren Leben. Sie waren zusammen in Amerika gewesen, und ich sah so etwas wie ein Pony-Express-Szenario. Eine Klapperschlange hatte Lily erschreckt. Sie war in eine Schlucht gestürzt, wobei leider Lilys Rücken brach. Nick bekundete sein Entsetzen und bestätigte seine starke Phobie vor Schlangen, als ich schildete, was Lily mir zeigte. Dies erschien stimmig, als wir entdeckten, was Lilys Erschrecken ausgelöst hatte. Nick konnte noch nie verstehen, warum er eine so starke Abneigung gegen Schlangen hegte.

Ich führte bei Lily eine Seelenrückholung durch und freute mich darauf, von Nick Rückmeldung über ihren Fortschritt zu erhalten. Er war ein wunderbarer Pferdebesitzer. Ich lobte ihn für seine tiefe Liebe und sein Mitgefühl für Lily; viele andere Besitzer hätten weder die Geduld noch die Hingabe aufgebracht. Sie war ein wundervolles Pferd, aber extrem schwierig.

Während sich Lily erholte, hatte Nick das Gefühl, vielleicht selbst etwas „Früheres-Leben-Heilendes" zu benötigen. Wir vereinbarten eine Sitzung, in der ich eine Lösung des Traumas herbeiführen könnte, das er noch in sich trug. Dies schien Nick auf einer persönlichen Ebene zu helfen, und nach der Auflösung seiner unerklärlichen Schuldgefühle konnte er sich selbst viel besser annehmen.

Einige Wochen später rief er mich an, um zu berichten, dass Lily sich sehr verändert habe. Sie war jetzt sanft und ruhig, in sich ruhend und zutraulich. Ihr Rücken war behandelt worden, alles schien in Ordnung und es bestand die Aussicht, sie wieder reiten zu können.

Das Verhalten, das Lily früher gezeigt hatte, wenn Nick versuchte, in den Sattel zu steigen, hatte ihn verständlicherweise sehr erschreckt, deshalb schlug ich einige Techniken positiver Visualisierung vor. Ich empfahl ihm, all die schönen Strecken zu visualisieren, auf die ihre Ausritte sie führen würden. Ich riet ihm, sich auszumalen, dass sie eine wundervolle Zeit miteinander haben, die Landschaft und Strände Cornwalls genießen und glücklich und erfüllt nach Hause zurückkehren würden. Mag sein, dass Nick dachte, ich sei ein wenig gestört, doch er versprach mir, es einmal zu versuchen. Eine Woche später rief er mich zurück und fragte, ob ich mich innerlich auf Lily einstimmen und feststellen könne, ob sie zu einem Ausritt am folgenden Tage bereit sei.

Nick hatte gründlich mit seinen Visualisierungen gearbeitet und beschlossen, dass es „jetzt oder nie" sein müsse. Ich gewann den Eindruck, dass Lily bei der Vorstellung wirklich glücklich war, blieb aber gespannt darauf, zu hören, wie sie vorangekommen wären. Am Abend jenes Tages erhielt ich einen überglücklichen Anruf von Nick: Lily habe sich perfekt verhalten und schien die neuen Routen zu erkennen, als ob sie genau wisse, wohin die nie gesehenen Wege sie führen würden. Ich erklärte Nick, dass sie die Routen natürlich kannte, weil er sie ihr in der vorausgegangenen Woche telepathisch gezeigt hatte. Nick war so angetan von ihrem Fortschritt, dass er an eine örtliche Zeitung schrieb, die einen Artikel darüber veröffentlichte.

Lily erzählte mir viele Dinge aus ihrer Vergangenheit, die Nick nicht verifizieren konnte, da er nichts über ihre Vorgeschichte wusste. So beschrieb mir die Stute, dass sie einst ein Fohlen hatte und sehr traurig über die Trennung war, als es abgesetzt wurde.

Anhand der Fotos in der Zeitung erkannte ein früherer Besitzer Lily und meldete sich in der Redaktion. Dabei bestätigte er alles, was sie tapfer genug gewesen war, mir zu enthüllen. Die letzte Nachricht von Nick war, dass eine andere seiner Stuten ein Fohlen zur Welt gebracht und Lily so sehnsüchtig zu dem Fohlen geblickt habe, dass er ihr nun erlaubte, selbst wieder trächtig zu werden. Er versprach mir, einige Fotos von dem Fohlen zu schicken.

Römerpferd Rosie

Ein weiterer sehr traumatischer Fall war Rosie. Die atemberaubende hellbraune Stute war in großer Not. In wenigen Stunden sollte sie zum Schlachter geschickt werden, weil sie sehr widerspenstig geworden war. Da beschloss meine pferdeliebende Freundin, sie zu retten und der Besitzerin den Betrag zu bezahlen, den diese für die Schlachtung und Verwertung erhalten hätte.

Rosie konnte es nicht ertragen, um ihre Mitte und den Gurtbereich berührt zu werden; besonders wenn sich jemand in ihrer Nähe herunterbeugte. Das Beschlagen war also immer ein Alptraum. Versuchte man sie zu besteigen, wirbelte sie herum wie ein Derwisch, und so wurde sie allgemein als „Irre" aufgegeben.

Mit wildem Blick und traumatisiert war Rosie im Stallhof meiner Freundin angekommen. Ihr Verhalten war so problematisch, dass sich meine Freundin fragte, ob sie klug gehandelt hatte. Die arme Rosie war in sehr schlechtem Zustand, ihr wilder Ausdruck schrie geradezu um Hilfe.

Als ich sie zum ersten Mal sah, schien Rosie jedem zu misstrauen außer meiner Freundin, von der sie wohl allmählich annahm, dass sie ihr helfen wollte.

Als ich Rosies Energiefeld untersuchte, erfühlte ich eine traumatische Erinnerung, die sich als ein Schwert manifestierte, das am Bauch bei der Sattelgurtlinie eindrang und tief im Brustkorb steckte. Die

Waffe schien mir römischen Ursprungs zu sein. Es war gerade ungefähr da, wo der Steigbügel hängen würde, deshalb empfand Rosie jede Annäherung und jedes Eindringen in diesen Bereich – zum Beispiel durch jemanden, der in den Sattel zu steigen versuchte – als eine schreckliche Bedrohung. Gleiches geschah auch beim Beschlagen: Wenn sich der Hufschmied vorbeugte, um ihr Vorderbein zu heben, wurde die Erinnerung, von einem Schwert durchbohrt zu werden, ausgelöst und erfüllte sie mit Panik. Ich visualisierte, das Schwert ganz behutsam und langsam zu entfernen und verwandelte die Energie, indem ich es ins Licht schickte.

Ich stellte mir vor, wie sich das Schwert in einen prächtigen Silberstab verwandelte, und kehrte damit das negative Bild in ein positives um. Dann lenkte ich heilende Energie in die Wunde, um diese zu schließen. Rosie hatte mir den „Videoclip" von ihrem schrecklichen Erlebnis gezeigt, und so führte ich eine Seelenrückholung durch. Sie wurde augenblicklich ruhiger und schien unsere Hilfe bereitwilliger anzunehmen.

Obwohl sich ihr Verhalten deutlich gebessert hatte und sie es sogar genoss, geritten zu werden, wenn das Aufsteigen erst geglückt war, gab es noch immer große Probleme beim Beschlagen. Es war nur der Geduld ihres Hufschmieds zu verdanken, dass sie überhaupt beschlagen wurde. Ich erhielt einen Anruf, sie erneut anzusehen und festzustellen, ob ich helfen könnte, ihr Trauma endgültig zu lösen und ihre inneren Dämonen zu beruhigen.

Das arme Pferd zeigte mir ein weiteres Leben im amerikanischen Bürgerkrieg, in dem es ums Leben kam – abermals durch ein Schwert –, während sie in einem Lager der Kavallerie angebunden war. Soldaten der Gegenseite waren heimlich ins Lager eingedrungen, um die Pferde zu töten. Einigen Tieren war es gelungen, ihre Fesseln zu zerreißen und zu entkommen, doch Rosie erlitt einen grausamen Tod. Dies erklärte, warum ihr davor graute, angebunden zu werden, deshalb zitterte und zuckte sie vor Angst. Sie vertraute mir an, dass ihr

Kavallerie-Offizier seinerzeit ihr früherer Besitzer im jetzigen Leben war. Sie hatte ihren Weg zu ihm zurück gefunden, aber er war leider nicht offen und bereit, geheilt zu werden oder sie zu heilen, und so hatte er sie abgeschrieben. Die Vorstellung von Reinkarnation und Traumatisierung in einem früheren Leben konnte er nicht akzeptieren. Zum Glück fand sie ihren Weg zu meiner Freundin, so dass wir alle aus ihrer schrecklichen Vergangenheit lernen konnten. Ich entfernte behutsam die zweite Schwert-Erinnerung, und jetzt ist Rosie ein sicheres Reitpferd und ein ausgeglichenes, glückliches Tier.

Was kostet das Hündchen im Schaufenster?

Manche glauben, Zeit sei eine Illusion, und so etwas wie frühere Leben gebe es nicht, allenfalls parallele Existenzen, die unterschiedliche Lebenslektionen präsentieren, aus denen wir auswählen, in welche der unterschiedlichen Erfahrungs-Formen wir inkarnieren. Ich glaube nicht, dass es eine Rolle spielt, ob dies wahr ist oder nicht zutrifft. Ich glaube, es zählt allein, dass wir uns auf unserer Seelenreise weiterentwickeln und unsere Energieschwingung erhöhen, um dazu beizutragen, das Gewahrsein und Bewusstsein des Planeten zu heben. Ich denke, der größte Schaden für den Planeten ist negative Angst-Energie, die die Reinheit der heilenden Liebe beeinträchtigt, welche den Planeten und die ganze Menschheit umgeben sollte.

Tiere scheinen dessen gewahr zu sein, und ihre größte Aufgabe besteht darin, die Menschheit zu bessern. Menschen scheinen Experten in negativem Denken zu sein, sie fallen dem Glauben an das „halb-leere Glas" zum Opfer. Wir haben so viel zu lernen und so viel selbst-begrenzende Angst loszulassen. Nur wenn wir bereit sind, alle Teile des Puzzlebildes unserer Seelen-Evolution ganz zu integrieren, finden uns unsere Tiere zur gegenseitigen Heilung. Bei Rosie war dies leider nicht der Fall, aber vielleicht wird ihr früherer Besitzer in der nächsten Runde offen und bereit sein für eine karmische Heilung; möglicherweise hat sie ihn auf einer tieferen Ebene berühren können.

Ich finde es unglaublich, dass Tiere eine solche Reise über wechselnde Stationen und Traumata auf sich nehmen, um es irgendwie zu bewerkstelligen, zu ihren früheren Besitzern zurückzugelangen. Viele solche Tiere werden nach Jahren in ihrer derzeitigen Inkarnation schließlich von ihren Besitzern aus früheren Leben gefunden. Ich habe das Gefühl, dass wir alle auf einer Reise der Selbstfindung unterwegs sind.

Manchmal kommt es zu einer Wiedervereinigung, wenn wir „auserwählt" sind, zum Beispiel von einem bestimmten Kätzchen, das uns als einziges aus einem Wurf auf eine spezielle Weise angeblickt hat oder uns in den Schoß geklettert ist, oder von einem Hündchen, das zufällig als letztes aus einem Wurf übrig war.

Einer meiner Hunde, zu dem ich vor vielen Jahren eine sehr tiefe Verbindung hatte, „rief" mich aus dem Schaufenster einer Tierhandlung mitten im Londoner Stadtteil Willesden. Ich ging dort eine Woche lang jeden Morgen vorbei, wenn ich eilig auf dem Weg war, um meinen Bus zu erreichen. Sie war ein Collie-Mischling und sah in ihrem Käfig so traurig aus. Ich hatte das Gefühl, dass sie es ebenso wie ich hasste, in der Enge dieser Großstadt zu sein; sie sehnte sich nach einem Leben auf dem Lande. Eines Morgens kam ich wieder an dem Laden vorbei – und sie war nicht mehr da. Ich fragte mich, wer das Tier gekauft haben mochte, und wünschte, ich selbst wäre es gewesen. Ich empfand eine unerklärliche Sehnsucht, sie zu besitzen. Ich hatte meinem damaligen Freund von der Hündin erzählt, und da gerade Geburtstag war, hatte er sie heimlich für mich gekauft. Stellen Sie sich meine Überraschung vor, als mein Freund anrief, dass er mich an jenem Abend nicht besuchen könne, weil seine neue Freundin ihn in den Fuß gebissen habe. Dann erklärte er rasch, wer sie war, und ich eilte hinüber, um sie abzuholen. Ihretwegen beendete ich mein kurzes Intermezzo im Großstadtleben und kehrte aufs

Land zurück, wo wir siebzehn glückliche Jahre zusammen verbrachten.

Ich spüre, dass sie als der Hund zu mir zurückgekehrt ist, den ich jetzt habe.

Kapitel 4

Kriegsverwundungen

Woody und Badger

Woody, der große Jagdpferd-Schecke, schnaubte, als ich mich seinem Stall näherte. Meine gute Freundin Jenny war kaum imstande, ihn an seinem Halfterstrick zu halten. Er wurde sehr unruhig. Woody war ein sehr stattliches Tier mit wundervollen, auffälligen Abzeichen. Jenny hatte mich gerufen, weil dieses normalerweise sichere und zuverlässige Pferd plötzlich zur tödlichen Gefahr geworden war. Er hatte ohne erkennbaren Grund angefangen, wenn sie draußen trainierten, vom Grünstreifen auf die Spur irgendeines nichtsahnenden Fahrzeugs zu springen, noch dazu häufig vor einen großen Lastwagen.

Alles, was er mir „sagte", war: „Ich ging in Dachsblut ...ich ging in Dachsblut..." Das klang recht beunruhigend, wie Sie sich vorstellen können. Doch ich verstand nicht, was er mittcilen wollte. Ich fragte Jenny, ob sie beim Ausritt vielleicht einmal auf einen toten Dachs gestoßen seien, aber sie konnte sich an keinen solchen Fall erinnern, auch nicht an ein überfahrenes Tier. Woody hatte anscheinend Jennys Tochter und sich selbst beinahe schwer verletzt, als er auf der Jagd plötzlich losstürzte und durch Bäume und Zäune preschte. Um ihre Sicherheit fürchtend, war die Reiterin abgesprungen, Woody konnte schließlich eingefangen werden, und nun hatte man mich gerufen, damit ich ihn zu beruhigen versuchte.

Etwas zaghaft betrat ich seinen Stall. Ich fühlte mich geleitet, negative Energie von seinen Vorderhufen zu entfernen, da dort offenbar einige Emotion eingeschlossen war. Ich werde die Behandlungstechnik in dem Kapitel über negative Energien und Wesenheiten eingehender beschreiben. Ich hob jeden Huf an und visualisierte, wie ich mit Hilfe meines Pendels schlechte Energie „herauszog". Dann reinigte ich mein Kristallpendel in Wasser. Als ich es über die Hufsohle gehalten hatte, schlug das Pendel heftig aus. Woody war offenbar durch etwas in seinen Füßen beeinträchtigt worden. Der einzige Auslöser, der Jenny in den Sinn kam, war die kürzlich erfolgte Behandlung durch den Hufschmied. Als Woody neu beschlagen wurde, musste

der Hufschmied einen der Nägel neu setzen, dabei blieb ein kleines Loch in der Hufseite. So etwas bleibt normalerweise ohne Folgen. Ich fragte Jenny, ob das problematische Verhalten vor oder nach jener Beschlagung begonnen hatte, und sie meinte, dass es gleich nach dem Beschlagen angefangen habe.

Als ich feststellte, dass das Pendel keine weitere „negative Energie" mehr anzeigte, versuchte ich, Woodys übrigen Körper zu kontrollieren, doch da war nichts dergleichen zu finden. Sowohl Jenny als auch ich teilten die Einschätzung, dass Vorsicht die Mutter der Porzellankiste ist, deshalb zogen wir uns aus dem Stall zurück. Woody war jetzt wirklich bange. Als ich die Stalltür schloss und den Bolzen vorschob, ließ er mir zwei Wörter in den Kopf fallen, die mein Blut gefrieren ließen: „Die Somme."

Sie bezogen sich offenbar auf ein fürchterlich schmerzhaftes Erlebnis im früheren Leben, und Woody war erkennbar nicht in der geeigneten Verfassung, irgendwelche weitergehenden Einzelheiten darüber preiszugeben. Ich versuchte ihm zuzureden und teilte ihm telepathisch mit, dass er jederzeit mit mir „sprechen" könne, wenn er sich dazu imstande fühlte. Ich würde mein Bestes tun, um ihm zu helfen, etwas von dem Trauma aufzulösen, jetzt aber könne ich gut verstehen, dass er im Augenblick nicht daran denken oder rühren mochte. Woodys Schmerz beunruhigte mich sehr, und ich wünschte, ich hätte ihm mehr helfen können. Ich hoffte, dass er eines Tages in der Lage wäre, meine weitere Hilfe anzunehmen.

Wie bei der heilenden Behandlung von Menschen müssen auch tierische Patienten den Rhythmus und die Gangart emotionaler oder körperlicher Lösungsprozesse selbst bestimmen. Nur wenn sie dazu bereit sind, kann ein weiterer Schritt unternommen werden.

Um drei Uhr früh wurde ich geweckt. Woody war in meinem Kopf. Er schrie mich fast an, dass er mir mitteilen wolle, was in jener schrecklichen Schlacht in einem furchtbaren Krieg passierte. Dann zeigte er mir ein „Video" des entsetzlichen Geschehens.

Er „zeigte" mir sich selbst als ein braunes Pferd mit seinem besten Freund, einem Rappen mit einer großen weißen Blesse. Dieses Pferd wurde Badger gerufen.* Die Umstände waren grauenerregend. Wie hier Leben vernichtet wurde, war verstörend anzusehen. Der tiefe Schlamm schien nach allem zu greifen und es zu verschlingen. Badger bekam unter Mörserbeschuss einen direkten Treffer ab, und das Blutbad, das daraus folgte, war unbeschreiblich. Auch Woody wurde verletzt und stürzte in den Schlamm. Dann wurde er von seinem in Panik geratenen Soldaten auf die Füße gezerrt und war dabei gezwungen, durch die Reste seines besten Freundes zu staksen.

---

* engl. *badger* = Dachs; Anm.d.Ü.

Dies war das erste Mal, dass ich so schreckliche Details aus der Ferne „gezeigt" bekam, deshalb war ich unsicher, wie es weitergehen sollte und ob es vielleicht nur irgendein bizarrer schlechter Traum war. Aber ich wusste, dass ich wach war. Ich wusste, wie übel mir war, und ich sah das Ausmaß des Schreckens und der Verzweiflung, die Woody mir gerade „gezeigt" hatte. Ich tat mein Möglichstes, um Woody zu versichern, dass ich ihm helfen würde, so gut ich vermochte; ich würde kommen und ihn besuchen, so bald wie möglich. Damals hatte ich noch nicht versucht, Seelenrückholungen aus der Entfernung durchzuführen.

Zu gesellschaftlich akzeptablerer Zeit rief ich Jenny an und teilte ihr mit, was sich in der Nacht ereignet hatte. Ich fragte sie, ob ich Woody wieder besuchen könne. Wir hatten das Gefühl, dass Woody auf die Reste irgendeines überfahrenen Tieres getreten sein musste. Vielleicht hatte das kleine Loch in seinem Huf nach der letzten Beschlagung ermöglicht, dass die Energie des Tieres, das auf der Straße totgefahren worden war, irgendwie zu jenem Schock durchgedrungen war und nun der Auslöser wurde, der all die Schrecken der Vergangenheit an die Oberfläche brachte.

Als ich bei Jennys Farm ankam, betrat ich die große Scheune, die als Stall für mehrere ihrer Jagd-Mietpferde und die Querfeldein-Rennpferde ihres Mannes Tony diente. Da reckte sich der hübsche Kopf von Woody heraus, um mich zu erspähen. Dieses Mal schien er viel empfänglicher und bereit, an seinem Trauma zu arbeiten. Ich visualisierte gedanklich die schreckliche Szene und brachte das energetische Muster des Braunen zurück, der Woody einst gewesen war. Dabei stellte ich ihn mir heil und unversehrt vor, ohne Verletzungen, wie er ruhig zurück in Woody hinein spazierte. Dieser erlaubte mir bereitwillig die Prozedur, war aber im Hinblick auf das Wohlergehen Badgers noch einigermaßen erschüttert.

So seltsam dies scheinen mag, nahm ich die Fertigkeiten von Troy, unserem alten Pferd, in Anspruch. Ich fühlte mich geleitet, ihn aus der

Ferne zu „bitten", Badger aus der geistigen Welt zu holen, um Woody zu beweisen, dass sein Freund in der geistigen Welt und geheilt war. Irgendwie waren die beiden Pferde nach Woodys Tod nie wieder in Verbindung gewesen, sondern beide in ihrem traumatischen Zustand „gefangen" geblieben.

Troy hatte mir bereits früher bei einem sehr aufgebrachten Ponyhengst geholfen, der noch immens unter dem Trauma litt, seine Mutter verlassen zu haben, obwohl er inzwischen schon recht alt war. Er schlug heftig aus und biss nach jedem, der es wagte, seine Box zu betreten. Seine Mutter war inzwischen natürlich längst gestorben. Ich stellte mir in Gedanken Troy zu Hause auf seiner Wiese vor und „bat" ihn um Hilfe. Auf wundersame Weise gelang es Troy irgendwie, die „Geist-Energie" der Mutter des Ponys herbeizuholen und dieses zu beruhigen. Ich konnte die zarte, blasse Vision einer Stute hinter dem Pony ausmachen. Noch verblüffender war, dass das Pony sich umdrehte, um diese Erscheinung anzublicken. Es nahm ihre Anwesenheit offenbar deutlich wahr und wurde augenblicklich ruhig.

Ich hatte gehört, dass das Pony seitdem gegenüber Menschen immer noch recht unfeine Grimassen schnitt, aber im Allgemeinen viel glücklicher und freundlicher war. Ich hoffte, dass sich die gleiche Vorgehensweise auch bei Woody erfolgreich erweisen werde. Troy entwickelte sich zu einem wichtigen Verbündeten bei den Heilbehandlungen. Dieses besondere Pferd, so stellte sich später heraus, besaß sogar erstaunliches Talent zum Heilen.

Gedanklich bat ich Troy um Hilfe, und ganz langsam erschien hinter Woody eine schattenhafte Gestalt. Ich konnte gerade eben die dunklen Umriss von Badgers Kopf und seine helle Blesse ausmachen.

Zu meiner großen Freude wandte Woody sich um und starrte auf seinen alten Freund wie mit Stielaugen. Wenn Tiere aus der geistigen Welt zurückkehren konnten, um ihren menschlichen Begleitern zu helfen, sollte es keinen Grund geben, warum dies nicht auch für

andere Tiere geschah. Es war faszinierend zu beobachten, wie überrascht und erleichtert Woody schien, als er „sah", dass Badger selbst
wohlauf und alles in Ordnung war.

Nun konnte er mit seiner emotionalen Heilung Fortschritte machen
und schließlich das ganze Trauma aus der Vergangenheit loslassen.
Das einzige Problem war, wie Woody mir mitteilte, dass sein alter
Freund auf die Begrenzungen eines Stalles keine Rücksicht nehme
und es für sie beide doch sehr eng geworden sei. Also wurde Woody
in einen offenen Stall mit anderen Pferden umgesiedelt, wo er reichlich Platz hatte, um den Kontakt mit seinem alten Freund zu pflegen,
wann immer dieser das Bedürfnis hatte, aus der geistigen Welt „her-
einzuschauen". Ich bin erfreut, von Jenny zu hören, dass Woody jetzt
wieder wohlauf ist und das Leben genießt wie früher.

Schlachtrösser

Nach dem Fall Woody tauchten Pferde mit grauenvollen Kriegserleb-
nissen aus allen Richtungen auf. Ich fragte meine geistigen Führer,
warum ich solche schrecklichen Fälle gezeigt bekam, als ob diese nun
immer häufiger aus der Versenkung kämen.

Mir wurde „mitgeteilt", dass Pferde das Kriegsbewusstsein für den
Menschen tragen. Ich bat um eine Erklärung dieser Aussage. Dank
der Anleitung durch die Pferde wurde ich nun aufgerufen, dazu beizutragen, dies aufzulösen und all den geschädigten Tieren zu helfen, die
von Menschen gezwungen worden waren, an den Konflikten mit unseren Mitmenschen teilzunehmen. Dies hat einen schrecklichen Preis
gekostet, den nicht nur die Tiere und Menschen zu bezahlen hatten,
denn auch unser Planet ist geschändet worden. Für uns als Menschheit muss diese verruchte Tat geheilt werden. Anscheinend entscheiden sich viele Pferde dafür, uns zu helfen, die negative Kraft unserer
Handlungen zu verstehen und das Kriegsbewusstsein umzuwandeln.

Welch tiefe Liebe, welch unendliches Mitgefühl mussten Pferde besitzen, um solche Belastung auf sich zu nehmen! Ich schämte mich fast, ein Mensch zu sein, wenn ich an die Jahrtausende sinnloser Zerstörung dachte. Wenn ich nun als ein Werkzeug gebraucht werden kann, um einen kleinen Beitrag zur Heilung all des Leids auf diesem Planeten zu leisten, dann werde ich meine Aufgabe in diesem Leben erfüllen. Ich hoffe, indem ich dazu beitrage, dass die Rolle der Pferde mehr wahrgenommen wird, und mein Bestes gebe, um ihnen zu helfen, ihr Trauma aufzulösen und irgendwie zur Aufklärung der Menschen beizutragen, erfülle ich die Bestimmung meines Lebens.

Poppet, Wynn und Solomon

Poppet war eine dunkelbraune Stute mit einem fantastischen Talent für das Springreiten. Ich arbeitete gerade mit anderen Pferden auf ihrem Hof, als ihre Besitzerin Nadia mich bat, einmal mit ihr zu „plaudern".

Ich spürte sofort, dass es ein echtes Problem mit Poppets Kopf gab. Nadia sagte, dass die Stute mit ihrem Zaumzeug extrem empfindlich sei, und das Pferd zeigte mir mehrere verschiedene Gebisse, die erfolglos angefertigt worden waren. Ihr Maul war unglaublich empfindlich, und so war es extrem wichtig, das Gebiss korrekt anzupassen. Als Poppet mir den Grund für ihre Überempfindlichkeit „zeigte", war ich nicht überrascht, dass Nadia Schwierigkeiten reklamierte.

Es waren alptraumhafte Bilder, die mir Poppet mir zeigte, und meine geistige Führung kommentierte, dass das Tier im Ersten Weltkrieg in der Schlacht bei Ypern im belgischen Flandern gewesen sei. Ihr hübscher Kopf war von einer Explosion zertrümmert worden, und sie starb eines grauenvollen Todes. Ich visualisierte, dass ich ihren Kopf reparierte, wie ein Bildhauer anhand der Vorgaben eines Schädels einen Kopf rekonstruiert. Dies mag merkwürdig anmuten, aber ich erfüllte einfach die Aufgabe, wie ich angeleitet wurde.

Poppets hübsche Augen blickten mich an, und ich bat die Stute um die Erlaubnis, ihren abgespaltenen, traumatisierten Teil zurückzuholen. Wie Conker neigte sie ihren Kopf und gestattete mir, ihr rekonstruiertes altes Selbst „zurückzupusten". Sie hatte am folgenden Tag einen sehr wichtigen Wettbewerb, und ich hoffte, dass es ihr gutgehen werde. Ich fühlte, dass Poppet stolz auf ihr Talent war, und wenn sie etwas von ihren Ängsten überwinden könnte, würde sie ihren Erfolg gewiss genießen.

Manche Pferde wollen wirklich nicht rennen oder springen oder was auch immer an Leistungen wir von ihnen erwarten oder fordern. Andere Tiere haben echte Freude daran, die Aufregung zu spüren, und genießen die Atmosphäre der Jagd oder des Rennens. Ich hoffe, dass ich dabei helfen kann, die Talente von Pferd und Reiter so zu verbinden, dass diese ihre Liebe und ihr Vertrauen zueinander vertiefen können, um ihre wahren Potenziale zu verwirklichen, in welchem Bereich auch immer dies sein mag. Ob es das Grand-National-Pferderennen ist, ein fröhlicher Ausritt oder einfach einander Gefährten zu sein: Die besondere Beziehung zu den Tieren ist so wichtig für uns. Wenn die einzige Art und Weise des Umgangs mit ihren Tieren für die meisten Menschen darin besteht, ihnen *ihren* Willen aufzuzwingen, dann sehe ich meine Aufgabe darin, ihnen zu helfen, dass ihre Partnerschaft so harmonisch und glücklich wie möglich ist. Wenn die Besitzer erkennen, wie viel ihr Tier über sie weiß und für sie sorgt, beginnen sie oft die viel tieferen Zusammenhänge ihrer Beziehung zu begreifen.

Als ich für eine Klientin namens Kasia ein Fern-Reading über ihr Pferd Solomon durchführte, erfuhr ich, dass auch dieser in jener entsetzlichen Ypern-Schlacht gewesen war. Das Erstaunliche in diesem Falle war, dass Kasia kurz vor meinem intuitiven Reading einen schrecklichen Alptraum gehabt hatte. Sie träumte, in die Nacht hinaus zu rennen, da sie fühlte, dass Solomon etwas Schreckliches zugestoßen war. Er war erschossen worden, sie selbst war auch verletzt, aber nun ganz verzweifelt, ihn nicht retten zu können. Als sie aus dem Traum erwachte, war sie verständlicherweise sehr beunruhigt. Wenig später erhielt sie mein Reading, in dem der Grund für jenes nächtliche Erlebnis vermittelt wurde, der ein Trauma aus einem früheren Leben an die Oberfläche ihres Bewusstseins gebracht hatte. Ich hatte zu jener Zeit nichts von ihrem Traum gewusst, doch ich erfuhr intuitiv, dass sie und Solomon am Ersten Weltkrieg teilgenommen und in der aussichtslosen Schlacht in Flandern gekämpft hatten. Solomon war ein Zugpferd, das die schweren Artilleriegeschütze zog, für die Kasia als Soldat verantwortlich war. Der Soldat liebte Solomon und war entsetzt über ihre Misere. So viele tapfere junge Männer und herrliche Pferde waren ums Leben gekommen, und die Befehle, die sie ausführen mussten, schienen sinn- und zwecklos. Nun war die Lafette in den Morast eingesunken, und der Soldat mühte sich ab, dem Pferd zu helfen, das Geschütz herauszuziehen. Plötzlich gerieten sie in feindliches Feuer. Der Soldat wurde in die Schulter getroffen, doch Solomon bekam die Hauptwucht des Kugelhagels ab und rettete dadurch dem Soldaten das Leben. Das Pferd erlag seiner Verwundung. Der Soldat überlebte zwar irgendwie, doch er war untröstlich und konnte sich zeitlebens nie wieder freuen. Seine Verwundungen ließen nicht nur körperliche Traumata zurück, sondern einen dauerhaften seelischen Schock. Er wurde als Kriegsinvalide von der Front abgezogen, doch der Preis war zu hoch.

Ich fühlte, dass sie nun wiedervereinigt waren, um all jene Traurigkeit und Traumatisierung endlich zu heilen.

Ich fragte Kasia, wie sie sich gefühlt hatte, als sie Solomon zum ersten Mal begegnete. Sie habe sich regelrecht gezwungen gefühlt, ihn zu kaufen, weil sie um jeden Preis zusammen sein müssten. Er hatte mehrere körperliche „Mängel", die vernünftige Gründe boten, dieses Pferd nicht zu erwerben, aber sie verwarf solche Gedanken und kaufte ihn trotzdem. Sie waren sehr glücklich, aber unterschwellig sei da immer eine unerklärliche, nagende Angst gewesen, dass Solomon etwas Schlimmes zustoßen könnte. Sobald der Grund für diese Angst aufgelöst und das Trauma aus dem früheren Leben erklärt war, konnten beide die Vergangenheit hinter sich lassen und ihre gemeinsame Zeit genießen.

Es war bemerkenswert, dass Kasia, unmittelbar bevor sie das Reading erhielt, jenen aufwühlenden Traum hatte. Ich hatte das Gefühl, dass Solomon sie vielleicht auf das Reading vorbereitete, damit sie die bevorstehende Heilung uneingeschränkt annehmen und die Tiefe ihrer Verbindung wertschätzen konnte.

Ich staune immer wieder darüber, wie wir bestimmt sind, einander auf unseren Seelenreisen wiederzubegegnen, um Dinge von früher aufzulösen und selbst Heilung zu erlangen. Das Universum bereitet die Wege vor, auf denen wir durch unsere Erfahrungen im Leben auf unseren kollektiven Seelenreisen wachsen können.

Auch die Stute Wynn war im Krieg, auch sie teilte mir mit, in Flandern gewesen zu sein. Im heutigen Leben hatte sie Probleme mit ihren Sprunggelenken und immer wieder mit Lahmheit zu kämpfen. Sie war geröntgt und ohne nachhaltigen Erfolg konventionell behandelt worden. Während ich ein anderes Pferd untersuchte, bat mich Wynns Besitzerin, einen Blick auf sie zu werfen, um zu sehen, ob ich helfen könne. Ich war schockiert, ihre hübsche Apfelschimmel-Hinterhand und die Hinterläufe „gezeigt" zu bekommen, die von Schrapnell-Wunden übersät waren. Ich visualisierte, wie ich mit Hilfe meines Pendels die negative Energie beseitigte. Dann entfernte ich gedanklich die störenden Metallsplitter von dem Trauma im früheren Leben, die „energetisch" immer noch im Zellgedächtnis des Gewebes steckten. Ich bin sicher, dass ihre Besitzerin sich wunderte, was um Himmels willen ich da tat, als ich imaginäre Objekte aus der Rückseite ihres Pferdes zog! Zum Glück konnte sie nicht sehen, was ich intuitiv wahrnahm; das war kein schöner Anblick. Es ist immer geboten, negative Energie in positive Bilder umzuwandeln. Daher visualisierte ich, wie sich die Granatsplitter in hübsche weiße Schmetterlinge verwandelten, die davonflatterten und das Trauma für immer entfernten. Dies mag sehr abenteuerlich anmuten, doch ich folgte lediglich meiner inneren Führung, und die Rückmeldung von Wynns Besitzerin war sehr ermutigend. Die Gesundheit des Pferdes besserte sich deutlich, und ich konnte auf eine vollständige Genesung hoffen.

Cracker

Cracker war eine wunderschöne hellbraune Stute, die von sehr üblen Sarkoiden geplagt wurde. Diese hässlichen, großen, warzenähnlichen Geschwülste in der Haut eines Pferdes sind bekanntlich schwierig zu behandeln und können echte Beschwerden bereiten, wenn sie in Bereichen wachsen, wo Geschirr, Halfter oder Sattel an- oder aufliegen. Diese arme Stute war von solchen schrecklichen Wucherungen am Bauch, zwischen den Hinterbeinen und bis hinauf an ihre Zitzen bedeckt. Da ihre Beine aneinander rieben, entzündeten sich die Sarkoide und bluteten, was sehr unangenehm war und zudem lästige Fliegen anzog. Sie waren bisher mit einer stark ätzenden Salbe behandelt worden, danach aber zurückgekehrt, zahlreicher als zuvor. Joan, die Besitzerin von Cracker, fragte mich, ob ich helfen könne.

Abermals bekam ich eine schreckliche Schlachtszene zu sehen, dieses Mal im Rahmen der Napoleonischen Kriege. Cracker zeigte mir ihre derzeitige Besitzerin als einen Offizier in seiner typischen Uniform und in genauen Einzelheiten die Farben und Litzen des Waffenrocks und den federgeschmückten Helm. Sie waren beide von Artilleriebeschuss getroffen worden, und mit den Sarkoiden von heute schienen sich Reste der Verwundungen zu manifestieren, die sie seinerzeit durch die heißen Metallsplitter erlitten hatte. Ich sah, wie die Wucht der Explosion sie von der Erde hob, wie der Leib des Pferdes zerrissen und der Reiter an der ganzen rechten Seite hinunter getroffen wurde. Joan teilte mir mit, dass sie in der Tat unter merkwürdigen Schmerzen und Beschwerden auf der rechten Seite ihres Körpers litt.

Ich machte mich daran, Cracker zu helfen, indem ich visualisierte, goldene Kabelbinder um jedes Sarkoid zu winden, um die Trauma-Energie abzuschnüren. Ich gab auch Joan eine Heilbehandlung. Wie bei Wynn hatte ich hier energetische Verwundungen durch Metallfragmente zu behandeln, die in ihrem Seelen-Gedächtnis gespeichert waren und sich in der Gegenwart als körperliche Beschwerden manifestierten. Trotz meiner besten Bemühungen hatte ich nicht das Gefühl, dass Joan meine seltsame Methode annehmen konnte, mit Verletzungen aus früheren Leben zu arbeiten, und so erfuhr ich nie, ob es geholfen hatte. Ich hoffe aufrichtig, dass Cracker eine Linderung erfuhr, da ihre Prognose nicht gut war.

Chester, das tapfere Herz

Jane bat mich, ihren hübschen Fuchs Chester zu besuchen. Judith, ihre ganzheitlich arbeitende Tierärztin (die mich bei meiner Ziege Mulberry beriet), hatte das Gefühl, dass sie meine Hilfe benötigten. Ich hatte bereits mehrere von Judiths Ponys behandelt und ihre Traumata aus früheren Leben festgestellt, und nun fühlte sie intuitiv, dass Chester ein weiterer Kandidat für eine Seelenrückholung war.

Chester zeigte mir, dass er in eine Schlacht verwickelt war, die Szene erinnerte mich an eine Schlacht zwischen den Schotten und den tyrannischen Engländern. Die Schotten hatten sich darauf verlegt, tödliche lange Holzspieße zu verwenden, um den Ansturm der schweren Reiterregimenter abzuwehren, mit denen die Engländer die räuberischen Schotten vernichtend schlagen wollten. Sie hatten keinen Schutz gegen die Angriffe gehabt, aber durch Einsatz der Spieße brachten sie den Pferden und den darauf reitenden Soldaten schreckliche Verwundungen bei. Der arme Chester war auf diese Weise aufgespießt worden, und ich musste visualisieren, den störenden Pfahl zu entfernen und die Wunde mit heilender Energie zu füllen.

Unser seinem Brustkorb, mitten in einer Fläche von rein kastanienbrauner Färbung, hatte er einen kreisförmigen Fleck mit weißem Haar an genau der Stelle, wo der Holzspieß im früheren Leben eingedrungen war. Jane hatte schon seit vielen Jahren unter wiederkehrenden Rückenschmerzen gelitten, und bei einer Sitzung für sie war eine ähnliche Verletzung tief unten an ihrem Rücken festzustellen. Ich arbeitete mit der gleichen Technik, und Janes Rückenschmerz verschwand. Es gibt viele Fälle, in denen die Ursache von körperlichen Schmerzen, seltsamen Symptomen oder psychologischen Ängsten, Panik oder Furcht bei der Erinnerung und Vergegenwärtigung eines früheren Lebens aufgespürt wird. Dann kann in einer Heilbehandlung eine dramatische Genesung oder Wiederherstellung eintreten. Chester und Jane machen gute Fortschritte und arbeiten ungeachtet ihrer Schwierigkeiten – zum Beispiel der Furcht vor Traktoren mit Ballenspießen oder Silagegabeln, die angesichts dieser Vorgeschichte durchaus verständlich ist. Auch in diesem Falle hatte das Pferd seinen Weg zurück zu seinem früheren Besitzer gefunden, um das gemeinsame Trauma aufzulösen, und ich staunte über die tiefe Hingabe, die diese Geschöpfe bewegt.

Seit der Behandlung von Jane und Chester habe ich in mehreren ähnlichen Fällen an Pferden gearbeitet, die von einem Spieß verletzt worden waren. Eine wunderschöne Stute, die voller Ängste war, hatte große Fellwirbel an beiden Seiten des Halses. Sie zeigte mir ein früheres Leben, in dem ein Spieß geradewegs durch ihren Hals gedrungen war. Sie hatte sich mit der Belastung durch das Trauma reinkarniert, das sich in einer überempfindlichen Wesensart und diesen kuriosen Haarwuchs-Anomalien manifestierte. Nach Auflösung des Traumas war sie ein viel ruhigeres Tier. Ihre Energie wandelte sich insgesamt so weitreichend, dass sie eine andere Haltung bekam und ihre Rückenkrümmung sich so dramatisch änderte, dass ihr der Sattel, der erst kürzlich angemessen worden war, jetzt nicht mehr richtig passte und neu angeglichen werden musste!

Apex, das weinende Pferd

Der emotionalste und persönlich bewegendste Fall, den ich je erlebte, war Apex. Apex ist das, was man höflich als einen echten Charakter umschreiben könnte. Er hatte mehrere Pferdepfleger und Hufschmiede terrorisiert und wurde auf dem Hof, auf dem er lebte, mit

gebührendem Respekt behandelt. Seine Besitzerin liebte ihn zutiefst; sie hatte mich herbeigerufen und gebeten, mir ihr Dressurpferd anzusehen. Nach dem großen Erfolg bei diesem Tier bat sie mich, einen Blick auf Apex zu werfen.

Es könnte schwierig werden, hatte sie mich gewarnt. Ich hatte das Gefühl, dass die anderen Mitglieder des Hofes spekulierten, wie ich mit diesem großen Pferd und seiner explosiven Persönlichkeit wohl klar käme.

Zum Glück für mich war Apex lammfromm. Ich spürte, dass er höchsten Respekt verlangte und es verdiente, mit großer Demut behandelt zu werden. Langsam näherte ich mich seinem Stall und versuchte, mein aufrichtiges Verlangen zu vermitteln, ihm zu helfen; dabei sandte ich ein Band tiefer Liebe aus meinem Herzen zu seinem. Er sprach darauf an, indem er mich mit sehr aufmerksamem Blick fixierte, als ich darauf wartete, dass er mir erlaubte, sein Reich zu betreten. Er gestattete mir näherzukommen. Dann erlaubte er mir, mich durch seinen ganzen Körper vorzuarbeiten, Spannungen aufzulösen und seine physiologischen und emotionalen Systeme auszugleichen. Nun wurde ich geführt, mich vor ihn zu stellen; Apex senkte seinen Kopf und legte sein Maul in meine hohlen Hände. Dann begann er, mir innerlich eine weitere verstörende Kriegsszene übermitteln. Ich hatte bald das Gefühl, an Emotion zu ersticken – es war seine Emotion, das wusste ich, seine Gefühle, die in ihm gefangen waren. Doch es handelte sich um alles andere als ein Geschehen in einem früheren Leben; dieses arme Pferd hatte schreckliches seelisches Leid in *diesem* Leben ertragen.

Apex zeigte mir nüchterne Betongebäude, intensive Hitze und sehr trockenen Boden, und dann mehrere Pferde, die in panischer Angst flohen. Besonders eine graue Stute schien Apex sehr wichtig, und ich konnte seine Angst um ihr Wohlbefinden spüren. Das Geräusch von Maschinengewehren ratterte durch mein Gehirn. Ich sah Projektile, die von den Mauern der Betongebäude abprallten, und Bruchstücke durch die Luft fliegen, als die Geschosse auf die Wände prasselten. Ich wusste, dass Apex mir hier zeigte, was geschehen war, damit ich verstehen konnte, wie er sich fühlte und wie tief seine Wut wurzelte. Die hübsche graue Stute wurde getroffen und getötet – auch mehrere andere Tiere –, und ich fühlte die Verzweiflung, die Apex ergriff. Er schien enorme Schuldgefühle zu hegen, dass er nicht imstande gewesen war, sie zu beschützen, und Bestürzung darüber, dass er überlebt hatte, während andere ums Leben gekommen waren.

Ich berichtete alles, was Apex mir zeigte, an seine Besitzerin weiter. Ich musste zugeben, dass ich ein wenig verwirrt war, da dies ein sehr reales und gegenwärtiges Geschehen zu sein schien. Dann erzählte sie mir seine Geschichte, in deren Licht seine Offenbarung völlig schlüssig war. Apex war eines von vielen Pferden, die Engländern in Kuwait gehört hatten. Dort waren etwa hundert Pferde in einem großen Reit-Zentrum gehalten worden. Als plötzlich der Krieg ausbrach, waren die Leute gezwungen, aus dem Land zu fliehen. Die Pferde überließen sie sich selbst, sie mussten sich allein durchschlagen, zum großen Verdruss ihrer Besitzer. Als der Konflikt schließlich niedergeschlagen war, kehrten die Besitzer zurück und versuchten, ihre Pferde zu retten. Leider hatten nur sehr wenige von ihnen überlebt.

Sein früherer Besitzer hatte Apex in einem emotional und körperlich sehr traurigen Zustand gefunden. Als seine derzeitige Besitzerin alles bestätigte, was der Hengst mir gezeigt hatte, war die Emotion, die von Apex herüberkam, völlig überwältigend, und ich kämpfte mit den Tränen.

Im weiteren Verlauf der Sitzung geschah etwas ganz Außerordentliches. Der Kopf von Apex war in meinen Händen schwerer und schwerer geworden, als das Tier sich seinen Emotionen hingab. Plötzlich begannen seine beiden Augen eine klare Flüssigkeit abzusondern, die seine Wangen herunterlief. Ich hatte früher schon festgestellt, dass Pferde zuweilen klare Flüssigkeit aus den Nüstern abgeben können, wenn sie Emotionen zeigten, aber dies war unglaublich. Seine Besitzerin sagte: „Er weint!" Tränen strömten über sein Gesicht herab. Ich war tief bewegt und von Ehrfurcht erfüllt darüber, wie es diesem Pferd – das so viel Trauer, Schuldgefühl und Wut auf diejenigen getragen hatte, die den Tod seiner Freundin bewirkt hatten – bis heute gelungen war, überhaupt zu funktionieren. Als es den Anschein hatte, dass seine Tränen vergossen waren, gähnte Apex wiederholt und ausgiebig, was ein echtes und gutes Zeichen der Erholung und der Auflösung eines Traumas ist. Danach schien er einen völlig veränderten Gesichtsausdruck zu haben: Er sah leichter aus und weniger verhärmt. Seine Augen waren irgendwie heller. Dann schnaubte Apex heftig, und ich war entlassen.

Es hat viele Fälle und Gelegenheiten gegeben, bei denen ich mich sehr privilegiert fühlte, das große Vertrauen zu genießen, einem Tier zu helfen; doch Apex helfen zu dürfen, war kaum zu übertreffen.

Kapitel 5

Negative Energien und Wesen

Manchmal machen sich bei der Arbeit mit Menschen und Tieren recht unangenehme Energien bemerkbar, und je empfindlicher man wird, desto bewusster muss einem sein, dass diese Energien existieren und uns beeinträchtigen können. Es ist notwendig, dafür zu sorgen, dass wir ein gutes Schutzsystem haben, um diese Energien daran zu hindern, sich an uns festzuhalten oder uns unserer positiven Energie zu berauben. Wenn ich mit Schülern arbeite, empfehle ich, sich spezielle Schutzmäntel vorzustellen, die uns zuverlässig umhüllen können – oder uns mit weißem Licht zu umgeben. Dies kann eine sehr persönliche Angelegenheit sein, und es ist wichtig, dass ein jeder mit der Methode oder Visualisierung arbeitet, die sich für sie oder ihn richtig anfühlt. Meine Krafttiere und geistigen Führer arbeiten zwar zu meinem Schutz, aber der Selbstschutz ist eine wichtige Überlegung, wenn man mit den weniger positiven Aspekten dieser Arbeit zu tun hat.

Neville und Graham

Denise hatte mich angerufen und gebeten, ihren einjährigen Schecken Neville anzusehen. Als ich ankam, tänzelte er auf seinem Paddock umher und schien sich selbst sehr wichtig zu nehmen – und er hatte viel zu sagen!

Denise hatte mir mitgeteilt, dass Neville vorher der Inbegriff von

Sanftmut gewesen sei und es liebte, mit ihrem Ehemann Graham zu schmusen. In jüngster Zeit seien sie jedoch gezwungen gewesen, ihre Kuschelbeziehung zu beenden, da Neville aus unerfindlichem Grunde versuchte, Graham bei jeder Gelegenheit anzugreifen. Er war extrem gefährlich geworden, und Graham, der doch zu allen Pferden so freundlich war, konnte nicht verstehen, was in das junge Pferd gefahren war. Graham war beunruhigt, und sie hatten ernstlich in Erwägung gezogen, ihr hübsches Pferd zu verkaufen, wollten aber unbedingt den Grund für seine drastische Persönlichkeitsveränderung herausfinden. Eine Freundin hatte erwähnt, dass ich auf manch seltsame Weise arbeitete und möglicherweise imstande sei, mit Neville zu „sprechen" und so zu einer Erklärung zu gelangen.

Als ich mich dem Elektrozaun näherte, der die Weide teilte, wurde ich von Neville mit einer sehr befremdlichen Botschaft bombardiert: „Es ist der schwarze Mann, es ist der schwarze Mann."

Ich wusste nicht, was ich damit anfangen sollte, und da ich ein

wenig in Sorge war, rassistisch zu klingen, und keinen Anlass zum Ärgernis geben wollte, fragte ich Denise vorsichtig, ob sie mit diesen Worten etwas anfangen könne.

Eine ausdruckslose Miene war ihre Antwort. Also bat ich Neville telepathisch, mir mehr Information zu geben, da ich nicht zu verstehen vermochte, was um Himmels willen er zu sagen versuchte. Da war es fast, als ob er sich über meine Dummheit lustig machte, dann sagte er: „Frage sie nach Grahams neuem Job und seinem linken Bein."

Mit dem Risiko, nun völlig verrückt zu klingen, übermittelte ich Nevilles Perlen der Weisheit. Ich berichtete, dass Neville gesagt hatte, ich solle nach dem neuen Job fragen und ob Graham irgendwelche merkwürdigen Empfindungen in seinem linken Bein habe. Dann zeigte Neville mir ein Bild von Graham, der gerade Fußbodenleisten strich. Ich hatte inzwischen wirklich das Gefühl, dass ich an meinem Verstand zweifeln sollte. Aber ich wusste, dass Neville darauf beharrte, ich solle wiederholen, was er mir diktierte. Denise blickte leicht überrascht, doch Graham wurde sichtlich blass. Nun platzte er damit heraus, dass er tatsächlich vor kurzem an einer neuen Arbeitsstelle angefangen habe, und ja, er spüre seltsame Schmerzen und ein Kribbeln in seinem linken Bein, und an seinem neuen Arbeitsplatz habe er Fußbodenleisten gestrichen. Doch was um Himmels willen habe dies mit Nevilles wilden Attacken zu tun? Neville wurde mittlerweile ungeduldig und „schrie" mir in den Kopf: „Frage ihn nach seinem Job!" Dann zeigte Neville mir einen Jungen von etwa zehn oder elf Jahren, der sehr bekümmert schaute und anscheinend von einem dunkelhäutigen Mann missbraucht worden war. Dies sah ich ebenfalls wie einen Videoclip in meinem Kopf.

Als ich Graham weiter befragte, um Nevilles Forderung nachzukommen, erzählte er, dass er erst kürzlich in einer Jugendherberge angefangen und dort einige Arbeiten in den Schlafzimmern erledigt habe. Unter anderem habe er auch die Fußbodenleisten gestrichen und kniete dabei auf dem Boden. Als er zurückdachte, wurde ihm bewusst, dass die seltsame Empfindung in seinem Bein etwa um jene Zeit begonnen hatte; dies sei auch die Zeit gewesen, als Nevilles Angriffe anfingen. Sie hätten häufig Kinder in Kurzzeitpflege, die in der Herberge wohnten, um von der Landluft zu profitieren und ihr Vertrauen und Selbstwertempfinden aufzubauen. Da habe es einige Jungen in besagtem Alter gegeben, die Graham bemerkt hatte. Sie waren in dem Schlafsaal untergebracht, in dem er die Leisten gestrichen habe.

Was Neville nun hinzufügte, klang wirklich bizarr. Er erklärte, dass Graham irgendwie von dem Jungen eine negative Wesenheit übernommen habe, die das Trauma von dessen Missbrauchstäter trug, der anscheinend eine sehr negative Person war. Es war etwas wie eine schwarze Wolke, die sich anzuhängen schien und nach dem Energiefeld des Jungen griff. Während der Junge Zutrauen gewann und sich allmählich wohler fühlte, lockerte die Energie ihren Griff, und da Graham eine freundliche, positive Person war, zog er nun irgendwie diese schreckliche schwarze Wolke an sich, die sich an sein Bein heftete. Ich gebe zu, dass dies sehr weit hergeholt klingt, aber Neville erklärte, dass es ihm nicht darum gehe, Graham anzugreifen; vielmehr versuche er, die negative Energie zu attackieren und sie von seinem menschlichen Freund zu entfernen.

Ein recht verwirrter Graham gestattete mir, auf dem Boden um sein Bein herum zu kriechen. Ich bat um Entschuldigung, da es inzwischen den Anschein hatte, als ob die Sitzung, die eigentlich Neville gelten sollte, ihren Brennpunkt ganz auf Graham verlegt zu haben schien, der mit all diesem „medialen Zeug" nicht wirklich vertraut war. Aber er nahm es guten Mutes an und sagte, dass er nichts beanstande, was ich tue, solange es dazu beitrage, dass er seine alte liebevolle Beziehung mit Neville zurück erlangte.

Ich wurde angeleitet, die schwarze Wolken-Energie mit Hilfe meines Pendels zu beseitigen. Ich visualisierte, während das Pendel umherschwang, wie all die Energie herausgezogen wurde und sich dann um das Pendel wickelte. Anschließend reinigte ich das Pendel in Wasser. Ich fragte Graham, wie sich sein Bein nun anfühle, und zu seinem Erstaunen war das Kribbeln ganz verschwunden. Ich stellte mir vor, Graham in eine Kugel weißen Lichts zu hüllen, das ihn schützte und jeden „Energieverlust" wieder ausglich. Ich hatte das Gefühl, dass dies Neville helfen könnte, ihn wieder zu akzeptieren, und ihm versicherte, dass jene hässliche schwarze Wolke ein für alle Mal fort war. Ich war ein wenig in Sorge, wie Neville sich verhalten würde, wenn

Graham sich das nächste Mal traute, seinen Sattelplatz zu betreten, aber Neville versicherte mir, dass ihm nur das Wohlbefinden seines menschlichen Begleiters am Herzen liege. Ich war erfreut zu erfahren, dass Graham am nächsten Tag zu Neville hineinging und dieser wieder ganz der Alte war; so konnten sie ihre Umarmungen und Streicheleinheiten wieder gründlich genießen.

Die Vorstellung von negativen Energien und Wesen ist eine Überzeugung, die Schamanen und Heiler schon seit Jahrtausenden intuitiv gewannen und hegten. Manche der eher negativen Anwendungsformen der alten Methoden können schlechte Absichten und Energien nutzbar machen. Psychische Attacken sind in der Welt der Intuitiven und Medien durchaus bekannt. Sie können als ein einfaches Empfinden von Schwächung auftreten, derer man sich in der Gesellschaft von jemandem bewusst wird, der einem Energie abzieht; man kann sich aber auch richtig krank fühlen, buchstäblich gekränkt sein durch den „bösen Willen" eines anderen. Schamanen verwendeten eine Rassel, um Energie auszutreiben, und ich habe eine alte Samenhülse von einem Flammenbaum, mit der ich manchmal im Energiefeld einer Person rassele, um zu erspüren, wo sich Energieblockaden befinden und negative Energien hängen könnten.

Es ist erstaunlich, wie viele Energien sich an Menschen hängen, die vielleicht jemanden kennen, der sie reinigen kann. Geisterenergien hängen sich oft an Leute, die mich dann bitten, sie ins Licht zu entlassen. Dies mag schwer zu verstehen sein, aber ich kann nur sagen, dass die Tiere mir so viele solcher Fälle gezeigt haben, dass ich nun die Zusammenhänge verstehe und wie intensiv Tiere diese Energien spüren.

Dudley macht Schwierigkeiten

Ein Paradebeispiel von einem Tier, das durch Geister- und negative Energien intensiv beunruhigt wird, war Dudley, ein Wheaten-Terrier. Seine arme Besitzerin hatte mich angerufen, nachdem das störende und immer schlimmere Verhalten ihres Hundes sie fast zum Wahnsinn getrieben hatte. Als ich an dem Haus ankam, wurde ich von einem graugelben Wirbelwind begrüßt. Er raste wie wild um das Haus, bellte und stürzte sich auf jeden Lichtreflex. Die Fenstertüren mussten geöffnet bleiben, damit Dudley in seiner Übererregung nicht die Orientierung verlor und „austickte". Es gab einen Bereich im Garten hinter dem Haus, der seine besondere Aufmerksamkeit genoss; dort warf sich der Hund hin und bellte etwas an, das gar nicht vorhanden, jedenfalls nicht sichtbar war. Er schien in einem permanenten Zustand ängstlicher Aufregung und niemals imstande zu sein, sich zu entspannen und sein manisches Wachsein abzuschalten. Selbst stille Abende vor einem idyllischen offenen Kaminfeuer in dem wunderschönen Heim waren eher angespannt, da Dudley plötzliche Attacken aus dem Nichts starten und den häuslichen Frieden stören konnte.

Seine Besitzer liebten ihn, aber sein Verhalten machte sie wirklich fertig. Er war ein reizendes Tier, und bei seltenen Gelegenheiten, wenn er lange genug still blieb, dass ich seine Energie „fühlen" und versuchen konnte, mit ihm zu „sprechen", registrierte ich, dass er ein wundervolles Temperament hatte. Ich erkannte, dass er nicht glücklich und durch seine ständige Raserei recht erschöpft war. Ein Tier-Verhaltensforscher hatte sich des Hundes bereits angenommen und einige sehr nützliche Empfehlungen gegeben, doch es blieb weiterhin ein Rätsel, was der Hund „sah", das so viel Aufmerksamkeit von ihm verlangte.

Als wir in den Garten gingen, wurde Dudley extrem aufgeregt und rannte in eine Ecke, wo einige alte Schuppen und Holzstapel waren. Dabei „zeigte" er mir ständig Bilder von Knochen. Doch diese Knochen lösten bei ihm keine Freude aus wie bei den meisten Hunden, sondern er empfand echte Angst. Ich gewann den Eindruck, dass sehr viele Tiere dort ihren Tod gefunden haben mussten, und Dudley, der empfindsame kleine Bursche, nahm das wirklich wahr. Als ich dies so taktvoll wie möglich der Besitzerin gegenüber erwähnte, bestätigte sie, dass dieser Bereich des Hauses früher tatsächlich eine Fleischerei gewesen sei, und man hätte dort viele Tiere getötet und hinter dem Laden aufgehängt. Doch Dudley litt nicht nur unter all den Tier-Geistern draußen, es gab auch menschliche Geister drinnen sowie negative Energielinien, die genau da verliefen, wo sich die Fenstertüren hinaus in den Garten öffneten. Kein Wunder, dass der Hund so ein Nervenbündel war!

Mit Hilfe meines Pendels „bereinigte" ich die Energielinien und erfuhr dabei intuitiv, dass einige frühere Eigentümer des Hauses recht aufgebracht waren, dass so viel von ihrem Haus renoviert und umgebaut wurde. Dieses Haus war sehr alt und hatte im Laufe der Jahre viele Anbauten erhalten, dabei wurde seine ursprüngliche Gestalt sehr verändert. Derlei Geister-Aktivität ist in alten Häusern, die renoviert wurden, sehr verbreitet; die Geistwesenheit der früheren Bewohner missbilligt, was die derzeitigen Eigentümer mit „*ihrem*" Haus angestellt haben.

Ich visualisierte, einen Pfeiler aus Licht zu errichten, und lud die Geistwesen ein, in das Licht zu gehen, wo sie Heilung finden und frei würden von weltlich-irdischen Kümmernissen. Da kam es plötzlich zu einem Massen-Exodus, und Dudley schien zwar etwas verwirrt, beruhigte sich aber ein wenig. Ich empfahl seiner Besitzerin, eine mit Homöopathie arbeitende Tierärztin zu konsultieren, um sich einige Medikamente geben zu lassen, die Dudley helfen würden und seine Überempfindlichkeit vielleicht ein wenig reduzierten. Nach meiner Heimkehr bemühte ich die Hilfe von Dave, meinem Schamanen-Freund, und wir ließen die Tiergeister frei, die in jenem Garten hinter dem Haus gefangen waren. Dies dauerte einige Zeit, da es sehr viele waren.

Der liebe kleine Hund hatte sich so viel Mühe gegeben, seine Besitzer auf die Geister-Energien aufmerksam zu machen, die dort gefangen waren. Er hatte versucht, seine Besitzer vor jeglichen negativen Auswirkungen zu schützen, die möglicherweise eingetreten wären.

Obwohl Dudley immer noch Lichtreflexe anbellt, bin ich froh, sagen zu können, dass er nun viel glücklicher ist und sich sogar bei seinen Besitzern vor dem Kaminfeuer zusammenrollt. So können sie nun endlich gemeinsam einen ruhigen, stillen, entspannenden Abend genießen.

Parkers grüner „Schleim"

Parker war ein prächtiges reinrassiges Rennpferd, das auf die Farm von Jenny und Tony gekommen war, auf der auch Woody lebte. Tony wollte ihn trainieren, um an Querfeldeinrennen teilzunehmen. Das einzige Problem war, dass es ihm niemals möglich war, sich zu entspannen und das Grasen in der sanften Landschaft Devonshires zu genießen, da alle anderen Pferde ihn zu hassen und zu verabscheuen schienen. Bei jeder sich bietenden Gelegenheit versuchten sie, ihn zu attackieren. Der arme Parker verlor Kondition und sah elend aus; inzwischen isolierte er sich selbst am fernen Ende der Weide, um sich der Aufmerksamkeit der anderen Pferde zu entziehen. Er musste immer wieder „sein Leben aufs Spiel setzen" und den Hufen und gefletschten Zähnen seiner Artgenossen ausweichen, wenn er herausgeführt wurde, damit ich ihn sehen konnte. Es war viel zu unsicher, mit ihm auf der Weide zu arbeiten. Natürlich war er recht gestresst, als er durch das Tor stürmte und schnaubend und zitternd vor mir stehenblieb. Tony hielt sich mit grimmiger Miene an dem Halfterstrick fest, an dem er Parker aus der Gefahrenzone befreit hatte.

Als ich mir das Energiefeld des Pferdes näher ansah, war ich erstaunt, intuitiv wahrzunehmen, dass Parker ein negatives grün-schleimiges Kraftfeld um sich hatte, zusätzlich schwebte eine Wolke aus schwarzer Energie über ihm. Dies war ein rechter Schock, und ich fragte mich, was um Himmels willen mir da gezeigt wurde.

Ich wurde geführt, mir vorzustellen, wie ein weißes Licht auf die hässliche Wolke herabfloss und sie in strahlendes Licht verwandelte. Dann visualisierte ich, den Schleim abzuziehen und es damit dem weißen Licht zu ermöglichen, ihn zu durchdringen. Dies alles kam mir damals recht seltsam vor, aber ich konnte nur akzeptieren, dass ich so vorzugehen hatte, wie ich geführt wurde. Parker teilte mir mit, dass er die „Schwarze-Wolke"-Energie irgendwie von einem anderen Pferd von einem Hof angezogen habe, wo sie nicht einfühlsam versorgt worden waren. Seitdem fühlte er sich niedergeschlagen, und jedes andere Pferd, das in Kontakt mit ihm kam, schien ihn wie einen Unglücksbringer zu behandeln. Der grüne Schleim schien eine Anhäufung all der negativen Gefühlen zu sein, die Parker entgegengebracht worden waren. Ich überlegte, ob ich diese Information an Jenny und Tony weitergeben sollte, mit dem Risiko, als völlig verrückt zu gelten. Doch zum Glück sind sie äußerst aufgeschlossen und kümmern sich liebevoll um ihre Tiere. Die Pferde arbeiten zwar hart bei ihnen, aber Jenny und Tony unternehmen alles, um sicherzustellen, dass die Tiere seelisch und körperlich so glücklich wie möglich sind. Sie waren fasziniert von Parkers Offenbarung. Ob es mir gelungen war, das Problem effektiv zu lösen, würde sich erweisen, sobald er zu den anderen Pferden auf die Weide zurückgebracht wurde. Ich versuchte, ihn mit so viel Positivität und Licht wie möglich zu umgeben und visualisierte ihn buchstäblich strahlend vor positiver Energie.

Wir nahmen all unseren Mut zusammen und ich selbst einen tiefen Atemzug, als Tony Parker durch das Gatter zu seinem bereits wartenden „Begrüßungs-Komitee" führte. Parker wollte sofort zum fernen Ende der Weide rennen und sich, wie gewohnt, auf Abstand von seinen früheren Angreifern bringen, da aber keinerlei Attacke erfolgte, zögerte er und wandte sich um, um nach den anderen zu sehen. Eine große braune Stute, die sich als einer der bösartigsten Verfolger gezeigt hatte, schlenderte im Passgang auf ihn zu und schien sich zu wundern. Sie schnupperte, wie um Parkers neue „Energie" zu taxieren. Die anderen Pferde beobachteten das Geschehen aufmerksam, um zu sehen, wie sich die dominante Stute verhielt. Zu unserem Erstaunen warf sie nur den Kopf hoch, wandte sich ab und begann zu grasen. Selbst Parker schien überrascht angesichts ihres Desinteresses, und so begann er vorsichtig, in der Nähe der Gruppe zu weiden. Ich fühlte, dass große Erleichterung und Dankbarkeit von ihm ausgingen. Ich war so froh, geholfen zu haben, und dankte meiner geistigen Führung, der ich mehr und mehr vertraute, wie bizarr auch immer die Methoden zu sein schienen.

Kater Chippy

Chippy war ein extrem stolzer schwarz-weißer Kater. Er lebte bei einer reizenden Familie in einem wunderschönen Haus in den Blackdown Hills zwischen Devonshire und Somerset, einer Gegend von außerordentlicher natürlicher Schönheit. Ich wurde gebeten, mit ihm

zu reden, da er einige sehr problematische Verhaltensweisen gezeigt hatte, die seine Zukunft in diesem wunderschönen Zuhause infrage stellten. Der Fall schien dem des Pferdes Neville zu ähneln. Chippy war immer sehr liebevoll zu Tochter Cara gewesen, nun aber dazu übergegangen, sie zu beißen, wenn sie aus der Schule zurückkam. Cara hing weiterhin an Chippy, und ihre Mutter machte sich Sorgen und fürchtete Chippys Reaktion, wenn

Cara nach Hause kam. Es erübrigt sich zu sagen, dass Cara ebenfalls ängstlich war.

Ich stellte fest, dass Chippy in der Tat sehr majestätisch war und sich verhielt, als wären alle übrigen Bewohner des Hauses seine Untertanen. Seine Kastration hatte ihn gehörig erschreckt, und seit jener Behandlung hegte er eine beträchtliche Wut.

Sein Verhalten erinnerte mich an meinen eigenen Kater Zappa, der mich mit ähnlich vernichtenden Blicken bedachte. Nachdem er jahrelang von eher kurz angebundenem Charakter war, ließ er sich eines Tages herab, auf mein Bett zu klettern, und ich nutzte die Gelegenheit zur Kommunikation. Ich fragte Zappa, warum er sich immer so mürrisch zeige. Anderen Mitgliedern der Familie hatte er bereits blutende Wunden zugefügt, wenn sie es wagten, ihn vom Boden aufzuheben. Mich hatte er noch niemals blutig verletzt, aber er verlangte höchsten Respekt. Wir alle liebten ihn und bewunderten seinen „Geist", aber wir beeilten uns, jeden nichtsahnenden Gast zu warnen: „Bitte *nicht* streicheln!" Zappa hatte die nervtötende Angewohnheit, laut zu schnurren, als ob er sich an unserer Aufmerksamkeit weidete, und sich dann ohne Vorwarnung in einen säbelzahntigrigen Dämon zu verwandeln.

Befragt über die Jahre seiner Tyrannei, platzte er heraus: „Ihr habt mir die Eier abgeschnitten – was erwartet ihr?!" Ich schickte mich an, für die ganze Menschheit um Entschuldigung zu bitten und bemühte mich zu erklären, warum wir Tiere kastrierten – keine einfache Aufgabe!

Chippy war ähnlich verletzt und beleidigt. Wie ich schon bei Zappa intuitiv geführt worden war, gebrauchte ich mein Pendel und visualisierte, das Trauma an seinem Hinterende zu beseitigen, das im Zellgedächtnis seines Körpers immer noch gefangen war. Der Kater schien mäßig besänftigt. Dann fixierte er mich mit einem sehr herrischen Blick und erklärte, dass er gar nicht versuche, *Cara* zu beißen; er beiße vielmehr die schreckliche negative Energie, die sich an sie gehängt habe. Chippy erläuterte, dass Cara in der Schule gehänselt worden sei und mit einigen ihrer weniger angenehmen Altersgenossinnen nur schwerlich auskomme.

Als ich dies weitergab, bestätigte Cara die Aussage des Haustiers. Sie habe sich sehr unglücklich gefühlt wegen der Aktionen einiger Mädchen in der Schule. Ich arbeitete mit Cara, beseitigte dabei die Energie, und wir visualisierten schützende Schichten, die jegliche weiteren Worte oder Taten abwehrten, die jene unfreundlichen Mädchen bewusst oder unbewusst aussenden würden. Die Eltern wandten sich an die Schule, um diese ernste Angelegenheit anzusprechen. Ich teilte der Familie mit, dass Chippy sein Bestes tue, um Cara zu schützen, da er sich für deren Wohlergehen verantwortlich fühle wie ein wohlmeinender, menschenfreundlicher Monarch. Wir achteten darauf, unsere Erheiterung angesichts von Chippys Erhabenheit zu verbergen. Doch ich muss zugeben, dass er in der Tat ein ganz besonderer Kater war. Seit ich mit ihr gearbeitet hatte, um die Energie-Anhaftung zu beseitigen, ließ er liebevolle Annäherungen Caras zu, ohne irgendwie abwehrend zu reagieren.

Ich habe auch mit Katzen und einigen Hunden gearbeitet, die plötzlich anfingen, das Haus oder die Wohnung zu beschmutzen, um ihre Besitzer auf negative Energien in ihrem Umfeld aufmerksam zu machen. Zappa gab mir eine weitere wertvolle Lektion zu diesem Thema, als ich zweimal durch meine Haustür hineinging und nur knapp ein übelriechendes „Geschenk" von ihm verfehlte. Er war immer ein peinlich sauberer Kater gewesen, deshalb war ich beim ersten Mal sehr überrascht und im Wiederholungsfalle leicht irritiert. Der arme Zappa muss sich gefragt haben, warum er sich entschieden hatte, sein Leben mit mir zu teilen, wenn ich so begriffsstutzig war. Ich hingegen war so überrascht, dass ich meinen schamanischen Freund anrief, der mich augenblicklich über die Tat meines klugen Katers aufklärte. Tiere können anscheinend versuchen, negative Energie zu bereinigen, mit Bestimmtheit aber uns darauf aufmerksam machen, damit wir etwas unternehmen. Ich hatte keine Ahnung, dass eine negative Energie vorhanden war, und so stand für mich wieder einige Kriecherei auf dem Programm.

Wenn ich Anrufe von Tierbesitzern wegen dieses Problems erhalte und es gibt keine medizinischen Gründe für die offenkundigen Verhaltensauffälligkeiten, erfasse ich oft intuitiv, dass negative Energien und Geister in dem Haus gefangen sind. Sobald diese behoben sind, nimmt das fürsorgliche Haustier wieder sein früheres stubenreines Verhalten an.

Katzen sind durch Angst, Aufregung und Stress in der Familie besonders beeinträchtigt und werden oft Schmutz machen in dem Versuch, ihre Besitzer darauf hinzuweisen, dass das Maß ihrer Belastung nun zu hoch steigt und es nötig ist, dass sie ihre Probleme ansprechen. Leider kommt einiges von dem Stress davon, die Verschmutzungen aufputzen zu müssen. Doch die Tiere versuchen nur, uns mitzuteilen, dass es ihnen schwerfällt, mit der Negativität zu leben, die von unserem Stress herrührt. Wenn mich Tierbesitzer wegen dieses Themas kontaktieren, frage ich sie immer, was in ihrem Leben zur Zeit los ist und ob es in jüngster Zeit irgendwelchen besonderen Stress gegeben hat.

Tiere werden wie Menschen auch von Feld- und Gitternetzlinien beeinflusst, die sich durch unseren Grund und Boden ziehen können. Viele Leute haben die Verlaufsrichtung dieser Linien ermittelt und ihre Auswirkungen auf Häuser und Bewohner dokumentiert. Die Tiere können uns rasch auf alle Punkte, Kreuzungen und Zonen störender Energien aufmerksam machen. Einen erstaunlichen Fall dieser Art erlebte ich, als ich Jenny und Tony zum ersten Mal begegnete.

Sie hatten auf der Farm einige schreckliche Unfälle mit ihren Kühen und Pferden erlebt, und es schien mehrere Vorfälle zu geben, die wie echtes Pech aussahen unter der Überschrift: „Wenn etwas schiefgehen kann, dann geht es auch schief.”

Ein Experte für Erdenergien war ins Haus geholt worden, der die Feldlinie orten und neutralisieren sollte, die die Farm und in ihrem weiteren Verlauf auch andere Bewohner des Dorfes beeinträchtigte. Krankheitsfälle und Unfälle schienen überhandzunehmen. Seit die Energielinien bereinigt wurden, sind die Verhältnisse auf der Farm viel ruhiger und stabiler geworden.

Etwa ein Jahr später begannen die Kühe auf Jennys Farm, sich dagegen zu sträuben, zum Melken in den Melkstand zu kommen, und zeigten ein ähnliches Verhalten wie früher, als die Feldlinie noch mit negativer Energie „verseucht" war. Es wurde zu einem echten Kampf, die Kühe dazu zu bringen, ihre normalen Positionen in der Fischgrät-Struktur des Melkstandes einzunehmen. Kühe sind normalerweise sehr sanftmütig und kennen ihren individuellen Platz in der Reihenfolge der Melkmaschinen genau. Wenn sie in den Melkstand hereinkommen, wählen sie routinemäßig, an welchem Platz sie gemolken werden wollen. Doch selbst die Kuh, die sich normalerweise am besten anpasste, zeigte nun Anzeichen von Stress und Furcht, wenn sie auf den Melkstand zuging. Jenny bat mich, die Menschen und Tiere, die möglicherweise Reste negativer Energie von den Auswirkungen der Feldlinie trugen, davon befreien zu helfen. Dies betraf auch sie selbst, da sie sehr unangenehme Empfindungen hatte, wenn sie neben ihren Kühen in der Grube des Melkstands gearbeitet hatte.

Ohne etwas über den Verlauf der Feldlinie zu wissen, ermittelte ich intuitiv mithilfe einer schamanischen Trommel eine etwa gut einen halben Meter breite Linie, die fast gerade durch die Mitte des Melkstandes verlief. Ich registrierte, wie sich der Klang der Trommel außerhalb dieses Streifens veränderte. Ich bereinigte die Linie durch ein indianisches Räucherritual mit Weißem Salbei oder mit duftendem Rauch von glimmenden Kräutern und visualisierte, tief in den Erdboden sogenannte Lichtkristalle zu platzieren. Ich visualisierte, wie die großen Kristalle ihr reines Licht in die Feldlinie hineinstrahlten und jegliche dunkle Energie durchlichteten. Diese

Lichtkristalle erzeugen reine Energie; ihre heilenden Eigenschaften werde ich später beschreiben.

Jenny bestätigte, dass der Bereich, den ich ausgemacht hatte, der gleiche Platz war, wo der Rutengänger die Feldlinie entdeckt hatte. Ich weiß nicht mit Sicherheit, warum die negative Energie in die Feldlinie zurückgekehrt war. Vielleicht gab es einige negative Einflüsse, die die Linie in ihrem weiteren Verlauf beeinträchtigten. Es ist dokumentiert, dass die Energien von Menschen diese Linien im Laufe der Jahre stark beeinflussen können. Doch die schlauen Kühe hatten die schädlichen Auswirkungen gespürt und uns rechtzeitig darauf aufmerksam gemacht, um eine Wiederkehr der schrecklichen Vorfälle zu verhindern, die das Dorf früher heimgesucht hatten. Sobald die Linie bereinigt war, nahmen die Kühe gelassen ihre frühere Routine des halbtäglichen Melkens wieder auf.

Krafttiere

Ich hatte das Glück, dass mir Tiere halfen, die in einer Energieform kamen, welche die Indianer Krafttiere nennen. Die Stärken eines individuellen Tieres zu visualisieren und nutzbar zu machen, ist eine in der schamanischen Arbeit weit verbreitete Praxis. „Krafttiere" helfen mir häufig bei meiner heilenden Tätigkeit, und ich spüre, dass sie meine Fertigkeiten aus früheren Leben wachrufen. Ich habe das Glück, dass mir zwei herrliche Löwen helfen, unangenehme Energien zu beseitigen – ein Löwenkater und eine Löwin, die mich, wie ich spüre, vor jeglichen negativen Einflüssen schützen. Tiere vieler verschiedener Arten kommen zu Hilfe, wann immer ihre jeweiligen Dienste gefragt sind.

Ich arbeitete einmal mit einer lieben Frau, die sehr niedergeschlagen war, weil sie sich so sehr ein Kind wünschte, aber nicht empfangen konnte. Ich spürte, dass sie „sich selbst gegeißelt" hatte und ihr Selbstwertgefühl sehr reduziert war, und so wurde sie sehr kraftlos.

Die negative Energie ihrer Selbstvorwürfe schien so etwas wie „Energie-Widerhaken" in ihrem Solarplexus- und Kreuzbein-Energiezentrum angesammelt zu haben, welche mit der persönlichen Macht und dem Selbstwert und ihrer Bestätigung als Frau in Verbindung stehen.

Ich war sehr überrascht, die Anwesenheit einer sehr großen weiblichen Hyäne zu fühlen, die den Raum betrat, um mir zu assistieren. Wieder galt es, Vertrauen in meine geistige Führung zu setzen und zu wissen, dass ich stets die Absicht habe, zum höchsten Wohle aller im Licht zu arbeiten, und immer um die reinste Führung bitte. Ein furchterregendes, bösartig aussehendes Geschöpf als heilende Kollegin anzutreffen, war frappierend. Noch erstaunlicher war, dass die Frau die Energie-Widerhaken fühlen konnte, die von der Hyäne behutsam entfernt und danach durch das Fenster hinausgespuckt wurden, wo sie sich in etwas verwandelten, das aussah wie kleine Abschnitte von einem weißen Seidenband. Dies mutet vielleicht wie eine mit Hilfe von Drogen herbeigeführte Halluzination an, aber ich wusste genau, was ich gerade visualisierte, und die Mission der Hyäne war es, dieser Frau Kraft zu geben. Obwohl Hyänen im Allgemeinen eine schlechte Presse haben, sind sie bekannt als Muttertiere, die ihre Jungen unter schwierigen, lebensfeindlichen Umständen aufziehen und entschlossen beschützen. Die Hyäne wollte der Frau Selbstwertgefühl einflößen und sie neu ermächtigen, an sich selbst zu glauben.

Es waren so viele wundervolle Geschöpfe gewesen – zu zahlreich, um sie aufzuzählen –, die mir bei meinen Behandlungs-Sitzungen halfen, dass ich dankbar und immer wieder angenehm überrascht bin, welches Geschöpf mir zu Hilfe kommt. Ihre jeweiligen Stärken sind immer genau auf den jeweiligen Fall zugeschnitten. Natürlich muss ich überlegen und klug entscheiden, welche Klienten für die Tatsache offen sein könnten, dass da mehr als ein Heiler an ihnen arbeitet!

Schäferhund Rocco

Rocco war ein weiterer sehr sensitiver Hund, der auf Energien empfindlich ansprach. Mit ihm durch die alte Stadt zu gehen, wo er lebte, war ein äußerst schwieriges Unterfangen. Er schien vor unsichtbaren Schrecken zu scheuen und zu bellen, und seine Besitzerin war echt ratlos und des Zerrens an der Leine müde. Rocco erschrak auch leicht bei plötzlichen Geräuschen und dem Grollen des Donners – was bei vielen Hunden der Fall ist, doch Roccos Verhalten war extrem. Er teilte mir mit, dass er im Krieg, in einem früheren Leben, ein Spürhund gewesen sei und es bei dem Bombenräumkommando eine Explosion gegeben habe, bei der viele Menschen ums Leben kamen. Er zeigte mir, dass sein Fell in jenem Leben schwarz und goldbraun gefärbt war, viel dunkler als heute. Er war es gewohnt, die Leiche von Kriegsopfern aufzuspüren. Im heutigen Leben schien er immer noch die Energien von Verstorbenen zu finden, und deren Geister, die die Stadt energetisch weiterhin bevölkerten, beunruhigten ihn sehr.

Es war ein Geist im Haus gewesen, der immer wieder Gegenstände bewegte und mitten in der Nacht den Fernseher anstellte. Rocco hatte seine Besitzer geweckt, um sie darauf aufmerksam zu machen, dass der Fernseher an war. Sie waren ungehalten, das Gerät im Wohnzimmer laut und aktiv zu sehen, nachdem sie es, wie sie definitiv wussten, vorher abgeschaltet hatten. Dies war bei mehr als einer Gelegenheit geschehen, sehr zum Verdruss der Geweckten. Rocco übermittelte mir, dass eine Dame, die dort gestorben war, sehr verärgert sei, weil das Haus so verändert worden war – ähnlich wie im Falle Dudleys. Als ich mich auf sie einstimmte, wiederholte sie ständig: „Und wohin soll ich den Tisch stellen?"

Rocco tat sein Bestes, um die Angelegenheit zu erleichtern und jedermanns Aufmerksamkeit auf diesen gefangenen Geist zu lenken. Wie im bereits geschilderten Falle, wurde eine Säule aus Licht errichtet und der Geist eingeladen, in dieses weiterzugehen.

Ich behandelte Rocco, um ihm zu helfen, weniger empfindlich auf negative Energien anzusprechen, und gab ihm eine schützende Hülle wie im Falle Parkers, so dass er eine gewisse Abschirmung gegen seine furchterregenden Begegnungen hatte. Er war sein wunderschöner Hund, und seine Besitzerin nahm die Erklärung für sein Verhalten dankenswerterweise sehr aufgeschlossen an. Rocco wird nun allmählich ruhiger – und froh sein, dass zumindest er nicht mehr sein Zuhause mit zu viel Spuk teilen musste!

Kapitel 6

Mediale Operationen
und Lichtkristall-Behandlungen

Der Begriff mediale Chirurgie, wie ich ihn verwende, mag sich von den Vorstellungen anderer Leute unterscheiden. Es gibt einige fabelhafte mediale Chirurgen, die unglaubliche Heilungen vollbringen, aber ich denke, es gibt auch einige Leute, die nicht ganz echt sind. Ich behaupte nicht, in den Körper eines Tieres oder Menschen einzugreifen und materielles Gewebe herauszunehmen. Ich werde innerlich geführt, zu visualisieren, geeignete „Instrumente" zu gebrauchen, um Symptome zu lindern. Dies kann sehr seltsam anmuten, auch mir selbst. Hier wird die Kraft des Geistes genutzt, Energie zu bewegen und zu verändern. Auch an dieser Stelle muss ich den Tieren danken, dass sie mich lehrten, was sie benötigen, um zu heilen.

Die wichtigsten „Instrumente", die ich verwende, nenne ich „Lichtkristalle". Sie sind reine Energie und existieren nicht als physischgreifbare Wirklichkeit. Wenn ich mit Menschen oder Tieren arbeite, bitte ich immer um die Behandlungsmethode, welche den jeweiligen Klienten respektieren und zu seinem höchsten Wohle ermächtigen wird. Bei vielen Gelegenheiten sind mir energetisch Lichtkristalle in verschiedenen Formen und Größen gegeben worden, um sie in oder um den Körper oder in der Umgebung zu platzieren, wenn es galt, diese oder einen Raum zu reinigen. Ich visualisiere gewöhnlich, dass mir die Lichtkristalle in die Hand gelegt werden; sie lassen sich auf verschiedene Weisen verwenden, je nach den spezifischen Bedürfnissen des Klienten. Ich habe das Gefühl, dass ich die Kristall-Behandlungstechniken vielleicht bereits in einer früheren Inkarnation genutzt habe und sie jetzt in mir wiedererweckt worden sind wie die schamanischen Methoden, die ich gebrauche.

Eines der größten spirituellen „Geschenke" beim Hinübergang meiner Mutter war, dass ich in meiner Verzweiflung, ihren Schmerz und meinen Kummer angesichts ihrer schlimmen Prognose zu lindern, an uralte Heilwerkzeuge erinnert wurde, die ich einst verwendet hatte. Zuzusehen, wie ein Mensch oder ein Tier leidet, den oder das man liebt, ist unerträglich und herzzerreißend, wie jeder bestätigen wird, der je einen todkranken Patienten gepflegt hat. Darüber hinaus empfand ich den Umstand, dass ich eine Heilerin sein sollte und meiner eigenen Mutter nicht helfen oder sie retten konnte, als niederschmetternd. Doch wir alle müssen sterben, für jeden kommt einmal die Zeit, und ich verstehe jetzt, dass meine Rolle darin bestand, ihr zu helfen, so schmerzlos und würdevoll wie möglich und ohne Angst zu sterben. Ich denke, dass es eines der größten Geschenke ist, die wir geben können, jemandem das Hinübergehen zu erleichtern, wenn seine Zeit gekommen ist, in eine andere Phase seiner Seelenreise weiterzugehen.

Eines Nachts lag ich im Bett und flehte das Universum an, mir zu helfen, die Schmerzen zu lindern, die sie plagten. Sie litt an einem großen Tumor, der auf den Darm drückte und diesen beengte. Dies verursachte schreckliche Schmerzen. Ich wurde geführt, ihren Darm wie den Stollen eines Bergwerks zu visualisieren, der im Begriff war, in sich zusammenzustürzen, und dann wurde mir etwas „gegeben", das aussah wie ein „Grubenstempel", um die Decke und die Seiten des Stollens abzustützen. Ich war überrascht, dass meine Stempel nicht hölzern aussahen; vielmehr schienen sie aus etwas zu bestehen, das Bergkristall glich und ein inneres Feuer besaß, das hervorleuchtete und den ganzen Tunnel erhellte.

Ich konzentrierte mich stark und betete, dass dies auf irgendeine fantastische Weise ihren Schmerz lindern möge. Als ich mit meiner Mutter am nächsten Morgen sprach, sagte sie zu meinem Erstaunen, dass sie einige Linderung empfunden habe. Also visualisierte ich in der nächsten Nacht, die Stabilität des symbolischen Bergwerksstollens wieder zu untersuchen. Es bekümmerte mich zu sehen, dass trotz der säulenähnlichen „Stempel", welche die Decke des Ganges abstützten, der Schacht in Gefahr war, hinter ihnen einzubrechen. Deshalb stellte ich weitere Lichtkristall-Stützen in der Tiefe des Stollens auf und hoffte, dass sie genügend Stabilität gäben, um einem Einsturz vorzubeugen. Dies schien eine geradezu wundersame Wirkung zu haben, und obwohl der gesundheitliche Zustand meiner Mutter in anderer Hinsicht leider nachließ, hatte sie nie wieder jene schlimmen Schmerzen.

Nachdem sie gestorben war, bemerkte der Arzt, wie überraschend es doch gewesen sei, dass jener Tumor ihr keine weiteren Schmerzen mehr bereitet habe. Ich betete insgeheim, dass ich irgendwie dazu beigetragen hatte. Ich habe mich mit Psychoneuroimmunologie beschäftigt, wo der Geist als ein Heilwerkzeug gebraucht wird, das symbolische Bilder visualisieren kann, die positive Veränderungen erschaffen. Diese Techniken waren in Krebszentren sehr erfolgreich, und es erschien mir logisch, dass wir, wenn wir uns durch Stress und negatives Denken selbst krank machen konnten, gewiss auch die Fähigkeit besaßen, uns gesund zu „denken". Doch positive, heilende Bilder in anderen Menschen zu erschaffen, stand bis dahin nicht auf meinem Programm.

Mehrere Monate später kündigte einer meiner menschlichen Klientinnen plötzlich an, dass er von einem seiner geistigen Führer eine Botschaft für mich gehört habe. Ich war völlig perplex, da er eine sehr bodenständige Person war und normalerweise nicht dazu neigte, über Geistführer zu sprechen, aber er schien völlig gefasst zu sein. Die Botschaft war, dass ich an die Kraft meiner Heilwerkzeuge zu glauben hätte und die „Lichtkristalle" tatsächlich wirkten. Es hieß weiter, ich solle damit arbeiten, um mehr über die Lichtkristalle zu erfahren und um sie viel öfter einzusetzen. Die Person wusste natürlich nichts darüber, wie ich meiner Mutter zu helfen versucht hatte, und ich hatte gewiss niemals über Lichtkristalle gesprochen, da ich mir in Bezug auf ihre Wirksamkeit immer noch nicht ganz sicher war.

Dies war recht bewegend für mich, da ich etwas über die tieferen Gründe für den Hinübergang meiner Mutter erkannte und dass vielleicht ein karmischer Vertrag existierte, indem wir einander auf unseren Seelenreisen halfen. Ich empfand deutlich, dass ich sie ernst nehmen musste, indem ich von dem Wissen Gebrauch machte, das sie in mir wachgerufen hatte. So hoffte ich, dass ich weiterhin geführt würde, diese ätherischen Kristalle zu verwenden, wann immer es angebracht war.

Rennpferd Les

Ich wurde gebeten, mir Les anzusehen, da er sich am Rücken verletzt habe. Er sei in einem schlechten Zustand und seine Zukunft auf der Rennbahn nun infrage gestellt. Als ich den Paddock betrat, bedurfte es keiner telepathischen Kräfte, um den Blick zu deuten, mit dem er mich empfing. Sein schlanker rotbrauner Körper war gekrümmt, und sein Bauch sah aus wie „hochgezogen"; so etwas sieht man, wenn Pferde gestresst sind oder Schmerzen haben. Der leidvolle Blick bedeutete mir: „Atme nicht einmal in meiner Nähe…"

Ein Rückentherapeut war gerufen worden, aber Les war so geplagt, dass sie das Gefühl hatten, er leide zu sehr, um auch nur berührt zu werden. Anscheinend hatte Les versucht sich umzudrehen, während er in einem Pferdeanhänger stand, und hatte sich dabei ganz eingezwängt. Mit viel Mühe und Kämpfen war es seinen Besitzern gelungen, ihn herauszuziehen, aber der Rücken des Tieres war extrem schmerzhaft. Ich wusste, dass Les recht gefährlich reagieren würde, wenn ich versuchte, ihn zu berühren, und ich wollte ihn nicht zusätzlich quälen. Er hatte große Schwierigkeiten beim Gehen, seine Fortbewegung war gebückt und schlurfend. Da ich selbst nicht zu den größten Menschen auf Erden zähle, streckte ich mich so weit ich konnte, um seine Energie etwa fünf Zentimeter über seinen Rücken zu „fühlen", ohne ihn zu berühren.

Ich hatte ihn entspannende Tropfen schnuppern lassen, die ich dabei hatte; sie enthalten ätherische Öle und Kristall-Essenzen. Sie schaffen einen sicheren Raum, in dem man emotionell arbeiten konnte, und in Fällen wie diesem helfen sie, den Klienten körperlich zu beruhigen. Les schien ein wenig ruhiger zu werden, aber er starrte mich argwöhnisch an für den Fall, dass ich versuchte, seinen Rücken zu berühren. Ich redete weiter auf ihn ein und versicherte ihm, dass ich ihn nicht berühren werde. Ich registrierte Wärme in einem verspannten Bereich an seinem Rücken und wurde geführt, zu visualisieren, wie ich ein kühlendes Gel in die betroffene Gegend einmassierte. Es war, als sollte ich mir vorstellen, die Finger in einen Topf mit Gel zu stecken und damit seinen Rücken einzureiben. Ich war überrascht zu „sehen", dass winzige Lichtkristall-Teilchen in dem Gel waren, die diesen wie eine Art von Glitzerkleber für Kinder aussehen ließen. Dies war das erste Mal, dass mir so etwas gezeigt wurde. Ich kam mir sehr dumm vor und tat so, als steckte ich meine Finger in einen Topf und massierte dann die Luft oberhalb von Les' Rücken. Weiß der Himmel, was der Besitzer dabei gedacht hat!

Als ich diese ungewöhnliche Prozedur beendet hatte, schienen die Augen des Tieres ruhiger und irgendwie weicher, und als wir sein Halfter abnahmen und er sich entfernte, schien er weniger leidend auszusehen. Vielleicht war es nur Wunschdenken oder einfach meine Fantasie, aber seine ganze Körpersprache schien sich verändert zu haben. Ich konnte gar nicht glauben, dass mein imaginärer „Glitzerkleber" gewirkt hatte, aber sein Besitzer bestätigte, dass er sich definitiv besser bewegte. Wir sprachen über die homöopathischen Medikamente, die Les bereits erhielt und die ihm zweifellos halfen. Doch seine dramatische Besserung ging weiter, und nur Tage später war er wieder so frech wie früher. Nach einer gewissen Schonzeit nahm er seine Karriere als Rennpferd wieder auf – sehr zur Freude des Besitzers.

Bonitos Scheiben

Bonito war ein wunderschönes Hannoveraner-Dressurpferd. Er hatte schon längere Zeit in Verbindung mit emotionalen Problemen unter Rückenbeschwerden gelitten und konnte sein Potenzial nicht verwirklichen.

Als ich ihn das erste Mal besuchte, war er extrem ängstlich und teilte mir mit, dass er beunruhigt gewesen sei, weil er dachte, ich könnte eine Kaufinteressentin sein. Er wolle sein Zuhause und seine liebe Besitzerin nicht verlassen. Er war im Laufe seines Lebens schon mehrere Male verkauft worden und umgezogen und verabscheute den Gedanken, sich wieder einem neuen Besitzer anzupassen und an ein anderes Regime zu gewöhnen. Ich versicherte ihm, dass ich da war, um ihm zu helfen und seine Anliegen zu verstehen. Sein Rücken war bereits behandelt worden, doch Bonito schien an der Behandlung keine Freude zu haben. Ich verwendete mein Pendel, um seinen Rücken zu kontrollieren und den Bereich der Störung zu ermitteln. Ich wurde geführt, drei kleine Lichtkristall-"Scheiben" in seine Wirbelsäule zu platzieren und dann zu visualisieren, sie in ganz bestimmte Positionen zu drehen. Ich fühlte, dass er mir genau mitteilte, wo er sie haben wollte und wie ich sie zu positionieren hatte. Ich gewöhnte mich inzwischen daran, genau das zu tun, was ich von einem Pferd telepathisch diktiert bekam.

Die Rückmeldung von seiner Besitzerin war, dass sich der Zustand Bonitos beträchtlich bessere und er beginne, viel mehr Freude und Antrieb bei seiner Arbeit zu haben. Er scheine auch viel zufriedener mit sich selbst zu sein. Ich hatte seine Besitzerin gebeten, ihm telepathisch weiterhin mitzuteilen, wie sehr sie ihn liebte, und ihm zu versichern, dass sie ihn niemals verkaufen werde. Sie hing so an dem Tier, dass ich wusste, dass er ihr glauben würde. Ihre Beziehung vertiefte sich über die nächsten Monate – so sehr, dass Bonitos Besitzerin nach der Teilnahme an einem meiner Tierkommunikations-Workshops ihre neu erworbenen Fertigkeiten praktizierte und überrascht war über eine Botschaft, die er für sie hatte. Sie hatten hart an ihren Dressurtechniken gearbeitet und sie selbst dabei Rückenschmerzen bekommen. Bonito teilte seiner Besitzerin unmissverständlich mit, dass sie mir einen Besuch abstatten sollte, um selbst „Lichtkristall"-Scheiben" eingesetzt zu bekommen. Sie vereinbarte auftragsgemäß einen Termin mit mir, und ich gehorchte, indem ich Scheiben in ihren unteren Rücken einsetzte – auf genau die gleiche Weise, in der Bonito mich vorher angeleitet hatte. Seine Besitzerin meldete, dass ihr Rücken sich besser anfühle, und so hoffte ich, dass sie in Zukunft viele schmerzlose Ausritte zusammen genießen würden.

Teds Verlegenheit

In den wundervollen Ted verliebte ich mich. Er war ein kräftiges rotbraunes Pferd in Jennys Jagdpferdeverleih. Er hatte ein Problem beim Wasserlassen, und sein Urin war trüb und roch intensiv. Sein „Wasserwerk" schien ebenfalls beeinträchtigt und arbeitete nur unregelmäßig. Dies war der erste von vielen bizarren Fällen, in denen Tiere mich im Heilen ausgebildet haben. Ich wurde angeleitet, mir ein Endoskop vorzustellen, das durch den Schlauch und die Harnröhre des Tieres nach oben gelangen und die Ursache seines kleinen Problems bestimmen könnte. Wie im Falle von Les, berührte ich auch dieses Pferd nicht wirklich, sondern näherte mich mit dem Finger seinem Schlauch bis auf etwa drei Zentimeter. Bei dieser Operation selbst erstaunt, visualisierte ich, wie mein Finger in seinen Schlauch und weiter hinauf in den Körper des Pferdes eindrang, während er immer länger wurde. Obwohl ich wusste, dass ich mir diese Prozedur nur vorstellte, schien das Pferd den Eingriff zu spüren. Ted drehte den Kopf zu mir, als wollte er mich fragen, woran in aller Welt ich da spielte. Ich erklärte Jenny, was ich gerade tat; sie kannte mich und meine Behandlungen und war über meine eigenartigen Visionen nicht mehr überrascht. Wir kamen überein, dass Ted sich wohl peinlich berührt fühlte, da er uns mit eher missbilligenden Blicken bedachte.

Ich erspürte intuitiv, dass es da einige kleine kristallähnliche Gebilde gab, die Probleme verursachten. Meine Fingerspitze veränderte sich und war nun nicht mehr wie ein Endoskop, sondern wurde zu einem Laser. Ich stellte mir vor, die Kristalle damit zu zertrümmern. Ich hatte keine Ahnung, ob dies helfen konnte; ich folgte nur den Anweisungen, die ich erhielt. Als ich meinen langen Finger gedanklich wieder zurückzog, bemerkten wir abermals eine Reaktion von Ted. Wir hatten beide den Eindruck, dass er definitiv wusste, was da vor sich ging, so seltsam es ihm auch vorkommen mochte.

Wir führten Ted hinaus auf die Weide, und ich bat ihn telepathisch, uns zu zeigen, ob die Prozedur geholfen hatte; falls er sich besser fühlte, sollte er pinkeln. Er machte einige Schritte auf die Wiese, und ich dachte einen Moment, dass er meine Bitte ignorierte, doch dann blieb er plötzlich stehen, wandte sich um und blickte zu mir herüber – und ich schwöre, dass er beinahe zwinkerte! Dann streckte er die Beine, nahm die normale Pinkelhaltung eines Wallachs ein und schied klaren Urin aus, ohne Mühe und Schwierigkeiten. Er stöhnte melodramatisch vor Erleichterung, nickte uns noch einmal zu und schritt dann wie selbstverständlich seines Weges auf der Suche nach dem besten Gras. Ich gelobte, immer auf das zu vertrauen, was mir eingegeben wird, wie verrückt oder sonderbar es mir auch scheinen mag.

Ebonys geplatztes Blutgefäß

Auch bei einer anderen Gelegenheit war mein Mittelfinger als „Laser" gefragt; es ging um ein Pferd namens Ebony, dessen Hauptproblem ich im nächsten Kapitel beschreiben werde. Ebony war auf der Jagd gewesen und mit voller Kraft galoppiert. Leider war dabei ein Gefäß geplatzt, und es kam zu starken Blutungen aus der linken Nüster. Die Blutung war schließlich zum Stillstand gekommen, aber sie hatte Anlass zur Sorge gegeben, dass dieser erschreckende Vorfall bei anstrengendem Training in der Zukunft erneut auftreten könnte. Wieder wurde ich geleitet, meinen Mittelfinger ganz behutsam in die Nüster einzuführen und zu visualisieren, wie er sich verlängerte und bis in den Kopf des Pferdes reichte, um dort ein Blutgefäß zu kauterisieren. Ich hoffte, dass diese Maßnahme weiteren Problemen vorbeugen werde. Es schien zu funktionieren, da es ihn nie wieder belästigte. Ich weiß nie im Voraus, wie gut meine intuitiven Heilbehandlungen funktionieren werden. Ich bete einfach, dass sie helfen.

Neue Probleme bei Parker

Nachdem Parker nun neue Freunde gewonnen hatte, da er nicht mehr als Träger einer „schwarzen Wolke" und grünen Schleims auf die Weide kam, konnte er mit dem Training so richtig beginnen. Als ich ihn das nächste Mal sah, war er viel besser in Form und zuversichtlicher, und alles war gut gewesen, bis er wirklich gefordert worden war, ganz große Schritte zu machen und über weite Entfernungen zu galoppieren. Leider schien ihm dabei die Puste auszugehen, und er war gezwungen, anzuhalten und zu atmen und zu pumpen, um mehr Luft in seine Lungen zu bekommen. Dies war keine gute Nachricht über ein Rennpferd, bei dem Durchhaltevermögen alles bedeutete. Seine strahlende Zukunft war nun wieder ungewiss. Bei der tierärztlichen Untersuchung hatte sich herausgestellt, dass die Klappe in seiner Kehle nicht richtig funktionierte, und der einzige Ausweg sei eine sehr teure Operation, die dafür sorgen würde, dass die Luftröhre immer ganz geöffnet blieb, so dass genügend Luft hindurchgelangen konnte. Parkers Besitzer fragte, ob es da etwas gebe, was wir tun könnten, um zu helfen, und ich sagte zu, unser Bestes zu tun. Wieder einmal nahm ich die Hilfe von Dave in Anspruch, da dies ein recht heikles Unterfangen war. Gemeinsam visualisierten wir eine Nadel und goldenen Faden, mit denen wir die Klappe in die korrekte Stellung nähten. Wir visualisierten, das alles rosa und gesund aussah und reichlich Durchlass für einen unbehinderten Lufttransport gegeben war. Wir hatten das Empfinden, dass Parker sein Training im Laufe der kommenden Wochen erst sehr langsam wieder aufnehmen sollte. Wir stellten uns darauf ein, wann es die richtige Zeit zu sein schien, einen kurzen Galopp zu probieren. Es war nicht einfach, Parker zurückzuhalten, da dieser sehr eingenommen von sich war und unbedingt einige Gänge höher schalten wollte. Die Nachricht war wirklich ermutigend. Obwohl einige etwas lautere Geräusche beim Atmen zu vernehmen waren, schien er bestens zurecht zu kommen. Wir waren alle froh und erleichtert – besonders Parker, der ganz wie ein stolzer Athlet aussah und beweisen wollte, was er wert war.

Man beschloss, ein Rennen zu versuchen, und Parker wurde auf einen Kurs zugelassen, von dem man annahm, dass er für ihn geeignet sei. Der Morgen seines ersten Rennens dämmerte, und alles sah gut aus. Parker zeigte sich wie der Inbegriff von Gesundheit und hatte seine Galoppstrecken gut gewältigt, war also ganz fit. Ich arbeitete an jenem Tag in einer anderen Gegend, und so betete ich bei mir, dass seine Atmung in Ordnung sei und er mit den Belastungen des Rennens klarkomme.

Ich war schrecklich enttäuscht, als ich erfuhr, dass er, als er beschleunigte, um die Führung zu übernehmen, in der Kurve ausgerutscht war und dabei eine Sehne schwer verletzte; dies bedeutete für ihn das Ende des Rennens. Es war so ein Jammer, da seine Atmung gut war und er keine Probleme mit der Luftversorgung hatte, was uns sehr erfreute. Doch nun waren wir angesichts seiner Beinverletzung alle am Boden zerstört, zumal Parker offenbar im Begriff und fähig gewesen war, das Rennen zu gewinnen. Hoffentlich wird er nach mehreren Monaten Ruhe seine Rennkarriere wieder aufnehmen können. Es erübrigt sich zu sagen, dass ich mich mit den Lichtkristallen um sein Bein zu kümmern habe.

Tilleys Stützverband

Die Pferde zeigten mir eine weitere Methode, mit Lichtkristallen zu arbeiten, nämlich in Form eines Verbandes. Ich sollte visualisieren, das Bein mit einer elastischen, selbsthaftenden Bandage zu verbinden; ins Gewebe der Bandage waren winzige Lichtkristall-Fragmente eingearbeitet, die das Bein mit heilender Energie durchstrahlten.

Eine hübsche Stute namens Tilley war von einem anderen Pferd über ihre Weide gehetzt und gejagt worden, das in ihr normalerweise sicheres und ruhiges Umfeld eingebrochen war. Ich hatte Tilley schon früher behandelt, da sie ein Symptom hatte, das man fixierte Kniescheibe nennt; dabei blockieren die Hinterbeine oberhalb des Gelenks, was zu Schmerzen und Lahmheit führt. Ich erspürte intuitiv, dass sie in einem früheren Leben eine Verletzung gehabt hatte, die sich im derzeitigen Leben erneut behindernd auswirkte, und nach einer Seelenrückholung und Heilbehandlung genas Tilley rasch. Doch dieses jüngste Desaster hatte die alten Probleme heftig verschlimmert, und ihre beiden Hinterbeine blockierten stark, besonders das linke. Ich wurde geführt, die Lichtkristall-Bandagen zu verwenden, doch als ich visualisierte, sie um die Beine zu wickeln, schienen sie unter der Hautoberfläche gebraucht zu werden, so dass sie das ganze weiche Gewebe innerlich stützten. Ich muss sehr verwundert ausgesehen haben, als ich so tat, als wickelte ich unsichtbare Bandagen um Tilleys Beine – aber sie schienen ihr zu helfen, wieder gesund zu werden.

Labrador Toby

Eines Tages wurde ich gebeten, mich einmal mit einem ansehnlichen, altersgrauen, maulkorbtragenden Labrador namens Toby zu unterhalten. Seit er in das neue Haus seines Besitzers gezogen war, schien er eine deutliche Abneigung dagegen zu haben, über die Holzdielen in der Diele zu gehen, und selbst der Küchenboden, der mit Linoleum ausgelegt war, das eine Holzmaserung aufwies, schien ihm zu missfallen. Wie versteinert blieb er vor jedem Fußboden stehen, den er für hölzern hielt. Dies war ein Problem, denn ins Haus herein und aus dem Haus hinaus zu gelangen, wurde zum mühsamen Kraftakt, Toby war kein Leichtgewicht. Seine Futter- und Wasserschüsseln standen in der Küche, aber selbst der Gedanke an sein Futter reizte ihn nicht so sehr, dass er das Wagnis auf sich nahm, durch die Diele in die Küche zu gehen. Der andere Hund im Haushalt zeigte keine solchen Skrupel und war nur zu eifrig dabei, Toby zu helfen – indem er dessen Mahlzeit mit verputzte. Seine verzweifelten Besitzer waren ratlos, warum sich Toby so fürchtete.

Toby zeigte mir ein schreckliches Trauma aus einem früheren Leben: Er saß in einem brennenden Haus fest, und der Rauch drang aus einem Untergeschoss durch die Bodendielen herauf. Er hatte verzweifelte Anstrengungen unternommen, seine Besitzer aus dem Haus in Sicherheit zu bringen, indem er sie aus dem Schlaf weckte. Sie konnten dem Tode knapp entrinnen, aber die Füße des armen Toby waren versengt worden. Seine heutigen Besitzer beschrieben, wie Toby manchmal am Hauseingang stand und in die Diele bellte, als wollte er sie vor einer Gefahr warnen. Das Trauma des armen Hundes war ausgelöst worden, als sie in das Haus mit den sichtbaren Bodendielen einzogen. Toby war seinen Besitzern treu ergeben, und ich vermutete, dass sie es durchaus gewesen sein könnten, die in einem früheren Leben mit ihm in jenem brennenden Haus waren, und natürlich wollte Toby dafür sorgen, dass alle in Sicherheit waren.

Ich entfernte negative Energie von Tobys Pfoten und visualisierte einen kleinen Lichtkristall zwischen den Ballen jedes Fußes. Dieses Mal fühlten sich die Kristalle weich und formbar an – wie transparente Knetmasse, aber immer noch mit dem inneren kristallinen Feuer. Ich verwendete auch eine heilende ätherische Substanz zum „Verfüllen" der Wunden von Verletzungen in früheren Leben, die noch heute Schmerzen bereiten.

Ich führte eine „Seelenrückholung" durch, indem ich den traumatisierten Hund aus der Vergangenheit in einem Stück zurückbrachte. Dann machte ich mich ans Werk, große Lichtkristalle in den Fußboden von Diele und Küche zu setzen.

In den Dieleneingang hängte ich einen Vorhang aus Lichtkristallen, etwa wie die Perlenvorhänge, die man aus heißen Ländern kennt. Er sollte negative Energie von jedem reinigen, der das Haus betrat, und positives, heilendes Licht in die Diele hereinstrahlen. Von seinen Besitzern erhielt Toby auch einige Blütenessenzen, und nach und nach gewann er Mut und genügend Vertrauen, um sich vorsichtig über die Dielenbretter zu wagen. Die letzte Meldung, die ich erhielt, war, dass es Toby langsam aber sicher besser gehe. Seine Angst war so lange in ihm eingeschlossen gewesen, dass er nun einige Zeit brauchte, um sie loszulassen und zu erkennen, dass er nie wieder so etwas Schreckliches erleiden musste.

Sonnenscheiben

Ein weiteres Instrument wurde mir gegeben, um bei den negativen Auswirkungen eines Energieabzugs von einer Person zu einer anderen – oder der Dynamik zwischen einem Besitzer und seinem Tier – zu helfen; ich nenne es die „Sonnenscheiben". Sie sind ein Teil meines ägyptischen Erbes und waren das Symbol von Aton. Die Sonnenscheiben sind golden und wunderschön symmetrisch; ihre Größe kann variieren, ähnlich wie die der Lichtkristalle, je nach Situation oder Notwendigkeit.

Ihre heilenden Eigenschaften wurden mir zum ersten Mal gezeigt, als ich in Sedona war und mit einer Freundin an spezifischen Plätzen in jener Gegend – auch im Grand Canyon – Energie verankerte.

Ich wurde geführt, mir vorzustellen, diese großen Scheiben in einem Bogen zu platzieren, um in einem der Haupttäler in Sedona, wo es viele Energiewirbel geben soll, Licht zu reflektieren und negative Energie umzuwandeln.

Jene ersten Scheiben, die für eine Heilbehandlung der Erde gebraucht wurden, waren riesig, sie waren einfach reine Energie. Sie helfen, negative Energie in eine reinere Form umzuwandeln. Wenn es im Rahmen der heilenden Arbeit gilt, eine sichere Barriere zwischen zwei Menschen oder zwischen einem Tier und seinem Besitzer zu errichten, haben die Sonnenscheiben einen Durchmesser von etwa sechzig Zentimetern. Wenn der Schamane Dave ein Problem zwischen zwei Menschen erspürt, von denen einer dem anderen Energie abzieht, ruft er mich an und bittet mich, „eine Sonnenscheibe einzuschieben".

Kürzlich verwendete ich eine reinigende weiche Sonnenscheibe, die ich als eine Art von kreisrunder Katzenklappe für einen Kater installierte, der zu Hause sehr viel Negativität erlebte und die Räume verunreinigte, was zu noch mehr Stress im Haushalt sorgte. Ich musste visualisieren, wie ich eine Sonnenscheibe zwischen den Besitzer und den Kater platzierte und die andere spezielle „Katzenklappe" am Hinterausgang, so dass das Tier sie passieren und dabei von der Negativität innerhalb des Hauses befreit werden konnte – und gestärkt war, wenn es wieder eintrat. So seltsam es auch klingen mag, schien es doch zu funktionieren, da der Kater augenblicklich aufhörte, das Haus zu beschmutzen. Der Besitzer schien weit weniger gestresst und um den Kater besorgt, und ich selbst war fasziniert, weil sich dieses neue Einsatzgebiet meiner Sonnenscheiben tatsächlich bewährte. Der Katzenbesitzer und ich hatten einander seit einigen Wochen E-Mails geschrieben, damit ich über den Fortschritt des felinen Verhaltens auf dem Laufenden war. Vor der Installation der Sonnenscheiben war es ein Fall von „ein Schritt vorwärts, zwei Schritte zurück". Wenn ich gerade dachte, meine Raumreinigung in dem Haus habe funktioniert, oder meine Bemühungen, dem Kater telepathisch zuzureden, hätten gewirkt, machte dieser mit einem kleinen oder größeren Geschäft meinen vermeintlichen Erfolg wieder zunichte. Heute kann ich mit Freude feststellen, dass ich nach Einrichtung der Sonnenscheiben eine triumphierende E-Mail erhielt, und nun schien alles eitel Sonnenschein und Reinlichkeit zu sein.

Umfeld-Behandlung

Meine Veterinär-Freundin Judith bat mich, ein Gestüt zu besuchen, dessen Stuten sie bereits behandelt und auf Trächtigkeit getestet hatte. Sie war beunruhigt, denn es waren schon viele Tiere gestorben, und eine herrliche Vollblutstute hatte ihr Fohlen bereits nach acht Monaten Tragezeit verloren, was einem schier das Herz brach. Judith war in Sorge, weil riesige Strommasten Hochspannungsleitungen über die Farm führten. Obwohl es heißt, dass die Nähe von Hochspannungsmasten bei Bluterkrankungen und dem Vorkommen von Krebs eine Rolle spiele, bin ich nicht sicher, ob ein direkter Zusammenhang mit gesundheitlichen Problemen wissenschaftlich bewiesen ist. Aber in dieser Pferdezucht hatte es eine überdurchschnittliche Zahl von Todesfällen gegeben.

Ich besuchte das Gestüt und lernte all die wunderschönen Pferde und ihre Fohlen kennen. Die Pferde fühlten sich alle sehr geliebt, und ihre Besitzer versorgten sie sehr gut. Die Menschen schienen gesund zu sein, und die Stute, die kürzlich eine Fehlgeburt erlebt hatte, trug bereits wieder und schien in ihrer erneuten Schwangerschaft bisher ganz glücklich. Alarmiert musste ich feststellen, dass die Reihe der Leitungsmasten direkt durch die Paddocks und Weiden verlief, wo die Pferde grasten; das Knistern von den Leitungen war höchst beunruhigend. Ich konsultierte meinen Freund Dave, der mir empfahl, Kupferreifen zu visualisieren, die die Stromleitungen umgaben und verhinderten, dass elektromagnetische Wellen nach außen drangen und die Umgebung beeinträchtigten.

Am nächsten Morgen erwachte ich um fünf Uhr und erhielt die Anweisung, zu tun, was auf der Farm notwendig war. Ich brauchte lange, um zu visualisieren, die Kabel aus der Ferne mit Kupferreifen zu umwinden, aber schließlich hatte ich das Gefühl, die Aufgabe erfüllt zu haben. Dann visualisierte ich so etwas wie ein Sicherheitsnetz über einer Zirkusarena, das von kleinen Lichtkristallen überzogen und von Mast zu Mast unterhalb der kupfer-umwundenen Hochspannungsleitungen ausgespannt war. Schließlich wurde ich geführt, große Lichtkristalle in zwei Reihen in der Erde zu platzieren, wie Markierungen einer Flugschneise neben den Hochspannungsleitungen. Ich wünschte, ich hätte all diese Anweisungen ein wenig später als um fünf Uhr in der Frühe erhalten können! Doch ich hoffte aufrichtig, dass es helfen werde, den negativen Wirkungen der Kabel entgegenzuwirken, so dass keine weiteren Todesfälle mehr zu beklagen wären.

Ich bin erstaunt, wenn ich daran denke, wie sich die Lichtkristall-Energie in meiner Wahrnehmung im Laufe der Zeit entwickelt hat. Bei jedem Fall lerne ich so viel, und ich bin all meinen Lehrern sehr dankbar. In schwerwiegenden Fällen wurde ich in der Meditation geführt, ein Amphitheater der Heilung zu errichten, das ich in ein ganzes Lichtkristall-Gebäude verwandeln kann. Bei Heilungs-Visualisierungen platziere ich sehr ernste Fälle ins Innere des Gebäudes und visualisiere, dass der Fußboden und die Wände heilendes Licht abgeben, so dass jeder Mensch und jedes Tier, die innerhalb dieses Raumes auf dem Boden liegen, von dem heilenden Licht ganz umgeben und durchdrungen werden. Ich spüre, dass dies ein weiterer Teil meiner Geschichte aus früheren Leben ist, die mir meine früheren Heilungsfertigkeiten gezeigt hat, die nun – dank der Entdeckung jener

„Grubenstempel" meiner Mutter – wieder an die Oberfläche meines Bewusstseins gestiegen sind.

Ich hoffe, dass meine heilende Intention allen eine Hilfe sein wird, die ich in das ätherische Lichtgebäude platziere.

Heilen mit Delfinen

Ich bin auch geführt worden, Lichtkristalle verschiedener Arten an verschiedenen Punkten der Welt zu platzieren. Dies geschah auf Anregung und mit der Hilfe meiner Freunde aus dem Reich der Wale; um mit ihnen arbeiten zu können, habe ich die Welt bereist. Als ich die Azoren besuchte, hielt ich mich auf der Insel Pico auf, wo wir das Glück hatten, mit Delfinen vieler Arten zu schwimmen: Großer Tümmler, Fleckendelfin, Rundkopfdelfin und Gewöhnlicher Delfin. Wir begegneten auch riesigen Pottwalen und Grindwalen, die in Schulen unterwegs waren. Die Azoren sind eine fantastische Gegend, wo man sehr unterschiedliche Arten erleben kann, da diese Inseln an einer stark frequentierten Route dieser Tiere zu liegen scheinen, die die Meere unseres Planeten durchschwimmen.

Bevor ich meine Reise von England zu den Azoren antrat, hatte ich einen Traum. Darin sah ich einen Großen Tümmler, der geradewegs zu mir kam und einen Lichtkristall aus meiner Hand nahm. Dann tauchte er an den Grund des Meeres hinunter und platzierte den Kristall in das ozeanische Gitternetz. Ich glaube, es gibt überall um die Erde Gitternetz-Systeme, die zur Heilung des Planeten repariert oder verstärkt werden müssen. Ich erwachte also aus meinem wundervollen Traum, der mir so real erschien und voll Optimismus war, dass dies tatsächlich geschehen könnte.

Während meines Aufenthaltes dort verging ein Tag nach dem anderen, ohne dass ich meinem Delfin begegnete. Ich wurde immer enttäuschter, und ein Gefühl von Versagen machte sich in mir breit. Es war für mich wie eine wichtige Vorahnung gewesen, und ich war sicher: Die Delfine wollten, dass ich meine Rolle bei der Heilung zur Hilfe des Planeten übernahm. Ganz am Ende meines Aufenthalts, als ich schon sehr bedrückt und fast am Verzweifeln war, ob ich dieses besondere Geschöpf jemals finden würde, erhielt ich eine „Standpauke". Meine geistige Führung teilte mir mit, ich solle aufhören, so zu drängen. Vielmehr sollte ich darauf vertrauen, dass die Verbindung mit dem Delfin nun bestehe, die Heilbehandlung also bereits stattfinde. Daraufhin versuchte ich, positiver zu sein und den Rest meines Aufenthaltes zu genießen. Am letzten Morgen, an dem ich in der Gruppe mit den Delfinen schwimmen konnte, waren wir gerade im Begriff, dem tiefblauen Meer zu entsteigen, als sich uns ein unglaublicher Anblick bot.

Eine große Schule von Tümmlern bereitete uns einen wundervollen Abschied: Dreihundert Delfine schwammen an unserem kleinen Boot vorüber. Das Meer schien sich in einen riesigen brodelnden Wasserkessel zu verwandeln, als die Delfine unter unseren staunenden Blicken sprangen und herumtollten. Es kam uns vor, als ob sie in voller Stärke angetreten seien, um uns Lebewohl zu sagen. Diesen Anblick werde ich niemals vergessen. Ich hatte das Empfinden, dass es nichts gab, das dieses Erlebnis jemals übertreffen konnte. Doch dies war ein Irrtum.

Ich hatte einen zusätzlichen Tag gebucht, da es mein Geburtstag war und ich mir keine bessere Art und Weise vorstellen konnte, ihn zu feiern, als an einer Wal-Beobachtungstour teilzunehmen, um diesen wundervollen Geschöpfen noch einmal die Ehre zu erweisen. Wir wurden beschenkt, zwei Pottwale sehen zu dürfen, ein Muttertier und ihr Kalb, die aus dem Wasser hervorbrachen und wieder herabklatschten in den Schaum und die Gischt des Meeres. Wir sahen Delfine, die in ihrer Fütterungs-Raserei sprangen und auf eine große Fischkugel zustürzten. Sturmtaucher kreischten und tauchten ins Wasser, um einen Fisch zu erhaschen, der den Ansturm der Delfine überlebt hatte. Dieses Spektakel ist schon für verschiedene Wildtier-Dokumentationen an dem gleichen Ort gefilmt worden, mit dem Pico Alto im Hintergrund, der gelassen über seiner Insel thront.

Ich war geführt worden, den Berg früh am Tage zu besuchen, um dort Kristalle zu platzieren. Dies war ein ehrfurchtgebietendes Erlebnis, doch ahnte ich kaum, dass es nur ein Vorspiel war für das, was im weiteren Verlauf des Tages noch geschehen sollte. Wir waren kurz davor, uns zum letzten Mal vom Ozean zu verabschieden, als wir einer kleinen Schule von Grindwalen begegneten. Ihre schwarzen, stromlinienförmigen Leiber glitten mühelos durch das Wasser, und wir saßen aufrecht und folgten ihnen fasziniert mit den Blicken. Die Tiere waren so nah. Wir hatten versucht, unseren Abstand zu den Walen aufrechtzuerhalten, um sie nicht zu behelligen, aber diese Wale schienen gerne in unserer Nähe zu schwimmen. Besonders ein Tier schien sich an die Seite unseres Bootes zu heften, wo ich das Glück hatte, zu sitzen.

Schließlich dämmerte mir, dass er Kontakt aufnehmen wollte. Ich hatte all die Liebe, die ich aufbringen konnte, zu den Walen ausgesandt, wie ich es gegenüber allen wundervollen Tieren gemacht hatte, denen wir begegnet waren. Dieser Wal schien mich anzublicken, und schließlich empfing ich die Botschaft: „Gib mir den Kristall." Sogleich bat ich darum, einen Lichtkristall zu „erhalten", den der Wal nehmen und an den Meeresgrund bringen konnte. Ich visualisierte eine vollendete Lichtkugel, die von dem Wal angenommen wurde. Ich beobachtete, wie er abtauchte und immer tiefer schwamm, tiefer und tiefer durch das klare Wasser. Irgendwie wusste ich, dass dieser Wal meine heilende Intention erfüllte, und ich war tief bewegt und hoffte, dass der Kristall dem gefährdeten Lebensraum der Wale und den fragilen Ökosystemen eine kleine Hilfe bringen würde.

Welch ein wundervolles Geburtstagsgeschenk – und was für ein Privileg, von so einem fantastischen Geschöpf geholfen zu bekommen! Ich sollte später noch viele weitere wundervolle Begegnungen erleben, bei denen Angehörige der Ordnung der Wale mir halfen. Davon werde ich in einem späteren Kapitel erzählen.

Kapitel 7

Blaupausen, Huf-, Pfoten- und Fußabdrücke!

Eine weitere Art heilenden Austauschs stand auf meinem Lehrplan, und wieder einmal waren Tiere meine Lehrer. Bei dieser außergewöhnlichen Technik galt es, eine blaue Linie zu visualisieren, die dem Umriss des Körpers folgte. Es war eine recht dünne Linie, und sie teilten mir mit, dass sie die Blaupause der Seelenreise eines Tieres darstelle. Sie konnte Zacken und Brüche aufweisen, die für Verletzungen in der Vergangenheit standen.

Ru / Rupert

Die erste Gelegenheit zum Einsatz dieser Methode bot sich, als ich von Joan angerufen und gebeten wurde, ihren wundervollen kastanienbraunen Wallach Ru anzusehen. Sie hatte mich um diesen Besuch gebeten, weil er recht problematische Verhaltensweisen zeigte und nicht leicht zu reiten war. Er schien ständig gestresst und ängstlich zu sein. Viele Male war er an wechselnde Häuser weiterverkauft worden, da es keinem seiner früheren Besitzer gelungen war, mit ihm klarzukommen. Joan hatte das Gefühl, dass Ru sie auf die Probe stellte, ob sie ebenfalls versagen würde. Als ich von seinen Eskapaden hörte, teilte ich ihre Einschätzung, dass sie in der Tat schwer geprüft wurde.

Joan hatte sich dazu durchgerungen, bis an den Grund von Rus Ver-

halten zu gelangen, und sie hatte sich geschworen, ihn niemals zu
verkaufen. Sie fand es schrecklich, dass er schon so viele Adressen
gehabt hatte. Er war so ein wunderschönes Pferd mit so viel unerfüll-
tem Potenzial. Sie wollte ihn nicht aufgeben, doch allmählich hatte
sie bald keine Wahl mehr. Manche Besitzer hätten wohl in Betracht
gezogen, ihn töten zu lassen, da er eine solche Gefahr darstellte, aber
ich wusste, dass Joan entschlossen war, jeden Weg auszuprobieren,
um dieses schreckliche Schicksal zu vermeiden.

Als ich seine Box betrat, hatte Ru einen wilden Ausdruck und war
sehr aufgeregt. Ich versuchte, ihm beruhigende Gedanken zu senden in der Hoffnung, er werde mir erlauben, mit ihm zu arbeiten. Er
funkte mir ständig in den Kopf: „Es sind meine Beine, es sind meine
Beine."

Als ich meine Hände auf ihn legte und mich in die Energie um seinen Körper herum einfühlte, begann er sich schließlich zu beruhigen.
Als ich intuitiv auf seine Vorderbeine blickte, stellte ich mit Erstaunen
fest, dass sie unterhalb der Knie zu fehlen schienen. Es war, als ob da,
wo seine Beine und Hufe sein sollten, nur gestrichelte Linien wären,
die die symbolische Energie von Phantomgliedern andeuteten.

Als ich dies, so behutsam wie ich konnte, gegenüber Joan äußerte, sagte sie, das sei seltsam: Ein anderer Therapeut habe an Ru gearbeitet und die Bemerkung gemacht, dass das Tier in seinen Vorderbeinen absolut nicht geerdet scheine. Dann zeigte mir Ru seinen schrecklichen Tod in einem früheren Leben, als er von einem Krieger in eine Schlacht gegen dessen Feinde geritten wurde. Der Gegner, der aussah wie ein Samurai-Kämpfer, hatte Ru die Vorderbeine abgeschlagen, um seinen Reiter zu Boden zu holen, wo er ihn köpfen könnte. Diese Szene anzusehen, was sehr aufwühlend; der arme Ru hatte dieses Trauma schon sehr lange getragen.

Als ich um innere Führung bat, wurde mir zu meiner Überraschung etwas gegeben, das wie eine kleine blaue Malkreide aussah. Ich sollte visualisieren, die Punkte um den Raum herum zu verbinden, wo seine Beine gewesen sein sollten, und diese wieder an Ort und Stelle zeichnen! Ich tat gehorsam, wie mir gesagt wurde, und stellte mir vor, den Stift zu halten und mich auch körperlich so zu bewegen, als zeichnete ich seine Beine. Dies war wieder eine Gelegenheit, bei der ich mich in der Gefahr fühlte, eine feste Hand auf meiner Schulter zu spüren und von einigen kräftigen Männern in weißen Kitteln fortgebracht zu werden!

Rus Augen jedoch wurden beträchtlich ruhiger, als ich seine Seelenrückholung durchführte. Er hatte mir gezeigt, dass er einst ein herrliches schwarzes Pferd mit fliegender Mähne und Schweif war, von etwas größerem Körperbau als seine derzeitige physische Form. Dieses prächtige Pferd floss als Energie durch mich zurück in Ru, und ich betete, dass ich dem Tier geholfen haben möge.

Alles schien gut zu gehen zwischen Joan und Ru. Doch nach einigen Monaten erhielt ich einen Notruf von Joan: Ru hatte sie getreten. Es war nichts gebrochen, aber sie hatte eine starke Prellung und Schmerzen an der Seite und hätte fast einen Bruch der Hüfte erlitten.

Ich hatte gehofft, dass Joan und Ru gute Fortschritte machen und viele glückliche Jahre zusammen genießen würden. Dieser jüngste

Fehltritt von Ru bedeutete eine starke Belastung und stellte die gemeinsame Zukunft infrage.

Als ich am Hof ankam, wurde ich von ohrenbetäubenden Rufen Rus in meinem Kopf begrüßt. Immer wieder hörte ich: „Rupert, Rupert!" Ich hatte keine Ahnung, was oder wen er meinte, aber als ich es Joan gegenüber erwähnte, brach diese sofort in Tränen aus.

Rupert war ein Pferd gewesen, das Joan früher besessen hatte, das aber in ihren Armen starb. Sie empfand immer noch unglaubliche Trauer um jenen Verlust, zumal sie das Gefühl hatte, das Tier hätte gerettet, sein Tod verhindert werden können, wäre sein Leiden nur richtig behandelt worden. Ru teilte mir mit, dass er Rupert sei und seinen Weg zurück zu Joan gefunden habe, um das gemeinsame Karma zu heilen. Wir waren beide sehr bewegt, auch angesichts der Reise, die Ru auf sich genommen hatte, und da sie offenbar dazu bestimmt waren, wiedervereint zu werden. Ich fühlte, dass Ru wirklich sicher sein wollte, dass Joan bereit war, ihre Trauer hinter sich zu lassen und geheilt zu werden, aber es war eine recht dramatische und schmerzvolle Art und Weise, uns darauf aufmerksam zu machen.

Joan versuchte, das Erlebte zu akzeptieren, und wir sprachen darüber, ob das Geschenk wahr sein könnte. Überrascht stellte ich fest, dass der Name des Tieres in seinem Pferdepass tatsächlich „Ru" geschrieben war; bis dahin hatte ich angenommen, dass es „Roo" heiße. Aber dann dachten wir, dass Ru eine Abkürzung für Rupert sein könnte. Joan hatte keinen Anlass, ihm einen Namen zu geben, da er seinen Namen bereits bei der Geburt erhalten hatte, mehrere Jahre früher. Sie hatte bislang nie einen Zusammenhang zwischen Ru und seinem Vorgänger gesehen, und wir waren uns einig, dass es sich um eine recht unwahrscheinliche Koinzidenz handelte. Ich bin froh, melden zu können, dass Ru nun geläutert ist und Joan ihre zweite Chance für glücklichere Zeiten mit ihrem wunderschönen Pferd genießt.

Ebony

Bevor ich bei dem armen Ebony ein geplatztes Blutgefäß mit meinem umfunktionierten Mittelfinger behandelte, hatte ich eine viel ernstere Aufgabe zu erfüllen, und ich habe noch heute das Gefühl, dass es sich um den größten Wiederaufbau handelte, den ich jemals bewältigt habe.

Ebony hatte die Neigung entwickelt, von reinem Entsetzen gepackt plötzlich durchzugehen. Ein Radfahrer, den er von seinem Fahrzeug geworfen hatte, erlitt dadurch schwere Verletzungen. Ebony hatte seinen Reiter abgeworfen und war blindlings durch das Dorf geprescht, ohne Rücksicht auf seine eigene Sicherheit oder die anderer Verkehrsteilnehmer. Er war so ein süßes Pferd, und ich wusste, dass es für sein gefährliches Verhalten einen tief wurzelnden Grund geben musste. Wie bei Woody spürte ich, dass dieses Tier nicht von Natur aus gefährlich war oder jemanden verletzen wollte, gleichwohl war er nun in Gefahr, getötet zu werden.

Seine großen traurigen Augen schienen tief in meine Seele zu blicken, als flehten sie mich an, sein Entsetzen zu begreifen. Er war ein wunderschönes Pferd, und sein dunkles Fell glänzte, als wäre es poliert wie Ebenholz, dessen Namen (Ebony) er trug.

Ich bat ihn behutsam, mir die Zeit oder Situation zu zeigen, in der dieser Schrecken begann. Zuerst vernahm ich lautes, panisch-verängstigtes Trompeten. Dann „sah" ich in meinem Kopf, was Ebony mir beschrieb. Das Trompeten kam von einem tobenden Elefanten, der vor einem Tiger floh. Dieser hatte sich plötzlich gegen seine Jäger gewendet, die in einem Weidenkorbgestell auf dem Rücken des Elefanten saßen. Dies war vor vielen Jahren in Indien.

Ebony zeigte mir, dass er damals ein feingliedriges braunes Pferd mit wunderschönen gebogenen Ohren war, wie sie für die in Indien beheimateten Pferde typisch sind. Leider waren diese Ohren das Problem, da die Schreie des Elefanten ihn fürchterlich erschreckten und schmerzten, so dass er durchging.

Sein unglückseliger Reiter fiel herunter, wurde aber vor einem weit schlimmeren Schicksal bewahrt, da Ebony – zu spät, um seinen Fehler zu erkennen – geradewegs über eine Klippe preschte. Sein Körper zerschmetterte auf den Felsen in der Tiefe, und mir wurde seine zertrümmerte „Blaupause" gezeigt. Als ich ihn betrachtete, wie er in seinem Stall vor mir stand, schien er immer noch gebrochen zu sein, es wirkte fast wie eine Craqueléglasur.

Ich musste mir irgendwie vorstellen, all die Bruchstücke wie Fragmente einer kostbaren Vase zusammenzufügen und die Umrisse des Tieres buchstäblich auszufüllen und wiederaufzubauen. Dazu musste ich mich eine lange Zeit konzentrieren, was sehr anstrengend war; mein armes Gehirn arbeitete auf Hochtouren. Doch ausgerüstet mit meinem blauen Stift und dem Energie-Kleber gelang es mir, alles wieder miteinander zu verbinden und heil zu bekommen. Dies war ein weiterer Fall, bei dem ich mich fragte, ob ich noch alle Tassen im Schrank hätte. Aber ich erkannte, dass es auf Ebony eine wunderbare Wirkung zu haben schien.

Schließlich pustete ich das geheilte rotbraune Pferd in Ebony zurück. Daraufhin wandte er sich um, um mir den emotionalsten Augenblick meines Lebens zu schenken. Ebony legte sein Maul neben mein Gesicht, öffnete die Lippen und hielt damit sanft den unteren Teil meines Gesichts. Eine winzige Sekunde fragte ich mich, ob es klug sei, dies zuzulassen, da er durchaus die Kraft besaß, mich schwer zu verletzen. Doch mein Zweifel verschwand augenblicklich, als ich seine liebevolle Absicht erkannte. Ebony begann, seinen sanften, warmen Atem in meine Nasenlöcher zu pusten, und wir verbrachten mehrere Minuten in diesem Atem-Austausch. Die Intensität seiner Liebe und Dankbarkeit, die in mich einströmten, war unvorstellbar. Tränen rannen mir übers Gesicht, da ich von der schieren Macht der Liebe überwältigt war, die hier ausgetauscht wurde. Jener unvergleichliche Moment schenkte mir den englischen Titel für dieses Buch und definierte den Ethos meiner Arbeit. Einige Zeit später äußerte sich eine

Freundin und Kollegin über einen ähnlichen Austausch. Sie beschrieb ihn als ein göttliches Danke – und genau so hatte es sich angefühlt, da es etwas tief in uns berührte und unsere Seelen verband. Als wir unseren Atem austauschten, wurden wir eins, da wir unsere lebensspendende Kraft ein- und ausatmeten.

Ebony war niemals ein Reitpferd für Anfänger, er lenkte seine Schnelligkeit und Lebhaftigkeit in konstruktivere Aktivitäten wie Geländespringen. Anscheinend waren hohe Töne der Auslöser gewesen, der all seine Ängste aus dem Trauma in einem früheren Leben zurückgebracht hatte. Der Klang eines Jagdhorns oder ein akustischer *Katzenschreck*, der, wie wir später entdeckten, Hochfrequenz-Töne von einem benachbarten Grundstück aussandte, waren Ursachen von Ebonys plötzlichem Entsetzen. Nach der Behandlung zur Auflösung seiner Angst vor dieser Art von Tönen und Geräuschen war er ein viel glücklicheres und sichereres Pferd.

Malerarbeiten – Tramps Blaupause

Etwa ein Jahr später wurde ich gebeten, Tramp zu besuchen. Der sehr selbstbeherrschte kleine Kerl war Chesters reizender Besitzerin Jane als Pony für ihre Kinder ausgeliehen worden. Sein wolliges weißes Fell war vom Winde zerzaust, und sein weiches blasses Maul schnupperte an meiner Hand. Jane und ich hatten an einigen ihrer Traumata mit Chester aus ihrem früheren Leben gearbeitet, und nun zeigte es sich, dass es auch eine „Vorgeschichte" zwischen Tramp und Jane gab. Es war also kein Zufall, dass sie einander wiedergefunden hatten, um einige gemeinsame, ungelöste Dinge zu bereinigen.

Seit Jane meine Tierflüsterer- und Tierkommunikations-Workshops besuchte, wurde sie unglaublich empfänglich für die Bedürfnisse der Tiere, die ihrer Sorge und Pflege anvertraut waren. Sie hatte eine schreckliche Rückschau in ein früheres Leben gehabt: Tramp war ein großes weißes Maultier und aus irgendeinem Grunde angebunden –

oder er hatte sich verfangen – auf einer Eisenbahnlinie und außerstande zu entkommen. Jane selbst war irgendetwas zugestoßen, das sie davon abhielt, Tramp aus seiner Misere zu retten und zurückzuholen. Das Tier war dann von einem Zug erfasst worden und ums Leben gekommen. Tramp ließ sich darüber mir gegenüber nicht aus, und ich hatte das Gefühl, es handelte sich um etwas, das zwischen ihnen aufgearbeitet werden musste.

Dessen ungeachtet wurde ich geführt, seine zerschmetterte Blaupause zu reparieren, die er mir recht klar zeigte. Dieses Mal wurde mir ein großer Farbpinsel als Heilwerkzeug gegeben. Er sah aus, als sei er in hellblaue Farbe getaucht worden, und ich sollte visualisieren, die blaue Farbe mit dem großen Pinsel überall über seinen Körper zu klatschen. Dies ging freilich viel schneller, als zu versuchen, alle Fragmente einzeln zusammenzustückeln. Mit leichtem Vergnügen führte ich diese Anweisungen aus. Ich hatte schon vor langer Zeit aufgegeben, meine geistige Führung infrage zu stellen. Ich hatte gelernt zu vertrauen, wie seltsam oder verrückt es auch erschien. Es war immer das Richtige, und ich bemühte mich, meinen Auftrag nach bestem Vermögen zu erfüllen. Als ich meine mediale Malerei vollendet hatte, schien das Bild des Maultiers viel Substanz zu haben, und ich konnte es in Tramp zurückgeben.

Jane trug viele Schuldgefühle und Trauer aus jener Zeit, und wir arbeiteten daran, die beengenden Emotionen mit Hilfe der *Emotional Freedom Technique* aufzulösen. Dies funktioniert aus der Ferne unglaublich gut als Stellvertreter-EFT bei Tieren und Menschen. Hierbei kann ein Therapeut festsitzende Emotionen für den Klienten auflösen. Ich war so stolz auf Jane, dass sie den Mut hatte, diese Themen anzusprechen, da sie gewiss eine traumatische Vergangenheit mit ihren Tieren erlebt hatte. Aber diese waren nun hier in der Gegenwart und halfen, all den gemeinsamen Schmerz aus der Vergangenheit zu heilen.

Jane, Chester und Tramp schienen sehr gute Fortschritte zu machen. Das kleine Pony ist ein strenger Aufseher und macht Jane auf alles aufmerksam, was sie von ihren kollektiven Bedürfnissen nicht versteht. Wie so oft, sind die Tiere unsere Lehrer, und im Hinblick auf Liebesfähigkeit und ihr Verständnis für unsere Unzulänglichkeiten trotz früherer schlechter Behandlung haben wir sehr viel von ihnen zu lernen. Hunde sind geradezu Experten auf diesem Gebiet. Häufig werden Sie bei einem Heimtier, das schlimme Misshandlungen erlitten hat, trotzdem sehen, dass es mit dem Schwanz wedelt und seinen neuen Besitzer leckt, dass es also immer noch Zuneigung zeigen und gefallen will.

Jane erwarb kürzlich eine gerettete American-Bulldog-Hündin, die genau diese Züge aufweist und zu einem festen Mitglied der Familie geworden ist. Sie verströmt Liebe aus jeder Pore ihres Wesens und stahl bei einem Workshop in Janes Haus praktisch die Show, weil sie uns so viel Liebe zeigte und Spaß bereitete. Sie heißt übrigens Blossom ("Blüte"), und ich hatte den Eindruck, dass sie uns allen an jenem speziellen Tag erlaubte – zu erblühen.

Colliehündin Jess

Die Colliehündin Jess wurde mir gebracht, als ich eine Sprechstunde auf einer Farm in der Nähe ihres Zuhauses abhielt. Sie hatte Probleme beim Springen in den und aus dem Landrover, den ihr Besitzer fuhr, und ich bemerkte, dass sie beim Gehen leicht eingeschränkt war. Sie war zwar in konventioneller tierärztlicher Behandlung, aber eine Besserung ihres Zustandes ließ auf sich warten. Ich schlug vor, einen homöopathisch arbeitenden Tierarzt zu konsultieren, der ihr vielleicht helfen könnte. Ich nahm wahr, dass ihre Wirbelsäule knapp oberhalb des Beckenbereichs aus dem Gleichgewicht war, und als ich mich darauf einstimmte, konnte ich einen unterbrochenen Abschnitt ihrer energetischen Blaupause von etwa fünfzehn Zentimeter Länge sehen.

Ich stellte mir vor, die blaue Linie neu zu zeichnen und platzierte einige „Lichtkristalle" in ihrem Rücken, die, so hoffte ich, helfen würden.

Jess zeigte mir ein früheres Leben, in dem ein Baum auf sie gestürzt war. Es kam mir seltsam vor, dass ihre Beschwerden erst jetzt auftauchten, da es ein jüngeres Leiden in diesem Leben war. Meine geistige Führung erklärte, dass es immer ein Schwachpunkt bei ihr gewesen sei, und da sie als Hütehund sehr schwer arbeitete, forderte diese Anstrengung schließlich ihren Preis.

Ich war erfreut, als ich von ihrem Besitzer eine gute Nachricht erhielt: Jess mache sich wirklich sehr gut und könne nun wieder mit Leichtigkeit hinauf und herab springen. Ich wünschte in der Tat, dass sie das Leben vielleicht ein wenig leichter nehmen könnte, aber Jess war ein Arbeitstier, und wo sie lebte, gab es nun einmal viel Arbeit – und sie liebte es, von ihren Fertigkeiten Gebrauch zu machen.

Pebbles, die Heilerin aus alter Zeit

Bevor ich mit Pebbles arbeitete, war mir noch kein Fall begegnet, in dem mir frühere Leben gezeigt wurden, in denen Pferde etwas anderes gewesen waren als zumindest pferde-ähnliche Arten wie Zebra, Maultier, Esel oder Shannons vorgeschichtliches Kleinpferd. Ich bin recht aufgeschlossen gegenüber Weltanschauungen und Glaubensgemeinschaften, die meinen, dass Menschen in jeder Form reinkarnieren können, von der winzigen Ameise bis hin zum Elefanten, aber ich war nicht davon überzeugt, dass dies sein konnte und hatte noch nie einen Fall, der es bestätigte. Dies alles änderte sich, als ich Pebbles kennenlernte. Meine vorgefassten Vorstellungen wurden dabei zunichte gemacht.

Meine tierärztliche Freundin Judith unterrichtete Studenten im letzten Ausbildungsjahr am Duchy College in Cornwall. Sie führte die Studenten in alle Arten von komplementären Behandlungsweisen ein, die mit Pferden ganzheitlich arbeiteten. Sie hoffte, den Horizont und die Wahrnehmung der jungen Leute zu erweitern und zu demonstrieren, dass es viele und mannigfaltige Arten und Weisen gibt, die konventionelle Medizin zu ergänzen. Da sie herrlich aufgeschlossen ist, hatte sie mich gebeten, jährlich Vorführungen meiner Methoden zu geben, und dies war mein dritter Auftritt dieser Art. Der erste Besuch war für einen der Studenten sehr emotional gewesen, der sich um ein großes graues Pferd namens Reuben kümmerte, an dem wir arbeiteten und dessen Trauma aus einem früheren Leben zutage kam. Dies illustrierte wunderschön, wie tief Traumata aus unseren früheren Verbindungen in uns widerhallen.

Judith hatte meine Arbeit beschrieben – das Heilen von Traumata aus früheren Leben bei Tieren und Menschen –, und ich war die letzte in einer bunten Reihe von komplementär arbeitenden Behandlern, die diesen studentischen Jahrgang besuchten. Die jungen Leute hatten Informationsmaterial erhalten, um sich auf meinen leicht alternativen Zugang vorzubereiten, aber keiner von uns war auf das vorbereitet, was Pebbles preiszugeben hatte.

Sie war eine recht betagte rotbraune Cob-Stute, die Judith gehörte, und wir alle drängten uns in ihren Stall, nachdem wir um ihre Erlaubnis gebeten hatten, mit ihr zu arbeiten. Gelassen erklärte sie sich damit einverstanden und schien jeden von uns zu mustern, als wir nach und nach ihr kleines Reich betraten. Ich begann meinen üblichen Dialog, erklärte meine Techniken, dass wir alle die Gabe zur telepathischen Kommunikation in uns angelegt haben und wie sich Traumata aus früheren Leben psychisch oder körperlich als Probleme im heutigen Leben äußern können.

Alles schien gut zu gehen … bis sich Pebbles umwandte, um mich zu fixieren, als ich gerade Energie durch ihren Körper lenkte und intuitiv ihre Energiezentren erfühlte. Ich hatte meine Hand auf ihrer Schweifrübe und konzentrierte mich darauf, etwa vorhandene Blockaden zu ermitteln, als ich plötzlich ihre Stimme in meinem Kopf vernahm: „Ich war ein Meister der östlichen Medizin und bin als Pferd zurückgekehrt, um Judith neue Wege des Heilens zu lehren und ihre Wahrnehmung zu erweitern."

Ich war sehr schockiert und nicht wenig beunruhigt, wie ich diese Information an meine erwartungsvollen Studenten weiterleiten sollte, die von mir erwarteten, dass ich meine Befunde aus der energie-körperlichen Untersuchung des Pferdes meldete. Ich hatte das Empfinden, dass wohl einer oder zwei von ihnen bereits dachten, dass ich ein wenig geistesgestört sei; doch was diese jüngste Offenbarung für meine Glaubwürdigkeit bedeutete, weiß der Himmel.

Als ob diese Information für die jungen Leute nicht schon bizarr genug war, verkündete Judith, die auf der anderen Seite von Pebbles bei mir stand und ihre Hand leicht auf die Schulter der Stute gelegt hatte, plötzlich: „Oh mein Gott, ich habe gerade den Planeten verlassen: Pebbles nimmt mich mit auf eine Reise ins All!"

Dies war eine Premiere für Judith, die bisher eher etwas zögerlich war, wenn es galt, Einzelheiten über meine außerplanetarischen Erlebnisse zu akzeptieren. Offenbar war für uns beide die Zeit gekommen, etwas dazuzulernen. Ich rechnete schon damit, dass die Studenten, einer nach dem anderen, schneller den Stall verließen, als wir hereingekommen waren, aber es sei ihnen gedankt: Sie blieben alle im Stall, um sich den Rest der Demonstration anzuhören, während ich irgendwie weitermachte.

Es war recht verunsichernd, mit einem so weisen, empfindsamen Wesen zu kommunizieren, das mir zeigte, wie der Mann in jener früheren Inkarnation ausgesehen hatte. Pebbles zeigte mir auch detaillierte Zeichnungen von seltsamen Darstellungen des menschlichen Körpers mit Linien, die Meridianen ähnelten, wie wir sie aus fernöstlichen Behandlungsmethoden kennen.

Ich glaube, dass die meisten Tiere weit mehr sind, als sie äußerlich zu sein scheinen, aber Pebbles war ein Ausnahmephänomen. Ich fühlte, dass ich Lichtjahre davon entfernt war, die Tiefe ihres Wissens zu begreifen, und kam mir sehr klein vor. So gut ich konnte, arbeitete ich weiter an einigen körperlichen Beschwerden, die ich in ihrer derzeitigen Inkarnation als Pferd entdeckt hatte.

Judith kehrte schließlich von ihrer galaktischen Entrückung auf die Erde zurück und zeigte einen Ausdruck tiefen Friedens. Sie hatte in jüngster Zeit einen großen Hunger nach Wissen entwickelt und erweiterte ihre Arbeit um Homöopathie. Ich spürte, dass sie einen mehr als fähigen Heiler-Kollegen hatte, den sich jederzeit anrufen konnte; er würde ihr bei ihrer zukünftigen Arbeit helfen.

Ich versuchte zu vermitteln, welches Privileg wir genossen hatten, Zeugen dieses Geschehens zu werden, und wie viel Ehrfurcht mich angesichts der uralten Weisheit dieses Pferdes erfüllte. Ich musste gestehen, dass die recht steile Lernkurve, die mein Leben seit einigen Jahre gewesen war, nun nahezu senkrecht in die Höhe geschossen war.

Beim Eintritt eines hübschen schwarzen Labradors namens Basil, der mit jedem Studenten Kontakt aufzunehmen schien, beruhigten wir uns alle wieder. Ich fühlte, dass er ihnen mitteilte, dass alles in Ordnung war und sie aus dem Erlebten machen konnten, was auch immer sie wollten – und vielleicht einfach offen zu sein für die Möglichkeit, dass ein Pferd einst ein Mensch gewesen ist.

Bolder und der Kavallerie-Offizier

Bolder wurde von einer Pferde-Kraniosakral-Therapeutin an mich empfohlen, die auch einige meiner Fälle behandelt hatte. Diese Therapeutin hatte ein gutes Gespür für Probleme und Themen aus früheren Leben, und obwohl sie mit Bolder und dessen Besitzerin gründlich gearbeitet hatte, blieb ihr doch das Gefühl, dass es noch einige emotionale Punkte gab, die noch nicht angesprochen waren. Sie spürte, dass eine eingehendere Untersuchung notwendig war, aber Bolder hatte sich nicht sehr entgegenkommend gezeigt und sein Trauma sehr tief vergraben.

Bolder war ein mächtiger Berg von einem Pferd, ein seidig glänzender, schlanker Athlet. Er war ein sehr tüchtiges Tier für dreitägige Veranstaltungen mit einer enormen Präsenz. Er überragte mich bei weitem, und in seinem Stall kam ich mir eher klein und unbedeutend vor. Bolder schien sehr teilnahmslos und eher melancholisch.

Diane, seine Besitzerin, erklärte, dass er enorme Fähigkeiten besaß und bei Vielseitigkeitsprüfungen der Spitzenklasse sehr erfolgreich war, sich aber plötzlich ganz vom Leben abzukoppeln schien. Er gleiche einem batteriegetriebenen Spielzeug, das auf einmal stehengeblieben war und eine neue Batterieladung brauche.

Als Diane über unsere bevorstehende Sitzung mit der Therapeutin sprach, sagte diese: „Seien Sie nicht überrascht, wenn Madeleine sagt, dass Bolder in einem früheren Leben ein Mann gewesen ist." Doch davon wusste ich nichts. Über mein Erlebnis mit Pebbles hatte ich nie mit ihr gesprochen, umso seltsamer war es, dass sie jene Bemerkung machte. Zum Glück war Bolders Besitzerin sehr aufgeschlossen und erzählte mir das erst, nachdem das Tier mir seine früheren Inkarnationen gezeigt hatte.

Es bestand offenbar eine sehr tiefe Verbindung zwischen Bolder und Diane, die ihn liebte und als ihren Seelengefährten empfand. Ich sah sie zusammen in einem früheren Leben. Bolder war ein weißes Kavalleriepferd und sie war ein Kavallerie-Offizier. Diane hatte unter Rückenschmerzen gelitten, war aber eine Zeit lang schmerzfrei gewesen, bis sie plötzlich anfing, unter stechenden Schmerzen in Seite und Rücken zu leiden. Ich spürte intuitiv, dass sie beschossen worden waren, und visualisierte, die Projektile aus Diane zu entfernen: Zu deren Verwunderung hörte der Schmerz auf.

Bolder war nicht so leicht zu befriedigen. Er versuchte, mich zu beißen. Diane erlebte so etwas zum ersten Mal. Er hatte niemals irgendwelche Anzeichen von Aggression gezeigt, seit sie ihn kannte, aber die Wut, die er mir gegenüber an den Tag legte, war erschreckend. Er bat prompt telepathisch um Entschuldigung, räumte aber ein, dass seine Wut unerträglich geworden sei, deshalb habe er sie sehr tief vergraben. Nun war ich hier mit meinem psychischen Dosenöffner und im Begriff, alle seine gründlich versteckten Leichen aus dem Keller zu holen. Ich versuchte, Bolder zu versichern, dass ich da war, um zu helfen, und zur Lösung seines Traumas beitragen wollte, damit er endlich glücklich sein könne.

Was dann geschah, war recht schockierend. Bolder zeigte sich mir als ein Mann in Uniform, der in einer schrecklichen Schlacht gekämpft hatte. Sein Bein war schwer verwundet, aber dies war noch nicht das Schlimmste. Er teilte mir mit, dass sein Pferd getötet worden sei und seine beiden Brüder ebenfalls in dem schrecklichen Krieg umgekommen seien. An diesem Punkt bebte Diane, die seinen Halfterstrick hielt, und zitterte vor Schmerz, aber ich war damit befasst, ihm zu helfen, all sein Leid loszulassen, um davon frei zu sein. Entschlossen bemühte ich mich weiter, ihn in seiner Qual zu unterstützen. Er sagte, dass er unendliche Trauer und Schuldgefühle empfunden habe, dass er allein überlebt hatte, und deshalb beschloss, sich zu bestrafen, indem er als Pferd reinkarnierte, um persönlich das Elend zu erleben, das wir unseren treu dienenden Pferden zumuten. Er zeigte mir noch ein anderes Dasein als Pferd – einen weiteren Versuch, sich zu bestrafen –, in dem er in einer Schlacht ums Leben kam. Jetzt endlich schien er mit sich im Reinen sein zu können, indem er sich wieder mit Diane verband und mit unserer Hilfe die Vergangenheit heilte. Ich führte mehrere Seelenrückholungen durch, und am Ende hatten seine Augen einen helleren Glanz. Auch sein Verhalten hellte sich auf, und ich fühlte mich voller Hoffnung, dass wir eine positive Veränderung herbeigeführt hatten und er sich nun auf ein glücklicheres Leben freuen konnte. Da diese Angelegenheit so tief wurzelte, wurde eine weitere Sitzung notwendig, aber ich bin von seinem Fortschritt fasziniert. Ich arbeitete auch mit Diane, um ihr zu helfen, das Trauma aufzulösen, damit sie beide das Leben uneingeschränkt genießen könnten.

Bei meinem zweiten Besuch bei Diane und Bolder waren beide ganz andere Wesen. Diane hatte entschieden, Bolder eine wohlverdiente Ruhe zu geben, und er schien sehr verwirrt. Er trug keine Hufeisen mehr und konnte nicht verstehen, was vorging, da es ihm so viel besser gegangen war und er sich wirklich fit und bereit für den Wettkampf gefühlt hatte. Er zeigte mir einen kleinen hellblauen Transporter, der, wie ich herausfand, dem Hufschmied gehörte. Es war, als könne er nicht verstehen, warum er unbeschlagen gehen musste, obwohl er doch weiter seine Arbeit verrichten wollte.

Diane erklärte mir, dass er nie einen Urlaub gehabt und sie selbst das Gefühl habe, dass er Zeit brauche, um all seine emotionalen Veränderungen zu verarbeiten und sich an sein neues Leben ohne Schuldgefühle zu gewöhnen, ohne die Notwendigkeit, sich selbst oder anderen irgendetwas zu beweisen.

Dieses Mal zeigte mir Bolder mehr von sich selbst als Mann mit einem schrecklichen Hinken. Aber dieses Mal zeigte er mir den Mann symbolisch, wie er einen Brief schrieb, in dem er all seine Trauer schilderte, als schreibe er sich sein ganzes Trauma von der Seele.

Bolder begann, wiederholt zu gähnen, was ein sicheres Anzeichen für die Auflösung eines emotionalen Traumas ist, und ich konnte allmählich fühlen, wie der Geist des Mannes leichter wurde, da er zu lächeln begann. Dann bat mich Bolder, den lächelnden Mann in ihn zurückzugeben als eine Seelenrückholung des geheilten Wesens. Ich visualisierte den holographischen Mann, wie er durch mich hindurchging und in Bolders Schulter eintrat, als dieser ganz nahe neben mir stand.

Zu meinem Entzücken erhielt ich das wundervollste Dankeschön in Form eines samtweichen Kusses ins Gesicht – etwas, für das Bolder früher niemals offen genug gewesen wäre. Nach dieser Sitzung sah er so entspannt und urlaubs-bereit aus, dass Diane und ich wirklich erfreut waren und hofften, er werde die Ruhe genießen.

Kapitel 8

Heilen über die Chakras

Die Chakras bei Pferden

Krone/Scheitel

Stirn/Drittes Auge

Herz   Solarplexus   Kreuzbein

Hals

Basis

Schulter/Oberarm

6. ○ Gruppenbewusstsein
5. ○ Herdenbewusstsein
4. ○ Trauma-Zentrum
3. .○ Selbstausdruck
2. ○ Von Pferd zu Pferd
1. ○ Von Pferd zu Mensch

Höhere Seelen-Chakras

Herz

Chakras sind Räder aus reiner Energie, sie befinden sich in Zentren, die hauptsächlich im Verlauf der Wirbelsäule verteilt sind. Wenn ich auf der körperlichen Ebene an Tieren arbeite, visualisiere ich, Energie durch den Körper zu senden, und erspüre dort Blockaden, wo die Energie in ihrem Fluss behindert ist.

Bei einem Pferd stehe ich normalerweise seitlich hinter dem Tier, lege meine Hand an den Ansatz der Schweifrübe und sende Energie durch das Becken Richtung Kopf, die sich wie ein Strom goldener Flüssigkeit anfühlt. Wenn in der Wirbelsäule und im Kreuzbeinbereich irgendwelche Unregelmäßigkeiten vorhanden sind, fühlt sich der Energiefluss gestaut und blockiert an. Dann kann ich mit Hilfe meines Pendels den genauen Punkt am Rücken feststellen, an dem eine Heilbehandlung nötig ist. Das Pendel beginnt auszuschlagen und zeigt auf diese Weise negative Energie oder eine Unausgeglichenheit an. Dann lasse ich das Pendel schneller schwingen und visualisiere den Kristall, der die negative Energie herauszieht. Anschließend tauche ich das Kristallpendel in Wasser, um die Energie abzuspülen, und kehre in den spezifischen Bereich zurück, um zu testen, ob das Pendel immer noch auf negative Energie anspricht. Wenn der Energiefluss durch den Beckenbereich in Ordnung ist, sende ich die Energie durch den ganzen Körper weiter. Der goldene Strom kann sich dabei wie Reifen spiralig durch den Körper bewegen und alle inneren Organe auf emotionale oder körperliche Unregelmäßigkeiten hin untersuchen. Wenn ein Bereich, bei dem eine Unausgeglichenheit angezeigt wird, das mit ihm in Verbindung stehende Chakra beeinträchtigt, kann es hilfreich sein, intuitiv einige der emotionalen Probleme zu erspüren, die das Tier vielleicht in sich trägt. Auf diese Weise erhalte ich Informationen sowohl vom Körper des Tieres als auch von dem Tier selbst, das in meinem Kopf „plaudert". Manchmal geht es Tieren wie Menschen: Sie fühlen sich nicht wohl, sind aber nicht immer in der Lage, ein Warum oder das Wo anzugeben. Durch „Erfühlen" des Körpers kann ich diejenigen Informationen ergänzen und differenzieren, die ich intuitiv aus Botschaften erfahre, die das Tier mir telepathisch übermittelt.

Die Chakras bei Pferden

Pferde haben sieben Haupt-Körperchakras – wie die Menschen –, doch sie haben mir auch höhere Seelen-Chakras oberhalb des Kopfes gezeigt, die sich auf eine spirituellere Weise mit ihrem höheren Selbst verbinden.

Basis

Lage: an der Basis der Wirbelsäule. Sinneswahrnehmung: Riechen. Emotion: Akzeptanz, Stabilität, Erdung und Überleben. Farbe: Rot. Element: Erde

Kreuzbein

Lage: innerhalb des Beckens. Verbunden mit: Nieren, Nebennieren, Fortpflanzungsorganen und Lymphsystem. Sinneswahrnehmung: Schmecken. Emotion: Identität und Bestätigung. Farbe: Orange. Element: Wasser

Solarplexus

Lage: Rückenmitte. Verbunden mit: Verdauungsorganen, Leber und Magen. Sinneswahrnehmung: Sehen. Emotion: Selbstwertempfinden. Farbe: Gelb. Element: Feuer

Herz

Lage: über dem Brustkorb, zwischen den Schulterblättern. Verbunden mit: Thymusdrüse, Herz und Lungen. Sinneswahrnehmung: Fühlen/ Tasten. Emotion: Eigenliebe. Farbe: Rosa. Element: Luft

Hals

Lage: Kehlbereich. Verbunden mit: Schilddrüse, Hals, Ohren, Nüstern und Maul. Sinneswahrnehmung: Hören. Emotion: Selbstausdruck. Farbe: Blau. Element: Himmel.

Stirn / Drittes Auge

Lage: Stirnmitte. Assoziiert und verbunden mit: Zirbeldrüse, Schlaf- und Wachzustand, Gehirn. Sinneswahrnehmung: inneres Wissen. Emotion: Selbstgewahrsein, Intuition. Farbe: Indigo. Element: Silber.

Krone / Scheitel

Lage: Scheitel. Assoziiert mit: Hypophyse, Kraniosakral-System, Zentralnervensystem, Haut und Haar. Sinneswahrnehmung: Denken und Verbindung zum Göttlichen. Emotion: spirituelle/persönliche Kraft. Farbe: Violett. Element: Gold.

Schulter / Oberarm

Ein neues Chakra wurde im Schulterbereich erspürt, einem häufigen Ort körperlicher Unausgeglichenheit beim Pferd. Lage: seitlich zwischen Nacken und Schulter. Assoziiert mit Vorderbeinen, Brustkorb, Kopf und Nacken. Sinneswahrnehmung: Instinkte. Emotion: Innere Stärke. Farbe: Schwarz. Element des Universums.

Ich habe das Empfinden, dass der ganze Zweck meiner Arbeit mit Menschen und Tieren ist, sie in die Lage zu versetzen, sich wieder mit ihrer Seelenreise zu verbinden. So gesehen, ist dieses Chakra sehr interessant, da so viele Tiere Verantwortlichkeiten und Belastungen von ihren Besitzern auf sich nehmen. Die emotionalen Angelegenheiten, die mit körperlichen Problemen im Bereich der Schultern zusammenhängen, haben oft mit dem „Schultern" von zu viel Verantwortung zu tun; dies könnte also ein Faktor sein, wenn wir hier Probleme erspüren.

Höhere Seelen-Chakras bei Pferden

Die Pferde zeigen mir diese Energiezentren, die oberhalb des Kopfes vertikal übereinander rotieren, ähnlich wie sich drehende Kugeln aus weißer Energie. Wenn sie aus dem Gleichgewicht oder in manchen Fällen nicht gleichmäßig geformt sind, liegt es auf der Hand, dass die spirituellen und emotionalen Probleme das Wohlbefinden und die Harmonie des Pferdes beeinträchtigen. Mir wurde gezeigt, wie ich jedes Chakra intuitiv erfühlen kann:

Von Pferd zu Mensch: Die erste Energiekugel, gleich über dem Genick oder dem höchsten Punkt des Pferdekopfes, bezieht sich auf die Stärke der Verbindung zwischen dem Pferd und den Menschen. Wenn es aus dem Gleichgewicht ist, sei es träge oder sehr schwach, gebrauche ich das Pendel, um die Unausgeglichenheit zu aktivieren oder zu bereinigen. Bei der Arbeit an diesem Chakra kann es wohl vorkommen, dass das Pferd etwas über Konflikte mit oder Misshandlung durch Menschen in der Vergangenheit mitteilt. Die beiden ersten Seelen-Chakras können wechseln; das ist abhängig von der Tiefe – oder dem Mangel – der Verbindung zu Menschen, z.B. bei einem Fohlen, das von Menschen aufgezogen wurde, oder bei einem Pferd, das wenig Kontakt zu Menschen hatte.

Wenn ein Pferd immer in der Gesellschaft von Artgenossen und nicht mit Menschen zusammen gewesen ist, wird das erste Seelen-Chakra das Pferd-zu-Pferd-Chakra sein; wenn ein junges Pferd bisher nur Kontakt zu Menschen gehabt hat, kann das erste Seelen-Chakra das Pferd-zu-Mensch Chakra sein. Es ist also abhängig von den gehabten Erfahrungen, kann das eine oder das andere sein und dem Betrachter zeigen, welcher Art die frühen Erfahrungen des Tieres wohl gewesen sind. Die ersten beiden Seelen-Chakras sind also nicht so festgelegt wie die anderen Chakras. Man muss intuitiv erfühlen, mit welchem man es zu tun hat. Dies lässt sich auch mit Hilfe des Pendels herausfinden.

Von Pferd zu Pferd: Das zweite Seelen-Chakra befindet sich oberhalb des ersten und bezieht sich darauf, wie das Pferd im Verhältnis zu anderen Pferden empfindet und mit ihnen interagiert. Unausgeglichenheiten können Probleme im Bereich des Selbstwertempfindens anzeigen.

Selbstausdruck: Das dritte Energiezentrum oberhalb des Kopfes bezieht sich darauf, wie sich das Pferd auf einer Seelenebene Ausdruck verleihen kann. Kann dieses Pferd seine Lebensaufgabe erfüllen?

Trauma-Zentrum: Das vierte Seelen-Chakra kann mit einer Ansammlung von Traumata aus früheren und derzeitigem Leben gefüllt sein und deshalb sehr verstopft, blockiert oder sogar schwarz scheinen. In einem solchen Fall stelle ich mich neben das Pferd, visualisiere das Zentrum und lasse das Pendel kreisen, um die störenden Traumata herauszuziehen und aufzulösen. Dann ist ein Pferd eventuell in der Lage, telepathisch mehr von seiner schmerzlichen Vergangenheit zu offenbaren, während ich die dunkle Energie herauslöse, die in dem Zentrum gespeichert ist.

Herdenbewusstsein: Das fünfte Seelen-Chakra bezieht sich auf die Verbindung des Pferdes zu allen Pferden. Wenn es schwach, blockiert oder unterentwickelt ist, zeigt dies an, dass das Pferd Vertrauensprobleme haben könnte und nicht gut allein zurechtkommt. Unterbewusst fühlt es sich vielleicht isoliert und von seinem Unterstützungssystem getrennt.

Gruppenbewusstsein: Dieses ist mit dem verbunden, was wir als kollektives Bewusstsein bezeichnen. Ich glaube, dies ist das Gewahrsein von allem, das im Universum stattfindet oder jemals stattgefunden hat.

Die Chakras bei Hunden und Katzen

Seelen-Chakras bei Hunden

Die fünf höheren Seelen-Chakras des Hundes werden auf die gleiche Weise aktiviert, bereinigt und gedreht wie diejenigen der Pferde.

Das erste Seelen-Chakra des Hundes – die Beziehung **von Hund zu Mensch.** Bei der Arbeit mit diesem Chakra kann man intuitiv erspüren, wie tief die Verbindungen zwischen dem Hund und dem Menschen in diesem Leben sind.

Das zweite höhere Chakra ist das Zentrum des **Selbstausdrucks.** Es steht in Verbindung mit der Fähigkeit des Hundes, sich selbst als Hund auszudrücken – ist das Tier genügend stark, um sich selbst angemessen Ausdruck verleihen zu können?

Das dritte ist das **Trauma-**Chakra. Wenn Sie in dieses Zentrum hineinspüren, um festzustellen, wie klar und ausgeglichen es ist, können Sie intuitiv erspüren, wieviel Trauma der Hund erlebt hat. Probleme aus früheren Leben können offenbar werden, falls sie nicht über die körperlichen Chakras an die Oberfläche gekommen sind.

Das vierte höhere Zentrum ist das **Rudel-Bewusstsein.** Es handelt von der Verbindung zwischen dem Hund und dem kollektiven Bewusstsein der ganzen Familie der Hunde. Wie bei den Pferden, gilt auch hier: Wenn dieses Chakra schwach ist, wird der Hund sich isoliert fühlen, fremd und ohne Rückhalt. Er ist vielleicht aggressiv, da er sich von jeglicher Unterstützung durch seine Seelengefährten abgeschnitten empfindet.

Das fünfte höhere Zentrum, das ich beim Hund erspürt habe, ist das **kollektive Bewusstsein.** Hier geht es darum, wie der Hund in das große, universelle Bild passt. Manchmal ist dieses Zentrum bei einem einzelnen Tier gar nicht vorhanden, dann visualisiere ich, es als rotierendes, klares Lichtrad zu erschaffen. Manchmal existiert das Chakra, ist aber sehr träge oder verstopft und braucht deshalb etwas Zeit, um genügend aktiviert zu werden.

Seelen-Chakras bei Katzen

Hunde haben mir mitgeteilt, dass sie fünf Seelen-Chakras haben; Katzen hingegen meldeten, dass sie vier besitzen. Dies bedeutet nicht, dass Katzen mit der Bestimmung ihrer Seele weniger verbunden sind. Im Gegenteil: Sie haben eine fast direkte Verbindung mit dem Universum – und nannten dies im Scherz „von Null bis zur Milchstraße in sechs Sekunden"! Daher werden Katzen traditionell mystische Kräfte nachgesagt. Auch bei Katzen kann es angezeigt sein, Chakras zu erschaffen, zu bereinigen und ihnen zur Drehung in Harmonie mit den übrigen Energiezentren zu verhelfen.

Das erste Seelen-Chakra der Katze steht normalerweise für die Beziehung **von Katze zu den Menschen,** die den größten Einfluss in ihrem Leben haben.

Das zweite Seelen-Chakra der Katze ist das kombinierte Zentrum von **Selbstausdruck** und **Trauma,** weil Aspekte des einen das andere zutiefst beeinflussen.

Das dritte höhere Zentrum der Katze umfasst **Heilen und Magie.** Sowohl Großkatzen als auch Hauskatzen haben eine große Kapazität, negative Energie umzuwandeln und Heilung zu schenken. Sie verbinden sich auch mit metaphysischen Aspekten. Sie kommunizieren mit

Naturgeistern und Devas und allen Arten von Wesen, die gewöhnlich außerhalb unserer Wahrnehmung existieren.

Es gibt eine kleine schwarze Katze namens Tonic. (Ihre Schwester Gin kam tragischerweise ums Leben.) Sie taucht immer auf, wenn ich auf dem Hof von Jenny und Tony arbeite, und zeigt mir, welche Pferde Hilfe benötigen. Ich denke, sie trägt einen passenden Namen, da sie so anregend wie ein Tonikum wirkt. Sie stolziert an den Stalltüren entlang und achtet darauf, dass ich meine Aufgabe ordentlich erfülle.

Galaktische / universelle Verbindung. Das letzte Chakra der Katze scheint mit dem Universum und Verbindungen zu jedem Planeten mit heilenden Energien oder Wesen zusammenzuhängen, die helfen können. Wenn ich früher eine kuschelige Mieze auf dem Schoß sitzen hatte, war mir kaum bewusst, welche Fähigkeiten und Verbindungen zu den höheren Führungsebenen der Galaxis sie besitzt!

Pendeln

Wie ich bereits erwähnte, gebrauche ich Pendel, um bei Tieren, Menschen und Umfeldern auf der grobstofflichen Ebene zu arbeiten, doch ich pendele auch aus der Ferne, wenn ich mit Fotos und Haarproben arbeite. Menschen assoziieren den Begriff „Muten" gewöhnlich mit der Suche nach Wasseradern oder Quellen, bei der man Wünschel- oder andere Ruten benutzt, um unterirdische Wasserströme zu entdecken, seien diese in Quellen, Röhren oder Brunnen. Doch viele Menschen gebrauchen Pendel, um Antworten auf Fragen über die Bedürfnisse eines Menschen oder Tieres zu erspüren.

Ich verwende ein Lapislazuli-Kristallpendel. Dieses Modell wird als „ägyptisches Pendel" bezeichnet und ist auf eine bestimmte Art und Weise geschnitten und geformt. Es handelt sich um ein recht großes und schweres Pendel, da es aus Stein besteht, aber ich schätze es als das beste Werkzeug zur Beseitigung von negativen Energien, da es sehr stark ist. Manchmal pendele ich über einem Foto und erfahre dabei aus der Ferne zusätzliche Informationen über ein Tier. Das Pendel hilft auch bei Fragen der Besitzer über Ernährung und Nahrungsergänzung, über deren Nutzen und ob das Tier sie mag!

Wie ich bereits bei der Arbeit am Pferdekörper beschrieb, kann ich mir auch aus der Ferne vorstellen, meine Hand auf den Bereich der Schweifrübe zu legen und die Energie durch den Körper nach oben zu schicken. Dann kann ich blockierte Bereiche intuitiv erspüren und beseitigen – wie ich es tun würde, wenn das Tier körperlich vor mir stände.

Sie können Ihr Pendel bitten, Ihnen mit seiner Bewegung in einer vereinbarten Richtung „ja" anzuzeigen oder mit einer anderen Bewegung „nein". In meinem Fall bewegt sich das Pendel gewöhnlich im Uhrzeigersinn, um eine Frage zu bejahen, und gegen den Uhrzeigersinn bei „nein". Pendel gibt es in unterschiedlichen Formen aus Metall, Holz oder Kristall; wofür Sie sich entscheiden, ist eine Frage Ihres persönlichen Geschmacks. Ich arbeite sehr gerne mit Kristallpendeln, da die Kristalle zusätzliche heilende Qualitäten besitzen, die den Behandlungsvorgang unterstützen. Es ist wichtig, alle Kristalle, die bei Heilbehandlungen gebraucht werden, zu reinigen.

Kapitel 9

Fernbehandlungen
und Haarproben-Readings

Wenn Klienten für einen Besuch bei oder von mir zu weit entfernt leben, sei es in Großbritannien oder in anderen Ländern, bitte ich die Besitzer, ein Foto und eine Haar- oder Fellprobe des Tieres zu schicken. Aus der Energie der Proben und Fotos kann ich intuitiv eine Menge darüber erfahren, was im Umfeld des Tieres los ist. Noch erstaunlicher ist jedoch: Das Tier kann mir viel über seinen Besitzer mitteilen. Dies kann sich auf die allgemeine Gesundheit und Verfassung (psychisch und körperlich) beziehen, auf Familienangelegenheiten, negative und Geister-Energien im Haus und natürlich auch auf Verbindungen aus früheren Leben, wie bei Vivienne und Sasha, wie weiter unten zu lesen sein wird. Ich staune immer wieder über die Fülle an Informationen, die ein Tier über seine Besitzer geben kann, sogar bis hin zu Verletzungen, die in der Kindheit eingetreten sind oder gewiss lange Zeit, bevor das Tier in ihre Obhut kam.

Sasha, der Lhasa-Apso

Dieser Fall illustriert, wie ein Tier wechselnde Formen der Reinkarnation gewählt hat.

Vivienne schickte mir einen Brief, der ein kleines Bäuschchen Flausch und ein süßes Bild von ihrem reizenden Lhasa-Apso-Hund

Sasha enthielt. Auf den ersten Blick sah dieser Hund ganz wie ein kuscheliges Schoßhündchen aus. Aber der erste Eindruck täuschte!

Als ich die kleine Haarprobe in der Hand hielt und das Foto genauer betrachtete, rauschte eine Flut von Emotionen durch mich. Dann empfing ich Visionen von tibetischen Mönchen auf der Flucht vor einem tyrannischen Regime. Ich spürte, dass Sashas derzeitige Besitzerin einer der Mönche war und Sasha ein anderer. Die beiden Mönche schienen einander sehr nahe zu sein, und als „Sashas Besitzerin" schwer verletzt wurde, pflegte „Sasha" ihn (in ihren früheren Leben als Mönche) bis zu Ende, als er seinen Verletzungen erlag. Die beiden schienen einen karmischen Vertrag geschlossen zu haben, sich in diesem Leben wieder zu vereinen, so dass der Mönch, der gestorben und liebevoll gepflegt worden war, die liebevolle Pflege vergelten könnte, indem er als ein freundlicher Mensch (Vivienne) inkarnierte, der liebevoll alle Bedürfnisse Sashas erfüllte. Gibt es einen besseren Weg, verwöhnt zu werden, als ein geliebter kleiner Hund zu sein, auf den alle Liebe herabregnet, die er sich nur wünschen kann? Als Vivienne meinen Bericht erhielt, war sie erstaunlicherweise nicht im Geringsten überrascht. Sie gab zu, eine Faszination für buddhistische Lehren zu empfinden und hatte schon immer das Gefühl gehabt, dass ihre Beziehung etwas ganz Besonderes war, aber noch nicht erkannt, *wie* besonders!

Cindys Verbindung

Kate schickte mir einige Fotos und eine Fellprobe von ihrer Katze Cindy. Sie wollte wissen, ob sie gemeinsame frühere Leben hatten, da sie praktisch unzertrennlich seien, so tief fühle sie sich mit der Katze verbunden. Als ich die Fellprobe in der Hand hielt und das Foto betrachtete, begann Cindy augenblicklich, mir Informationen sehr delikater Natur zu übermitteln, die sich auf ein gynäkologisches Problem Kates bezogen. Ich fragte mich, wie ich diese Details weiterleiten sollte, da sie sich auf Beziehungen und intime Angelegenheiten bezogen. Dies war für mich eine Überraschung, und ich hatte keine Vorstellung, wohin dies alles führen würde. Die Information war ganz klar und fühlte sich sehr wichtig an. Ich wollte Kate nicht beschämen, deshalb musste ich äußerst behutsam bei der Frage sein, wie ich über meine Entdeckungen berichtete. Cindy hatte mir sehr klare Information über körperliche Beschwerden gegeben, die Kate später als absolut zutreffend bestätigte.

Cindy zeigte mir eine Zeit, in der sie eine Tempelkatze und Kate eine Priesterin war. Damals galt der Geschlechtsverkehr mit einer Priesterin als sakraler Akt, der Männern zusätzliche Kräfte verleihen sollte. Als aber die Priesterinnen immer mehr politische Macht und Respekt gewannen, fühlten sich die Männer bedroht. Schließlich wurden die Priesterinnen aus ihren Ämtern entlassen und als Huren beschimpft; viele wurden aus dem Tempel geworfen oder sogar getötet. Die Behandlung, die Kate erlitt, und die Art und Weise, wie sie von ihrem Tempel entlassen wurde, ließen tiefe psychische Narben zurück, die in ihrem Unterbewussten bis in die Gegenwart gespeichert waren.

Cindy schien zu wissen, wie beengend diese negativen Selbstverurteilungen waren und dass sie Kates wundervolle Beziehung mit ihrem Partner zu vergiften drohten. Ich schrieb Kate eine E-Mail und teilte ihr mit, dass das Reading einige recht heikle Informationen über sie offenbart habe, und fragte, ob sie damit einverstanden sei, im Rahmen eines Telefongesprächs zu besprechen, was Cindy mir mitgeteilt hatte. Kate stimmte zu und versicherte mir, selbst wenn die Information persönlicher Natur sei, wolle sie wirklich wissen, was die Katze zu sagen habe. So berichtete ich alles, was Cindy mir übermittelt hatte, und beschrieb behutsam die körperlichen Details, welche Kate als zutreffend bestätigte.

Dann ging ich weiter und schilderte ihr gemeinsames früheres Leben und sprach über Cindys Sorge, dass es Kate daran hindern könnte, in ihrem derzeitigen Leben wirklich glücklich zu sein. Obwohl Kate deutlich schockiert war, dass ihre kleine Katze so viel über ihr persönliches Leben wusste, bestätigte sie, dass es einige Punkte gab, die angesprochen werden sollten. Das wichtigste Thema war, dass sie und ihr Partner sich verzweifelt ein Kind wünschten, und obwohl es keinen körperlichen Grund gab, warum Kate nicht schwanger werden konnte, hatten sie kein Glück, und der Druck fing allmählich an, ihre Beziehung zu belasten.

Dank Cindys Enthüllungen über jenes frühere Leben konnte Kate verstehen, woher ihre Empfindungen über sich selbst rührten. Es gelang ihr, die Vergangenheit loszulassen und anzufangen, die Gegenwart zu genießen. Nur wenige Monate später erhielt ich eine weitere E-Mail von Kate, aber dieses Mal war ein anderes Bild angehängt … der Ausdruck von einer Ultraschallaufnahme des Kindes, das sie erwarteten. Kate versicherte mir, dass alle – Menschen und Katze – überglücklich seien und sich auf das ersehnte Ereignis freuten. Weitere Fotos kamen einige Wochen später.

Fly bellt

Ich hatte den Notruf von einer Dame erhalten, die einen kleinen Collie namens Fly besaß. Sie war mit ihrem Latein am Ende und schickte die übliche Haarprobe und ein Foto. Fly hörte nicht auf, ihre Tochter im Teenager-Alter anzubellen. Wenn sie durchs Fenster das Mädchen nach Hause kommen sah, sprang Fly wie wild an den Scheiben empor. Die Mutter hatte selbst Probleme mit dem Mädchen. Teenager zeigen zwar oft schwierige Verhaltensweisen, doch es schien immer extremer zu werden. Flys Verhalten wurde so schlimm, dass sie dachten, die einzige freundliche Lösung wäre, ein neues Zuhause für sie zu finden oder sie einschläfern zu lassen.

Fly zeigte mir, dass es viel Spannung und häufig Streit im Hause gab, aber sie sagte auch, dass das Kind von zwei Mädchen in der

Schule gepiesackt werde. Sie beschrieb die Mädchen in vielen Einzelheiten, ähnlich wie in dem Fall von Chippy und Cara. Als ich diese Information an die Mutter weitergab, bezeichnete diese sie als Unsinn; ihre Tochter hätte es ihr gesagt, wenn sie gemobbt würde. Ich beteuerte, nur zu berichten, was der Hund mir mitgeteilt habe, und ich könne nur die Information weitergeben, die ich erhielte. Ich war enttäuscht, da ich mir sicher war, dass Fly auf ihre eher störende Art und Weise nur zu helfen versuchte, und vermutete, dass sie nicht wusste, wie sie die Familie anders auf die Probleme aufmerksam machen könnte. Fly war klar, dass drastische Maßnahmen ergriffen werden mussten, und dass sie selbst ihr Zuhause und vielleicht ihr Leben riskierte. Am nächsten Tag erhielt ich einen Anruf von Flys Besitzerin. Sie entschuldigte sich, dass sie recht schroff gewesen sei, und berichtete, sie habe ihre Tochter gefragt, ob sie gepiesackt werde und ob dies der Grund für ihr schwieriges Verhalten sei. Die Tochter habe alles bestätigt, was Fly gesagt hatte, bis hin zu der Beschreibung der beiden Mädchen, die unglaublich akkurat gewesen sei.

Ich war so froh für Fly, da sie sich nur aus Verzweiflung so auffällig verhalten hatte, weil sie ihre Besitzer nicht anders alarmieren konnte. Diese nahmen prompt Verbindung mit der Schule auf – und das Problem wurde besprochen. Ich hörte, dass Fly nun viel ruhiger war und die Dinge zu Hause aufgeklärt wurden, in einem nun glücklicherweise viel friedlicheren Umfeld.

Kaninchen Butterfly

Ich erhielt einen Brief von einer reizenden Frau, die ihre Kaninchen liebte. Sie schickte mir mehrere Fotos von ihren Hoppelchen, doch eines davon war ganz besonders, es war auch kein Fell angeheftet. Dieses Kaninchen war bereits gestorben, und seine Besitzerin wollte unbedingt wissen, ob ich mit dem Tier kommunizieren könne, um zu erfahren, wie es ihm ging. Das Kaninchen hatte Butterfly geheißen.

Ich hatte bis dahin noch nie ein Reading für ein Kaninchen versucht, geschweige denn für ein Kaninchen in der geistigen Welt, aber ich versprach, mein Bestes zu tun. Als ich das Foto betrachtete, durchströmten mich die wundervollsten Empfindungen von Liebe, und ich nahm meinen Stift und begann zu schreiben.

Butterfly gab mir Informationen aller Art über die Gesundheit ihrer Besitzerin und das Wohlbefinden anderer Kaninchen, die sie jetzt versorgte. Besonders eines von ihnen gab Butterfly einen Grund zur Sorge. Sie teilte mir mit, dass dieses Tier nicht die richtige Nahrung esse und einige Verdauungsbeschwerden habe. Butterfly empfahl eine bessere Ernährung und sprach weiter über alle möglichen anderen Dinge im Hinblick auf das Wohlbefinden der lebenden Kaninchen. Ich staunte, wie reichlich und rasch die Information von diesem klugen kleinen Tierchen herüberkam.

Noch erstaunlicher war die Rückmeldung nach dem Empfang von Butterflys Worten der Weisheit. Offenbar waren alle Empfehlungen, die sie für das kranke Tier übermittelt hatte, bereits von einem Tierarzt gegeben worden, und Butterflys Besitzerin war bereits im Begriff, die neuen Maßnahmen einzuführen. Wir waren beide verblüfft über die Weisheit dieses kleinen Kaninchens in der geistigen Welt.

Butterfly beeilte sich zu sagen, dass sie sehr beschäftigt sei, doch ein anderes von den Lieblingskaninchen ihrer Besitzerin werde sehr bald zu dieser zurückkehren. Butterfly beschrieb, wie dieses Kaninchen aussehen werde, und fügte hinzu, ihre Besitzerin werde genau wissen, wer es früher war.

Ich hoffe aufrichtig, dass diese reizende, fürsorgliche Besitzerin mit ihrem geliebten Haustier wieder vereint sein und Butterfly die Zeit finden wird, zurückzukehren – wenn sie nicht gerade zu beschäftigt ist, auf alle aufzupassen.

Buddy, Sadie und Willie – die Seelenfamilie

Ich gab ein Reading für das kanadische Paar Janice und Ron, die ich kennengelernt hatte, als ich mit Buckelwalen in der Dominikanischen Republik arbeitete, und dann wieder in Mexiko traf, als wir mit Walhaien schwammen. Ich habe viele, viele Readings gegeben, doch dieses war so speziell, da jedes der Tiere ein integraler Teil der Familie war und sie alle sich wieder verbunden und vereint hatten, um ihre Seelenfamilie wiederherzustellen. Ich glaube ehrlich, dass unsere Tiere uns genau aus diesem Grund finden. Dieses Reading empfinde ich als eine umfassende Bestätigung.

Janice interessierte sich sehr für meine Arbeit und hatte das Gefühl, vielleicht selbst gerne ein Reading für ihre Tiere zu haben, um Gewissheit zu erhalten, dass sie glücklich waren und ihre Bedürfnisse erfüllt wurden. Sie erzählte mir nichts über sie, sondern teilte mir nur ihre Namen und Artzugehörigkeiten mit. Sie kümmerte sich offenbar intensiv um jedes Tier und empfand echtes Mitgefühl für alle Lebewesen und den Planeten. Ron, denke ich, hielt mich wohl einfach für ein wenig verrückt. Als ich ein großes Päckchen mit Fotos, Fellproben und Federn erhielt, war ich froh, mich an die Arbeit zu machen und zu sehen, ob ich helfen konnte; ich war wahrlich erstaunt über diese sehr spezielle Familie. Es war schon bemerkenswert, dass die ganze Familie, Mensch und Tier, karmisch so eng miteinander verflochten war – bis hin zu Willy, dem lieben kleinen Wellensittich. Ich hatte nie zuvor ein Reading gegeben, während ich eine Vogelfeder in der Hand hielt, aber das schien nichts auszumachen. Ich „hörte" ihn drauflosplaudern über die riesige Entfernung von ihrem Zuhause in der Nähe von Toronto bis zu mir.

Buddy ist ein attraktiver grauer Manx-Kater mit faszinierenden gelben Augen, die sich durchdringend bis in meine Seele zu bohren schienen, als ich das Foto betrachtete. Sadie ist ein schwarzer Labrador-Mischling. Ihre Energie war sehr sanft und voller Liebe und Mitgefühl zu ihren Besitzern.

Als ich den Umschlag öffnete, sah ich zuerst das Bild von Buddy, und sobald ich in seine Augen blickte, dachte ich „Wow! Was für ein außergewöhnliches kleines Wesen!" Ich fühlte mich, als gäbe er mir eine Vorlesung über Geschichte, in der er mir ihr früheres ägyptisches Leben in leuchtenden Farben zeigte. Die Bilder, die er mir übermittelte, waren so deutlich, als erlebte ich alle die Sehenswürdigkeiten, Geräusche, Gerüche und sonstigen Sinneseindrücke und Emotionen jener antiken Zeit selbst. Es war wirklich interessant, die Dynamik zwischen Janice und Ron in dem altägyptischen Leben zu beobachten, die in ihre heutige Beziehung als Ehepaar übertragen worden zu sein schien. Interessant ist auch die Rückmeldung der Besitzer zu lesen, da sie den größten Teil dessen bestätigte, was die Tiere mir mitgeteilt hatten.

Madeleines Reading für den Manx-Kater Buddy:

Ich liebe dieses Foto des schlafenden Buddy. Zu erkennen, dass es in Wirklichkeit unsere Tiere sind, die uns finden, und nicht umgekehrt, ist wunderbar.

Janice: Ja, ich weiß, dass Buddy mich gefunden hat. Ich hatte eine schwierige Zeit mit Bunny, meiner ersten Katze, hinter mir, die über einige Monate hinweg dahinsiechte und schließlich starb. Ich habe alles für sie getan, was ich konnte, um sie am Leben zu halten. Aber schließlich kam die Zeit, sie einschläfern zu lassen. Sie ging einfach nicht von selbst. Von Buddy erfuhren wir etwa eine Woche, bevor ich Bunny töten lassen musste. Und genau eine Woche nachdem Bunny fort war, holte ich Buddy ab und brachte ihn mit nach Hause. Meine Schwester (die auch unsere Tierärztin ist) hatte mich mit Buddy bekanntgemacht, als ihn Fremde, die ihn verletzt am Straßenrand gefunden hatten, gerade als Streuner in ihre Sprechstunde gebracht hatten. Er war schwer verletzt und hatte möglicherweise gesundheitliche Probleme, wie meine Schwester durch Tests herausfand. Diese

Unbekannten waren gute Samariter, da sie ihn hereinbrachten, obwohl sie gar keine Verbindung zu dieser Katze hatten. Und dann kam er nicht in irgendeine Tierarztpraxis, sondern ausgerechnet in diejenige meiner Schwester! Debbie sah, dass er ein ganz besonderes Tier war, und machte mich mit ihm bekannt. Ich kann ihr gar nicht dankbar genug sein. Sie half ihm, von seinen Verletzungen zu genesen.

Madeleines Reading: Buddy fand Sie, als er umherstreunte, weil es notwendig war, dass er diese Balance und sanfte Stärke zu Ihnen brachte, um Ihnen bei Ihrer Heilungsarbeit zu helfen. Ich weiß, dass Sie vielleicht nicht offen als Heilerin tätig sind, aber indem Sie den Menschen Lösungen liefern und so intensiv für Tiere sorgen, setzen Sie Ihre Heilungsfähigkeiten ein.

Janice: Buddy kam in mein Leben, als meine erste Katze gerade am Sterben war. Es war ein langwieriger Abbau, der sich über viele Monate hinzog, und Buddy tauchte in den letzten Tagen ihres Lebens auf. Bunny war auch eine Manx-Katze, und als Buddy nun als Straßenkatze auftauchte und ebenfalls eine Manx war, noch dazu obdachlos, wusste ich, dass es mir bestimmt war, ihn zu adoptieren. Wie groß war die Wahrscheinlichkeit, dass eine weitere Manx in dein Leben spaziert kommt, wenn die eine gerade im Begriff ist, dich zu verlassen?

Sie haben recht. Ich bin nach außen hin nicht als Heilerin tätig; doch ich tue es auf meine kleinen Weisen und versuche, die Welt ein wenig zu verbessern. Ich versuche, Menschen bei Problemen mit ihren Tieren zu helfen, indem ich ihnen Informationen und Lösungen liefere. Außerdem, da ich viel Zeit in meinem Auto verbringe, halte ich immer die Augen offen, wenn ich unterwegs bin, um Tiere aus Gefahren zu retten. Erst am Samstag musste ich in die Stadt fahren und half auf dem Weg dorthin einer Schildkröte, die Straße zu überqueren. Auf dem Rückweg nach Hause half ich einer anderen Schildkröte, die Straße zu überqueren. Diese beiden Tiere hätten sich in große Gefahr begeben bei ihrem Versuch, auf die andere Seite zu gelangen. Ich war so froh, die Gelegenheit gehabt zu haben, ihnen das Leben zu retten. Ich sehe mehr tote als lebendige Schildkröten auf den Straßen, und es schmerzt mich jedes Mal, wenn ich eine sehe, die es nicht geschafft hat. Warum nehmen sich nicht mehr Leute die eine Minute, derer es bedarf, um an die Seite zu fahren und einem dieser Geschöpfe zu helfen, sicher über die Straße zu kommen? Ich habe auch zahllosen anderen Tieren geholfen (Schlangen, Fröschen, Kröten, Vögeln, Schnecken, Opossums, Waschbären, Stachelschweinen und Raupen), sicher über die Straße zu kommen. Man muss doch denen helfen, die sich nicht selbst helfen können. Und alle meine Tiere sind „gerettete". Ich denke, dass dies auch eine Art und Weise ist, dazu beizutragen, die Erde zu heilen. Wann immer ich ein totgefahrenes Tier sehe, segne ich das Geschöpf und bete, dass es nun im Frieden und an einem besseren Ort sein möge. Da es für mich zu spät ist, etwas zu tun, um ihnen jetzt physisch zu helfen, segne ich die Tiere und schicke ihnen Liebe. Das ist alles, was ich jetzt für sie tun kann.

Madeleines Reading: Er ist so ein kluger Kater – es ist fast, als lebte man mit bei ihm statt umgekehrt!

Janice: Ja, er ist sehr intelligent. Er scheint so viel Weisheit, Mut und Zuversicht zu besitzen. Die meiste Zeit scheint Buddy den Laden zu schmeißen.

Madeleines Reading: Er zeigt mir einige dunkelbraune, rautenförmige oder dreieckige Leckerbissen, die er sehr mag (um jetzt wieder zum Weltlichen zurückzukehren), und sagt, dass er Fisch liebt.

Janice: Ja, er liebt Fisch. Ich kenne diese Leckerbissen, die Sie beschreiben. Ich habe sie eigentlich für Sadie gekauft, sie sind dunkelbraun, quadratisch und flach. Sie sind sehr weich. Buddy bekommt eine kleine Ecke davon ab, deshalb sind die Häppchen, die ich Buddy gebe, tatsächlich dreieckig.

Madeleines Reading: Er sagt, er liebt sein Schafsfell-Bett und er liebt Luxus – er mag nicht „ohne Komfort leben".

Janice: Ja – Buddy hat ein schafsfell-ähnliches Bett und genießt es, und er liebt den Luxus, verwöhnt zu werden. Er hat es nicht eilig, das Haus zu verlassen. Er ist jetzt ein Stubenkater, und wir achten sehr darauf, dass er nicht nach draußen gelangen kann. Doch er versucht dies auch nie wirklich.

Madeleines Reading: Er ist sehr gut darin, Ihnen beiden zu helfen abzuschalten, da er einfach zum Kuscheln kommt oder etwas Lustiges macht, um Sie aufzuheitern – er ist wirklich gut darin, Sie daran zu hindern, das Leben allzu ernst zu nehmen.

Janice: Ja, das stimmt absolut!

Madeleines Reading: Er sagt, dass er sein früheres Zuhause verlassen hat, weil da zu viel geschrien wurde, und dann gab es da auch einen großen braunen Hund, der ihn jagte und wirklich erschreckte.

Ich bekomme das Gefühl, dass er laute Stimmen wirklich nicht mag, und er wird sich zurückziehen, wenn Sie laute Gäste haben – ich kann ihn sehen, wie er Menschen begrüßt, die er mag, aber er ist sehr anspruchsvoll.

Janice: Wir kennen seine Vorgeschichte nicht, deshalb habe ich keine Möglichkeit, dies zu bestätigen. Ja, er heißt Menschen im Haus willkommen, und er verabschiedet sie auch. Wir scherzen unter uns, dass er mehr wie einem Hund ähnelt als einer Katze – er rennt zur Haustür, wenn die Klingel ertönt, und er begrüßt Leute, die durch die Tür kommen. Sehr lustig.

Madeleines Reading für Sadie:

Sadie ist ein wirklich prächtiger Hund. Sie ist unglaublich liebevoll und treu. Sie zeigt mir Opossums und Waschbären. Haben Sie ein Problem mit Waschbären? Sie zeigt mir, dass sie ein Gestrüpp angebellt hat. Sie liebt das Leben und mag besonders, mit Ihnen beiden ausgiebig im Freien zu sein.

Janice: Sadie ist unglaublich treu und liebevoll, besonders zu mir. Sie hat mich ständig im Visier. Sie folgt mir überall, wohin ich auch gehe. Ich nenne sie „meinen kleinen Schatten". Wir haben regelmäßig Waschbär-Besuche im Hinterhof. Die Waschbären fressen das Vogelfutter, das aus den Futterhäuschen gefallen ist. Sadie hält jeden Abend nach den Waschbären Ausschau. Sie sitzt am Fenster nach hinten hinaus und wartet und beobachtet. Sie scheint sich sehr für diese Besucher zu interessieren. Wir leben draußen auf dem Land im Wald, also ja – das ist definitiv reichlich im Freien. Sadie genießt es sehr, draußen zu sein. Manchmal will sie abends gar nicht hereinkommen.

Madeleines Reading: Sadie zeigt mir Gummistiefel. Sie sagt, sie liebt es, im Garten zu „helfen", und freut sich wirklich, wenn Sie oder Ron diese Stiefel anziehen!

Janice: Absolut! Ron und ich haben jeder ein Paar Gummistiefel, und wir werkeln im Hof und im Garten herum, wenn wir sie tragen. Wenn Sadie sieht, wie wir die Stiefel anziehen, freut sie sich, weil sie weiß, dies bedeutet, dass Aktivität im Freien bevorsteht. Sie folgt mir überallhin.

Madeleines Reading: Sie sagt, dass sie den Staubsauger wirklich nicht mag und es vorzieht, wenn Sie den Boden feucht wischen. Ich denke, sie spielt gern mit dem Kehrbesen (vielleicht früher, als sie jünger war?). Sie sagt, es tut ihr leid wegen der vielen Haare, aber einige davon seien von Buddy!

Janice: Sadie muss gehört haben, wie ich mich über all die Hundehaare beschwere. Ich sehe meistens ihr Haar auf dem Boden, und das ist es hauptsächlich, über das ich mich beklage. Ja – Sadie hasst den Staubsauger, das ist wahr. Wir denken, es ist das laute Geräusch, das er macht. Sadie scheint empfindlich auf laute Geräusche zu reagieren. Jedes Mal, wenn wir saugen, rennt sie im Haus umher und versucht, ihm zu entfliehen. Wir versuchen zu saugen, wenn sie gerade draußen ist.

Madeleines Reading: Sie lässt mich auch Windglockenspiele hören und etwas im Haus, das mit Tibet zu tun hat?

Janice: Ja, wir haben Windspiele draußen. Eines ist hinterm Haus, wo wir die Vögel füttern, und die Eichhörnchen, Streifenhörnchen und Waschbären. Manchmal, wenn sie futtern, kann man die Töne des Windspiels hören, weil sie angestoßen werden. Das einzige Ding im Haus, das nach Tibet klingen könnte, wäre eine alte Wanduhr, die wir haben. Sie schlägt jede ganze und halbe Stunde.

Madeleines Reading: Sadie ist so ein kluger Hund, und es ist fast, als ob sie und Buddy ein Duo wären. Sie hat tiefe ägyptische Verbindungen mit Ihnen und Buddy. Ich kann Sadie als einen Pharaonen-Hund sehen – je länger ich ihr Foto betrachte, desto mehr verwandelt sie sich in Anubis! Er war der Gott der Unterwelt, aber er war eine sehr positive, ausgleichende, anpassende Art von Energie.

Sie sind karmisch tief miteinander verbunden und wissen die ganze Zeit, was der andere gerade tut, da sie ständig in telepathischer Verbindung stehen. Die Tiere nehmen auch die Stimmungen von Ihnen beiden wahr, schon bevor Sie nach Hause kommen und bevor Sie aufwachen, und sie sind große Zuhörer, wenn Sie aus irgendeinem Grund oder Anlass betrübt sind. Es ist recht schwierig, Sadie von Buddy zu trennen, da ihre Energien stark miteinander verwoben sind.

Janice: Buddy und Sadie haben definitiv ein Verständnis und eine freundliche, liebevolle Beziehung zueinander. Wenn Sadie ihr Essen oder Bett mit Buddy teilt, sieht man, dass da eine Art von Kommunikation sein muss und Verständnis oder Beziehung zwischen den beiden. Es hat nie irgendeine Feindseligkeit zwischen ihnen gegeben.

Madeleines Reading: Sadie scheint sehr eigenständig, während Sie bei der Arbeit sind – sie kommuniziert mit Buddy und fühlt sich sehr glücklich und geborgen in ihrer „Familie".

Janice: Ja, Madeleine, da haben Sie absolut recht – ich weiß, dass das stimmt. Noch vor wenigen Jahren brachte ich Sadie noch ein bis zwei Mal in der Woche zur Hunde-Tagesbetreuung, und obwohl sie dort sehr gut für sie gesorgt haben und sie reichlich Spaß und Bewegung und lange Spaziergänge auf dem Land hatte – sie hatte immer einen sehr gesunden Schlaf nach einem solchen Tag, da sie erschöpft war von all den Aktivitäten –, wusste ich einfach im Herzen, dass sie lieber zu Hause bleiben würde, während Ron und ich tagsüber bei der Arbeit waren. Sie schien ängstlich, wenn ich sie morgens abgab, und ich spürte, dass sie es nicht mochte, wenn ich mich umdrehte und von ihr entfernte. Wenn ich ihr eine Wahl gäbe, würde sie lieber in den Wagen zurückspringen und mit mir kommen, statt in der Tagesbetreuung zu bleiben. Wenn Sadie es absolut liebte und sich darauf freute, wäre ich bereit, dafür zu bezahlen, dass sie dort sein kann. Aber ich hatte zunehmend das Gefühl, dass Sadie ebenso glücklich oder sogar noch glücklicher war, einfach zu Hause zu bleiben. Also dachte ich, dass Buddy und sie einander Gesellschaft leisten können.

Madeleines Reading: Kam Sadie aus einem Haus, in dem Französisch gesprochen wurde? Ich kann einen frankokanadischen Akzent aus ihrer frühen Kindheit hören.

Janice: Als wir Sadie als Streuner vom örtlichen Tierschutzverein erhielten, kannten sie ihre Vorgeschichte nicht – wir auch nicht. Ich bedaure, das kann ich nicht bestätigen.

Madeleines Reading: Ich bekomme auch die Information, dass sie ein Verdauungsproblem gehabt haben könnte, weil sie einen Fremdkörper oder etwas anderen gegessen hat, das sie störte.

Janice: Ja, Sadie hatte ein Darm- oder Verdauungsproblem. Es war zeitweise so schlimm, dass sie Blut pinkelte und auch Blut im Stuhl hatte. Wir waren recht besorgt. Ron und ich wussten nicht, was die Ursache war. Wir nahmen an, dass sie etwas Schlechtes draußen im Wald gegessen hatte. Sie wurde von meiner Schwester (der Tierärztin) behandelt, und ihr Zustand besserte sich, aber dann kehrten die Probleme wieder. Wir dachten dann, dass ihre Schwierigkeiten vielleicht mit dem Futter zu tun hatten, das sie erhielt. Vielleicht war es zu schwer für sie, oder vielleicht entwickelte sie eine Art von Allergie dagegen? Wir wechselten das Futter und gaben ihr eine Sorte speziell für Hunde mit empfindlichem Magen. Das funktionierte. Seit wir sie auf dieses neue Futter umgestellt haben, hatte sie keine Probleme mehr. Dies alles ist vor weniger als einem Jahr gewesen.

Madeleines Reading: Sie sagt etwas von einem Knieproblem – bei Ron, denke ich. Hat er Eishockey gespielt, als er jünger war? Ich habe das Gefühl, da ist irgendwo eine Sportverletzung. Möglicherweise eine Knorpelverletzung?

Janice: Ich bin diejenige mit der Knieverletzung. Ich hatte seit Oktober 2004 Probleme mit dem rechten Knie. Ron und ich waren auf dem Flughafen Toronto – wir waren gerade von einer Reise in die Vereinigten Staaten zurückgekommen –, da verstauchte ich mein Knie, als ich von dem Bordstein trat, während ich meinen Koffer hochnahm. Das war offenbar zu viel Belastung für mein Knie, und es knackte. Es dauerte sehr, sehr lange, bis es besser wurde, und es ist immer noch nicht hundertprozentig in Ordnung.

Ich bin zur Massage gegangen, zur Physiotherapie, und ich hatte sogar ein Kernspintomogramm, weil es so lange brauchte, um zu heilen. Wenn ich mein Knie heute irgendwie überbelaste, fängt es wieder an, mir Probleme zu bereiten mit Schwellung, Steifigkeit und Empfindlichkeit. Zu der Zeit, als Sie dieses Reading gaben, habe ich viel im Garten gearbeitet und umgegraben, was mein Knie verschlimmerte, und es tat mir auch wieder weh.

Madeleines Reading: Ich spüre auch, dass Sadie mit ihren Hüften ein kleines Problem bekommen könnte, wenn sie älter wird, aber es ist nichts allzu Ernstes.

Janice: Ich denke auch, das Sadie Hüftprobleme bekommen könnte, wenn sie älter wird. Viele Rassen größerer Hunde bekommen Hüftprobleme (Dysplasie), und ich meine, dass auch Sadie dafür anfällig sein dürfte. Sie hat eine lange Wirbelsäule und gilt als großer Hund, deshalb mache ich mir da ein wenig Sorgen um sie. Ich gehe dieses potenzielle Gesundheitsproblem schon heute an, indem ich ihr täglich kleine Gaben von Glucosamin und Chondroitin-Komplex verabreiche. Diese Verbindungen sind gut für die Gelenke. Ich selbst nehme diesen Komplex auch in Form von Tabletten, um die Heilung meines Knies zu unterstützen. Das ist der Grund, warum ich Sadie diese speziellen Hunde-Leckerli gebe, sie heißen Hipaction („Hüftaktion"). Das sind mit Glucosamin und Chondroitin angereicherte Naschereien für Hunde – und die Geschmacksrichtung, die ich ihr gebe (und die sie absolut liebt, und Buddy auch!) ist „Rind".

Madeleines Reading für Willie:

Was für ein hübscher Kerl – und auch er nimmt sehr empfindlich alles wahr, was vorgeht. Er teilt mir mit, dass sein früheres Zuhause nicht so schön war wie das jetzige, und er wurde auch nicht so gut behandelt – er sagt etwa, dass er mehr im Dunkeln gehalten wurde.

Janice: Willies früheres Zuhause war nur vorübergehend. Die Leute kümmerten sich um ihn, haben ihn aber vor allem versorgt, bis Willies wirklicher Besitzer sein Leben wieder auf die Reihe bekam. Willies eigentlicher Besitzer ging durch einige größere Veränderungen im Leben – Scheidung, Umzug, neue Arbeit –, und er war seinerzeit außerstande, Willie in diesem Durcheinander zu behalten. Also nahm die Mutter des Burschen die Sache in die Hand und erklärte sich bereit, sich um Willie zu kümmern, bis ihr Sohn ihn wieder übernehmen könne. Nun, etwa zwei lange Jahre gingen ins Land, und Willie war immer noch in der Obhut der Mutter. Er wurde im Keller des Hauses gehalten, weil sie eine Katze und zwei Jack-Russell-Hunde besaß, und alles, was diese Viecher tun wollten, war, Willie zu verletzen. Also wurde Willie zu seiner eigenen Sicherheit im Keller gehalten. Ich weiß, dass die Mutter das Beste getan hat, was sie für Willie tun konnte, um es ihm angenehm zu machen; doch sie wusste, dass ein Keller nicht der richtige Ort für einen Vogel war. Ich hatte dieser Familie gegenüber angedeutet, dass sie, wenn sie jemals im Begriff wären, ein neues Zuhause für diesen Vogel zu suchen, an mich denken sollten. Ich erinnere mich, ihn im Keller gesehen zu haben, und ich war so schockiert und traurig zu erfahren, dass er dort sein Leben fristete. Als dann die Zeit kam, dass der Sohn endlich entschied, dass es in seinem Leben keinen Platz für diesen Vogel mehr gebe, wandte sich die Mutter an mich, und ich übernahm Willie. Jetzt, da er bei uns ist, wird er immer in hellen Räumen gehalten. Er bekommt auch reichlich Sonnenschein auf sein Gefieder. An den herrlichen warmen Sommertagen ist er von morgens bis abends draußen in seinem Käfig. Er genießt es wirklich. Wir haben Vogelhäuschen draußen, und er kann die Wildvögel sehen und sich zwitschernd mit ihnen austauschen.

Madeleines Reading: Er erzählt mir, dass entweder Sie oder Ron von der Arbeit am Computer einen steifen Nacken und Schultern bekommen; manchmal führt dies auch zu Kopfschmerzen. Er sagt, er kann Ihre Schmerzen in seinem Kopf fühlen, und Sie müssten sanfte Nackenübungen machen, wie er es tut!

Janice: Ich bin es, die Nacken- und Schulterbeschwerden bekommt von all der Arbeit vor dem Bildschirm. Ich sitze den ganzen Tag am Computer und mache an den meisten Tagen kaum Pause. Die vergangenen zwei Jahre war es schlimm, ich ging sogar über Monate und Monate und Monate zur Massage und zur Physiotherapie, um die Schmerzen lindern zu helfen. Ich musste mehrere Umstellungen an meinem Computerarbeitsplatz vornehmen, an Maus und Tastatur bei der Arbeit, die helfen sollten, die wiederholte Belastung durch den Job zu reduzieren. Die ganze Computerarbeit hat mir aufgrund der schweren Überanstrengung der Augen auch Kopfschmerzen gebracht. Innerhalb des letzten Jahres habe ich viele Male sowohl meinen Arzt als auch meinen Optiker aufgesucht, um die starken Beschwerden zu lindern, die ich in den Augen spüre, wenn ich am Computer arbeite. Wenn die Belastung zu groß wird, tut mein Kopf weh. Ich werde Willies Rat annehmen und leichte Nackenübungen machen!

Madeleines Reading: Ich erfahre gerade, dass es früher ein Problem mit seinem Schnabel gegeben haben könnte, und er wollte nicht gerne angefasst werden – er zeigt mir jemanden, der ihn oder etwas stutzen musste, und er war davon gar nicht begeistert!

Janice: Ich bin mir keiner Probleme mit dem Schnabel bewusst, seit Willie bei uns ist. Sie sagten, dass Sie das Gefühl bekamen, dass es in der Vergangenheit war. Danach müsste ich die früheren Besitzer fragen.

Madeleines Reading: Er hat sich der Aufgabe angenommen, Sie zu unterhalten und Ihr Leben nach einem harten Tag aufzuhellen – er wird einfach mit seiner schillernden Persönlichkeit und seinem strahlenden Gefieder Ihre Stimmung heben. Er sagt, er mag seine Freiheit zu fliegen, aber er schätzt auch die Sicherheit des Käfigs. Er beanstandet nicht, allein zu leben, weil er sich mit Sadie und Buddy unterhält.

Janice: Wir lassen Willie fast täglich zum Umherfliegen aus dem Käfig. Zu bestimmten Zeiten kann er es gar nicht abwarten, hinaus zu kommen. Zu anderen Zeiten ist er zufrieden, in seinem Käfig zu sitzen und zu essen, sich zu putzen oder da einfach behaglich zu sitzen und in die Welt hinauszusehen. Ich weiß, dass er die Sicherheit und Geborgenheit seines Käfigs mag; das kann man wohl sagen. Wenn Ron und ich das Haus verlassen und zur Arbeit gehen, wird Willie (in seinem Käfig) in ein Zimmer im Obergeschoss gebracht und die Tür zu seiner Sicherheit geschlossen. Wir trauen Buddy nicht hundertprozentig, um ihn mit dem Vogel allein zu lassen, schließlich ist er ja ein Kater! Buddy versucht nicht, Willie etwas anzutun. Doch wir denken, es ist besser, auf Nummer Sicher zu gehen, als etwas bedauern zu müssen. Ich habe oft gedacht: Armer Willie, er ist ganz allein oben. Aber vielleicht ist er am Ende gar nicht so allein, wenn sie alle im Haus kommunizieren, selbst wenn sie nicht alle in demselben Zimmer sind.

Madeleines Reading: Er zeigt mir orangefarbenes Trinkwasser. Hat er eine Art von Behandlung gehabt, die ihm mit dem Wasser gegeben wurde? Er sagt, er mag Trauben, und er zeigt auch kleine Stückchen roten Apfel.

Janice: Ich gebe normalerweise gut Acht und wechsele Willies

Trinkwasser, damit es frisch für ihn ist – wenn nicht jeden Tag, dann wird es jeden zweiten Tag gewechselt. Aber, Madeleine, etwa um die Zeit, als Sie sein Reading gegeben haben, hatte ich Willies Wasser drei Tage lang nicht gewechselt. Ich habe irgendwie nicht daran gedacht, bis ich am dritten Tag (uups, armer Willie!) bemerkte, dass sein Wasser, das normalerweise klar ist, leicht orange aussah. Es tat mir so leid – der arme kleine Kerl hatte kein frisches Trinkwasser bekommen. Vor einigen Wochen war sein normales Futter ausgegangen, das hat keine bunten Körner darin. Zur Zeit besteht seine Nahrung aus dem Futter mit bunten Bröckchen darin.

Ich erinnere mich, dass ich am Wochenende Trauben im Hause hatte, und ich aß einige davon. Wille war im Hause unterwegs und landete auf meiner Schulter. Er schien interessiert, und so ließ ich den Vogel probieren. Dies beeindruckte mich, weil ich verschiedene frische Früchte und Gemüse bei ihm ausprobiere und meistens den Eindruck habe, dass er sich aus frischer Kost nicht allzu viel macht. Ich denke, dies muss in seiner Erziehung begründet sein; er hatte vermutlich überhaupt nicht viel frisches Futter bekommen oder gegessen, als er aufwuchs. Ich konnte es kaum fassen, wie sehr Willie die Trauben zu genießen schien! Ich beschloss sogar, die Trauben für ihn aufzubewahren, so dass er später wieder etwas davon haben konnte, und ließ das halbes Stück Traube auf der Arbeitsplatte in der Küche.

Als ich Ron den Ausdruck Ihres Readings zu lesen gab, machte er eine Bemerkung darüber, dass Willie Trauben aß. Ich musste Ron die Traube zeigen, die ich für Willie aufgehoben hatte, weil er sie am Tag zuvor so sehr gemocht zu haben schien. Ist das nichts? Ich glaube, Sie haben Ron beeindruckt – und das will etwas heißen! Ich erzähle ihm immer, dass es mehr auf der Welt gibt als das, was wir mit unseren Augen sehen können.

Madeleines Reading: Ich fühle, dass Sie alle miteinander verbunden sind und schon in der Vergangenheit alle zusammen waren –

selbst Willie, der Osiris hat (Falken-Energie)! Sadie zeigt mir, dass Sie und Ron in Ihren früheren Leben Priester in Ägypten waren und ein tiefes Mitgefühl für alle Dinge empfanden. Aber da gab es einen tief-inneren Konflikt, Mitgefühl gegenüber Ungerechtigkeiten zu empfinden, was Sie, wie ich weiß, im heutigen Leben entrüstet. Es war in jener Zeit, als all die alten Götter und Glaubenssätze von Echnaton zerschlagen wurden, der die neue Religion und die Anbetung des einen Gottes einführte. Buddy gibt mir gerade eine Geschichtsstunde in herrlichen Farben! Er zeigt mir die ganze Zerstörung von heiligen Stätten, als Echnatons Ego mit ihm durchging, besonders als Nofretete starb – er schien völlig die Orientierung zu verlieren. Buddy war eine Tempelkatze in eurem ägyptischen Leben und wurde sehr verehrt. Ich erfahre gerade, dass Willie einer der Falken des Pharaos war, und Sie waren für ihn verantwortlich. Es gehörte zu Ihren Aufgaben, die königlichen Falken zu versorgen, die den Geist von Osiris trugen.

Zuerst fühlte es sich an, als ob alles gut wäre und es zu einem sanften Übergang zu der neuen Denkweise kommen werde, aber da gab es so viel Wut und Eifersucht. Ich fühle, dass Ron mit seiner sanften Art das Leben im Tempel liebte. Es fiel Ihnen sehr schwer, das neue Regime und die Veränderungen zu akzeptieren, die recht destruktiv waren. Ich kann fühlen, dass dies bis in Ihre heutige Arbeit hineinwirkt. Sadie sagt mir, dass Sie aufgrund Ihrer starken Überzeugungen verfolgt wurden von der neuen Ordnung und von Glaubenssätzen, die von Menschen in die Tat umgesetzt wurden, die nicht mit Ihrem Ethos übereinstimmten. Ich fühle, dass Sadie und Buddy damals bei Ihnen waren – in anderer Gestalt, aber der Situation durchaus bewusst. Ron schien zu versuchen, den Frieden zu bewahren, aber er bewunderte Ihren Mut – er war einfach ängstlich, wohin es Sie führen könnte. In mancher Hinsicht wünschte er, mehr wie Sie sein zu können, aber er versuchte, auf seine stille Weise das Seine zu tun. Dies fühlt sich an wie eine Verbindung zwischen Ihnen in diesem Leben, in dem Sie

einander ausgleichen, und die Tiere beobachten Sie beide die ganze
Zeit.

Janice: Ich werde mir diese ägyptische Geschichte genauer ansehen
müssen … ich bin nicht vertraut damit. Was Sie sagen, klingt jedoch
spannend.

Madeleines Reading: Ich habe das Gefühl, dass Sadie und Buddy
es auf sich genommen haben, dieses Mal zu reinkarnieren, um Ihnen
zu helfen, in Kontakt mit dem sanften Heiler im Inneren zu kommen.

Kapitel 10

Zuhören lernen – kann das jeder?

Wenn man mit Menschen und Tieren intuitiv arbeitet, kann man ein breites Spektrum und ein Auf und Ab der Gefühle erleben, vom Lachhaften bis hin zum Tragischen. Alles muss mit Würde und höchstem Respekt behandelt werden. Jeder, der für die telepathische Kommunikation aufgeschlossen ist, kann lernen, mit jedem Lebewesen auf dem Planeten zu kommunizieren – und möglicherweise auch mit den Geistern jener, die bereits gestorben sind. Es gilt lediglich, sich an unsere lange verschütteten Fertigkeiten zu erinnern. Es hängt allein davon ab, wie engagiert Sie dabei sind, Ihre Verbindung zu allem, das ist, zu vertiefen. Wie bereit sind Sie, forschend in Ihre eigenen Tiefen einzutauchen?

Die Botschaft einer Fliege

Wenn Sie sich der Kommunikation mit der Schönheit des Universums öffnen, müssen Sie der Schönheit oder des Göttlichen im Inneren gewahr werden. Eine einschlägige Lektion dazu erhielt ich von einer gewöhnlichen Fliege. Fliegen können sehr wichtige Botschaften für uns haben. Als ich diese Geschichte vor Teilnehmern eines Workshops erzählte, sagten diese, dass sie von nun an gegenüber Fliegen ganz anders empfänden und versuchen würden, darauf zu verzichten, gleichsam reflexhaft zu tun, was anscheinend alle tun, nämlich zu- und totzuschlagen, wenn eine Fliege es wagt, bei oder gar auf uns zu landen.

Ich saß gerade im Garten und genoss die wundervollen Strahlen der Frühlingssonne, als eine Fliege auf meinem Arm Platz nahm. Ich war gerade im Begriff sie fortzuscheuchen, als ich innehielt und plötzlich das Gefühl hatte, dass die Fliege mich mit festem Blick fixierte! Dann begann ich, eine sehr wichtige Botschaft über mich selbst zu hören; sie kam von dieser winzigen Kreatur. Ihre weisen Worte waren: „Du gibst jedem und allen anderen so viel Liebe. Warum öffnest du nicht dein Herz und lässt *dich selbst* herein?"

Ich muss zugeben, dass ich über diese tiefschürfende Aussage recht schockiert war, die aus einer so unerwarteten Quelle kam. Doch ich konnte die Wahrheit in diesen Worten leicht erkennen. Ich hatte mich oft isoliert gefühlt und war mir selbst immer die strengste Kritikerin gewesen. Ich weiß, dass man sich selbst lieben muss, um andere wirklich zu lieben, deshalb versprach ich, an dieser Herausforderung zu arbeiten, und dankte der Fliege für ihre Bereitschaft, mir zu helfen. Sie schien zufrieden zu nicken und brummte davon.

Zuhören zu lernen, ist der erste Teil; wirklich zu hören, ist der wichtige Teil. Es reichte nicht, die Botschaft die Fliege nur wahrzunehmen; ich musste ihre Bedeutung wirklich *hören* und danach handeln. Daran zu arbeiten, unsere Herzen zu öffnen, ist der beste Weg, um Bahnen zur Kommunikation einzurichten. Es gibt verschiedene Methoden, in- tuitiv Informationen zu erlangen, keine ist besser als die anderen. Es ist wichtig, die Art und Weise, wie sich die eigenen intuitiven Fertig- keiten entfalten, wertzuschätzen und nicht abzutun. Vielleicht arbeiten Sie mithilfe einer der folgenden Techniken oder einer Mischung von mehreren; jeder Weg hat seine Berechtigung.

Außersinnliche Wahrnehmungen in der Verbindung mit Tieren

Hellsehen

Dieser Begriff bezieht sich auf die Fähigkeit, Bilder vor dem inneren Auge zu sehen, sowie darauf, intuitiv etwas über die Vergangenheit, Gegenwart oder Zukunft zu erfahren, ohne dass es irgendeine logische Erklärung dafür gibt, wie man zu diesem Wissen gelangt ist. Dies gilt auch für die Bilder und Szenen, die ich mit Videoclips aus oder über Leben in der Gegenwart oder Vergangenheit verglich, die ich intuitiv wahrnehmen kann. Manchmal bekomme ich gezeigt, in welcher Gestalt ein Tier in der Zukunft erscheinen wird, wenn es das nächste Mal inkarniert. Ich habe ganz klar gezeigt bekommen, wie meine geliebte Ziege Anneka wieder inkarnieren wird. Sie teilte mir aus der geistigen Welt recht entschieden mit, dass sie nicht als Ziege wiederkehren werde und nicht in einem kalten Stall leben wolle. Sie wird in Gestalt einer Katze wieder zu mir kommen, so dass sie sich auf meinem Bett oder Schoß behaglich zusammenrollen kann! Dies kann ich ihr absolut glauben, da sie mir immer gefolgt ist, wohin ich auch ging, und unglaublich stark auf mich eingestimmt war.

Eines Tages verlor ich sie aus den Augen und wusste, dass sie nicht weit fort sein konnte, aber ich war nicht wirklich darauf vorbereitet, wo ich sie finden würde. Sie war in meinem Schlafzimmer! Wir wohnten in einem Bungalow, und da sie mir nahe sein wollte, hatte sie unsere Küchen-Klöntür aufgestoßen und die Annehmlichkeiten unserer Wohnung erkundet. Sie machte nichts schmutzig, hatte aber eine Collage von einem Grünfinken entdeckt, die mein ältester Sohn Christopher im Kindergarten liebevoll angefertigt hatte. Sie bestand aus verschiedenen Körnern und Sämereien, und Anneka kam auf die Idee, davon zu kosten. Sie fühlte sich offenbar wie zu Hause, als sie die Körner von dem Papier nahm und das Kunstwerk damit entweihte. Sie erinnerte sich offensichtlich, dass Schlafzimmer ein guter Ort sind, wenn man sich selbst darin befand!

Hellfühlen

Dieser Begriff bezieht sich auf die Fähigkeit, die Emotionen oder körperlichen Empfindungen eines anderen intuitiv zu erfassen. Manchmal fühlt man körperlich vielleicht Schmerzen oder Ängstlichkeit und weiß dabei, dass es nicht die eigenen Empfindungen sind. Hier gilt es, vorsichtig zu sein und davon loszulassen, um nicht die Verfassung oder Stimmung der anderen Person oder des Tieres zu übernehmen. Eine gute Methode, um sich davon frei zu machen, ist, sich vorzustellen, alles nach unten zu schicken, damit es „geerdet" wird. Bei der Arbeit an Fern-Readings fühle ich oft einen körperlichen Schmerz oder Niedergeschlagenheit. Solche Eindrücke helfen mir, Probleme bei dem anderen Menschen intuitiv zu erfassen oder zu verstehen, was das Tier mir gerade über sich selbst oder seinen Besitzer mitteilt.

Hellhören

Dieser Begriff bezieht sich auf die Fähigkeit, Wörter und Sätze mit den inneren Ohren zu hören; man spricht auch von mentaler Telepathie. Wenn Sie etwas auf diese Weise hören, klingen die Wörter und Sätze möglicherweise wie Ihre eigene Stimme, doch sobald solche Informationen verifiziert werden, können Sie Ihren Fähigkeiten vertrauen lernen. Vertrauen ist hier das Wichtigste. Manchmal klingen die Stimmen gleich, doch im Ton unterscheiden sie sich von Tier zu Tier. Ich arbeitete einmal mit fünf Hunden, die im Haus bei ihrem Besitzer lebten. Jeder Hund hatte einen individuellen Charakter und seine unverwechselbare Energie, die sich auch im Ton seiner Kommunikation erkennbar unterschieden. Sie liebten es, übereinander zu tratschen, was sehr erheiternd war und in den Einzelheiten vom Besitzer bestätigt wurde. Ein Hund war sehr ruhig und verschlossen, er teilte sich auf eine gleichförmige und vernünftige Weise mit. Ein anderer war völlig hyperaktiv. Er sprach sehr schnell und plapperte drauflos über alle mögliche Possen, die die anderen angestellt hatten. Einmal sprach ich mit einer netten Stute namens Moonie, deren Stimme und Redeweise dem entsprach, was ich von einer Kummerkastentante erwarten würde. Sie erzählte mir, der Freund ihrer Besitzerin habe gesagt, er sei wirklich nicht gut genug für sie, und es könne ihr viel besser gehen. Ich musste mich zusammenreißen, um nicht zu lachen; es war ein so reizender, aber Respekt einflößender Ton. Noch dazu war die Mutter der Besitzerin zugegen. Taktvoll versuchte ich, die Gedanken des Pferdes über die Beziehung weiterzugeben, denen sie von Herzen beipflichtete. Ich bin froh, dass die Besitzerin zu dem gleichen Schluss gelangte.

Hellriechen

Diese Fähigkeit ist weniger verbreitet, aber manche Menschen erhalten sehr deutliche Geruchs-Eindrücke, sei es in Verbindung mit einem lieben Menschen aus der Vergangenheit (zum Beispiel ein Parfüm), sei es zusammen mit einer deutlichen Botschaft für die Gegenwart. Tiere übermitteln mir manchmal Gerüche, um ihre Vorlieben und Abneigungen zu verdeutlichen, zum Beispiel eines Futters oder einer Umgebung. Katzen und Hunde vermitteln mir regelmäßig Fleisch-Gerüche – was für einen Vegetarier nicht sehr angenehm ist, aber sie lieben es. Pferde senden mir manchmal den Geruch von (Rüben-?) Melasse oder Äpfeln, was dann schon in die nächste Kategorie übergehen kann:

Hellschmecken

Mit dieser Fähigkeit begabt, nimmt man intuitiv Geschmackseindrücke auf. Wenn man zum Beispiel eine Katze nach ihrem Lieblingsfutter fragt, kann es geschehen, dass man einen Eindruck von Fischgeschmack erhält. Eine Hündin, die an einem meiner Workshops als freiwillige Helferin teilnahm, mit der wir arbeiten durften, löste viel

181

Heiterkeit aus, als wir sie nach ihrer Leibspeise fragten. (Diese Frage ist übrigens immer ein guter Ausgangspunkt für die Kommunikation mit Tieren.) Ich roch und schmeckte Fisch, und sie zeigte mir ein kleines Fisch-Symbol. Ich dachte, die korrekte Antwort zu wissen, aber eine meiner Schülerinnen wusste es besser. Sie erfuhr telepathisch, dass das Tier – Fischfrikadellen liebte.

Wir lachten, bis die Besitzerin bestätigte, dass diese Hündin tatsächlich eine leidenschaftliche Vorliebe für Fischfrikadellen hatte. Dies war für jene Schülerin eine wichtige Lektion im Vertrauen auf die innere Führung, da sie selbst für Unsinn hielt, was sie telepathisch aufgenommen hatte. Wer hat jemals von einem Hund gehört, der Fischfrikadellen liebt?

Zu viele Pommes frites

Takt ist ein sehr wichtiges Element, das es zu entwickeln gilt. Wir haben eine große Verantwortung bei der Frage, wie wir Botschaften übermitteln, und es ist unsere Pflicht, die Informationen mit höchster Redlichkeit weiterzugeben. Dies ist gleichwohl nicht immer einfach, da manche Botschaften recht persönlich sind und verletzend wirken könnten.

Ein typisches Beispiel war meine Arbeit mit einem sehr wohlerzogenen und teuren Showpony, einem von mehreren auf dem Hof. Die Besitzerin hatte mich angerufen, weil sie sich Sorgen wegen mehrerer körperlicher und psychischer Probleme ihrer Ponys machte. Ich war überrascht, neben anderem Tratsch über die Tiere zu erfahren, dass die Besitzerin zu viele Pommes frites verspeiste! Weit davon entfernt, abfällig zu reden, war das Pony seinerseits nur in Sorge um die Gesundheit der Besitzerin, nicht um ihr Körpergewicht. Sie war eine sehr schlanke Dame, und so war ich eher abgeneigt, ihr die Botschaft des Ponys zu übermitteln. Doch das Tier bestand darauf, dass ich sie weitergab. Als ich all meinen Mut zusammennahm und die Aussage des

Ponys wiederholte, lachte die Besitzerin glücklicherweise schallend und erzählte mir die Wahrheit hinter der Sache. Um ihre Finanzen aufzubessern, die etwas strapaziert waren, weil sie für alle Ponys aufkommen musste, hatte sie angefangen, in einem örtlichen Pub zu arbeiten, wo sie abends das Essen servierte. Dort hatte sie in der Tat Pommes frites gegessen und im letzten Monat einige Pfunde zugenommen. Ich versicherte ihr, dass das Pony nur ihr Wohl im Sinne hatte und nichts von Übergewicht gesagt, sondern nur den Fettgehalt erwähnt hatte.

Wütender Toast

Ein weiterer erheiternder und leicht verfänglicher Fall war die Arbeit mit einem Tinker-Pferd namens William. Seine neue Besitzerin liebte ihn, und er hatte großes Glück, in ein so gutes Haus zu kommen – zweifellos aus sehr gutem Grund, nämlich um seiner Besitzerin eine Erkenntnis zu vermitteln. Er zeigte mir seine Besitzerin, wie diese für jemand Toast bereitete – wie ich annahm, für ihren Ehemann. William zeigte mir zwei Scheiben weißes Toastbrot. Doch diese wurden nicht mit leichter Hand und frohem Sinn bereitet; ich hatte den starken Eindruck, dass die Besitzerin mit Groll an ihren Partner dachte. William bestand darauf, dass ich einen Weg fand, dies mitzuteilen. Zum Glück für mich fand die Besitzerin es höchst amüsant und gab zu, dass sie über ihren Mann sehr verärgert gewesen war, weil sie das Gefühl hegte, dass er nicht seinen Beitrag geleistet hatte. Sie hatte ihm in der Tat zwei Scheiben weißen Toast gegeben. Dies war am selben Morgen geschehen, kurz bevor wir uns für unsere Sitzung mit William getroffen hatten. William meinte, es sei nötig, dass sie ruhiger und weniger gestresst lebe, denn sie könne recht launisch sein. Die Besitzerin gab zu, dass dies zutraf, und wir lachten, dass sie vielleicht ein neues Pferdenahrungs-Ergänzungsmittel einnehmen sollte, speziell für verdrießliche, hormonell unausgeglichene Stuten. Die Besitzerin wollte ihrem Mann davon erzählen, der in Bezug auf meinen Besuch sehr skeptisch gewesen sei, und hatte das Gefühl, dass er auf meine Information bestimmt eine sehr positive Reaktion zeigen werde.

Henrys Sahnetorten

Eine weitere lustige Episode war, als ich ein großes rotbraunes Pferd namens Henry besuchte. Zwischen vielen Informationen über seinen Zustand begann er, mir Bilder von Teigwaren und leckeren Sahnetorten zu zeigen. Ich stöhnte schon innerlich und dachte: „Jetzt geht das schon wieder los!" , als Henry sagte, dass ich diese lebenswichtige Botschaft seiner Besitzerin übermitteln solle. Dies war wohl wieder eine Lektion zum Thema „Zweifle nicht an dir selbst" – was ich gleichwohl gelegentlich tue, wenn die Information allzu skurril erscheint. Ich überwand mich also und erwähnte die kulinarischen Köstlichkeiten, zur großen Überraschung der Besitzerin. Sie gab zu, dass Nudeln ihre Leibspeise waren, sie würde in der Tat am liebsten ganz von Teigwaren leben. Über die Sahnetorten war sie nicht so sicher, sie räumte allerdings gelegentliche Schwächen ein, jedoch keinesfalls obsessiver Art. Also kehrten wir zurück zu einem tiefgründigeren Austausch, der, wie ich hoffe, beiden Beteiligten nützen würde. Die Sahnetorten tat ich für mich als irrelevant ab. Als ich von meiner langen Fahrt zu Henrys Hof nach Hause zurückkehrte, erhielt ich eine Nachricht von seiner Besitzerin: Als sie von unserer Sitzung nach Hause kam, habe sie den Kühlschrank geöffnet und darin zwei Sahnetorten vorgefunden, die ihr Mann als besondere Leckerei gekauft hatte.

Der musikalische Wellensittich

Als ich den Kater Chippy besuchte und mit seiner jungen Freundin Cara arbeitete, fragte deren jüngerer Bruder mich, ob ich mit seinem

Wellensittich reden könne. Ich hatte noch nie zuvor mit einem Wellensittich gesprochen, dachte aber, ich könnte es einmal probieren, da ich den jungen Burschen nicht enttäuschen mochte. Ich öffnete die Tür zum Schlafzimmer, in dem der Vogelkäfig stand, und schloss sie wegen Chippy behutsam hinter mir. Ich wollte keinesfalls ein Familiendrama, das dem Kater eine zusätzliche Geflügelmahlzeit einbrächte. Ich traf auf einen sehr missmutigen Vogel, der auf seiner Sitzstange hin und her stapfte und sehr verärgert aussah. Ich fragte ihn, ob es in Ordnung sei, mich zu nähern und mit ihm zu sprechen, und er nahm das Angebot widerwillig an. Er verlangte, dass ich in Bezug auf die schreckliche Musik etwas unternähme. Das Radio bleibt in seinem Zimmer gewöhnlich angeschaltet, um dem Vogel etwas Gesellschaft zu bieten, während die Kinder in der Schule waren. Der gefiederte Gesellschafter des Vogels war erst kürzlich gestorben, und die Menschen waren in Sorge, dass dieser sich einsam fühlte. Das Radio war auf einen Lokalsender eingestellt, der Popmusik spielte. Der Wellensittich war davon nicht angetan und verabscheute, was er als „Gedudel" bezeichnete. Es erinnerte mich an die ähnlichen Gefühle meines Großvaters zu diesem Gegenstand, den er als eine „Kaskade der Kakophonie" verurteilte. Ich war leicht geschockt angesichts der vehementen Deutlichkeit dieses kleinen Vogels. Ich versprach, mit der Regierung darüber zu sprechen. Natürlich waren die Menschen durch meine Fragen in Bezug auf das Radio leicht irritiert, gaben aber zu, dass sie kürzlich den Sender gewechselt hatten. Das Radio hatte vorher klassische Musik ertönen lassen, während der jetzige Sender eher modernere Töne von sich gebe. Als ich sagte, dass der Wellensittich entschieden dagegen protestierte, mit dieser Musik behelligt zu werden, versprachen sie, das Gerät auf eine „anständige Musik" einzustellen! Ich war erleichtert, als ich erfuhr, dass der Wellensittich viel fröhlicher war und zu den Kompositionen der Klassiker munter drauflos plapperte.

Harrys Strafkasse

Nicht jede Rede aus Tieres Mund eignet sich zur Veröffentlichung. Ich war geschockt, als ich eines Tages eine Scheune betrat, um von einem Pferd namens Harry nur die übelsten Kraftausdrücke zu hören. Ich hatte keine Ahnung, dass Pferde fluchen konnten, und wenn dieses hier eine Strafkasse für Flüche und Schimpfwörter gehabt hätte, befände sich all sein Bargeld in deren Innerem. Als ich um die Erlaubnis bat, seinen Stall zu betreten, wurde ich mit einer Tirade von Beschimpfungen begrüßt. Wörter, die sinngemäß fragten, was um Himmels willen ich denn glaubte, helfen zu können?

Es war offensichtlich, dass Harry Menschen nur wenig schätzte, wofür ich um Entschuldigung bat. Er teilte mir mit, dass er in einem Rennen gezügelt worden sei, das er hätte gewinnen können, und er sei so verärgert, weil er wisse, dass er sein Bestes gegeben hatte und nun ausgemustert wurde, lahm und niedergeschlagen. Ich versuchte, ihm zu versichern, dass ich tun werde, was ich konnte, um die Lage für ihn zu verbessern. Er war auf den Hof gekommen, um sich zu erholen, und seine Zukunft war keinesfalls gesichert. Zum Glück waren die Leute, die ihn versorgten, sehr verständnisvoll und wollten wirklich, dass er in ihrer Pflege bleibe. Wenn er wieder gesund werde, würden sie ihn an Rennen teilnehmen lassen, aber nur, wenn er dies wolle. Er hatte Sehnen-Probleme in einem Vorderbein, was sehr schmerzhaft gewesen war. Er sagte, dass er gerne wieder Rennen laufen würde, aber dieses Mal mit einem weiblichen Jockey und auf einer bestimmten Art von Bahn, nur zu seinen Bedingungen.

Ich meldete seine Bitten wie besprochen weiter, und als wir seine Sitzung beendet hatten, sagte er in meinem Kopf: „Mein Bein fühlt sich jetzt besser an, aber sage ihnen nichts davon!" Zum Glück für Harry konnte er auf jenem Hof bleiben, und allmählich wurde er wieder fit genug für Rennveranstaltungen. Entsprechend seinen Bedürfnissen wurde für das Rennen ein weiblicher Jockey gebucht, und er raste los. Ich wartete mit Spannung auf das Ergebnis. Später an jenem Abend erhielt ich einen Anruf, durch den ich erfuhr, dass Harry sein Rennen mit Leichtigkeit gewonnen hatte. Als ich ihn das nächste Mal sah, gratulierte ich ihm. Er beugte sich über seine Stalltür und beschwor gerade die kleinen Kinder, die auf ihren Fahrrädern vorbeikamen, etwas näher zu kommen, so dass er sie beißen könnte. Er war wirklich ein Charakter, und seine Sprache hatte sich nicht viel gebessert. Ich fürchte, alte Gewohnheiten lassen sich auch von Vierbeinern schwer überwinden.

Jazz ist wütend

Das einzige Pferd, von dem ich mich wirklich bedroht fühlte, war ein mächtiges Turnierpferd namens Jazz. Diese Stute war so voller Wut und Zorn, dass ich wirklich Angst hatte, ihr nahezukommen. Sie empfahl mir tatsächlich selbst, ihren Stall zu verlassen, da sie keine Verantwortung für ihre Aktionen übernehme. Das glaubte ich ihr und räumte eilends das Feld. Ich versuchte, ihr zu versichern, dass ich gekommen war, um zu helfen, und fragte, was sie mir über ihre Wut erzählen könne. Aus der Sicherheit auf der anderen Seite der Stalltür begann sie mir zu erzählen, was sie so erzürnt hatte.

Sie war im Pferdeverleih auf einem Turnierhof gewesen, wo sie auch einiges Training über Hindernisse erhielt. Leider gebrauchen manche Reit- und Springturnier-Trainer immer noch skrupellose Methoden, um die Pferde zum Springen zu reizen. Es gibt viele wunderbare Trainer und Höfe, aber jener gehörte leider nicht dazu. Jazz teilte mir mit, dass manche Pferde dort sehr grausam behandelt wurden, was zu schlimmen Verletzungen ihrer Beine führte. Ihre Besitzerin hatte einige wunde Stellen an Jazz bemerkt und sich heftig beschwert, deshalb ging es Jazz inzwischen besser als vielen anderen Pferden auf dem Hof. Sie erzählte mir von ihrem besten Freund, einem Fuchs, der unter sehr grober Behandlung zu leiden hatte. Jazz konnte nicht verstehen, warum man sie an diesem schrecklichen Ort gelassen hatte, und war so wütend auf die Dummheit und Gefühllosigkeit der Menschen. Ihre arme Besitzerin war todunglücklich, als ich ihr erzählte, was Jazz mir berichtet hatte. Sie hatte sie unbedingt in einen anderen Stall bringen sollen, konnte aber keinen anderen Hof in der Nähe finden, der sie nahm, noch dazu versuchte sie, mit einer schlimmen Krankheit in der Familie klarzukommen. Jazz sprach weiter und teilte mir einige sehr beunruhigende Fakten über die Managerin des Hofes mit, eine sehr hartherzige Frau. Wie ich von Jazz erfuhr, hatte sie als Kind schrecklichen Missbrauch erlitten, was sie psychisch so verhärtet hatte, dass sie ihre Macht und Herrschsucht nun um jeden Preis bei den Pferden durchzusetzen und zu beweisen suchte. Die Besitzerin war recht schockiert über das, was mir hier mitgeteilt worden war. Sie platzte heraus: „Wie können Sie das wissen?" Ich erklärte ihr, dass ich es nicht wisse, aber ihr Pferd habe es mir gerade erzählt. Jemand, der die Vergangenheit der Hofmanagerin kannte, erzählte deren Kindheitsgeschichte kürzlich der Besitzerin von Jazz und bestätigte alles, was das Tier mir in unmissverständlichen Einzelheiten berichtet hatte.

Billy und der Bombenkrieg

Es erstaunt mich immer wieder neu, was Tiere über uns und unsere Vergangenheit wissen. Sie erzählen mir von einer Kindheitsverletzung ihres Besitzers oder etwas, das geschehen ist, lange bevor das Tier zu diesem Besitzer kam, einfach um zu beweisen, wie sehr sie auf uns eingestimmt sind. Wenn sie zur Zeit des berichteten Geschehens in einer anderen Gestalt bei ihrem heutigen Besitzer gelebt hatten, so zeigt dies, wie sehr sie bemüht sind, uns zu helfen, Traumata aus der Vergangenheit oder beengende Glaubensüberzeugungen aufzulösen.

Ich solle einmal mit Bill sprechen, wurde ich telefonisch von seinen entnervten Besitzern gebeten, einem liebenswürdigen Paar, das seinen

Ruhestand in Devon verlebte. Billy war ein Jack-Russell-Terrier von ganz eigenem Charakter. Der Grund für die Nöte seiner Besitzer war, dass er nicht aufhörte zu bellen. Mit ihm Auto zu fahren, war ein Alptraum, weil sein unaufhörliches Gebell ohrenbetäubend war. Jegliches laute, plötzliche Geräusch oder gar Feuerwerk brachte ihn auf. Er schien nicht verängstigt zu sein, sondern einfach verärgert. Billy seinerseits teilte mir mit, dass er sich Gedanken um das Wohlbefinden seiner Besitzer mache, die nicht mehr so fit seien wie früher. Er bat, mich über gewisse Symptome zu erkundigen, die seine Wahrnehmung ihrer Probleme illustrierten. Er sagte, dass er über ihre Sicherheit im Auto besorgt sei, und so zeigte sich jede Aufregung, die sie beklagten, in Billy noch gesteigert und intensiviert. Dann sagte er etwas sehr Lustiges: „Um Himmels willen sage ihr, sie soll die Füße heben!" Ich versuchte, nicht zu lachen, als ich dies der Dame des Hauses weitergab, doch sie brach selbst in Lachen aus. Anscheinend war sie schon wiederholt gestolpert, wenn sie die Treppen und Stufen in ihr Zuhause erklomm, und war mehrere Male gefallen, zu Billys großem Kummer.

Die Angelegenheit wurde sehr emotional, als Billy mir dann einen kleinen hellbraunen Terrier-ähnlichen Mischling zeigte, der die Zerstörung Londons im Bombenkrieg erlebte. Er zeigte mir ein junges Mädchen, das diesen kleinen Hund hielt, der, wie er sagte, Sam hieß. Das schreckliche Brummen der Bomber über ihnen und das Entsetzen, das sie in den Familien auslösten, die in jener Zeit zu überleben versuchten, wurden in meinen Kopf übertragen. Der kleine helle Terrier hatte dem Mädchen in jener schlimmen Zeit viel Trost gegeben. Als ich von Billy aufblickte, den ich streichelte, während er all dies erzählte, strömten Tränen über das Gesicht seiner Besitzerin. Sie war jenes kleine Mädchen gewesen und hatte damals tatsächlich einen kleinen hellen Hund namens Sam gehabt, den sie sehr betrauerte, als er starb. Billy sagte, dass er Sam gewesen und zurückgekommen sei, um sich um sein Frauchen und ihren Ehemann in ihren späteren Jahren zu kümmern. Ich spürte, dass er weiterhin bemüht war, sie zu beschützen, und das Geräusch von Feuerwerk und Knallen erinnerte ihn an den Bombenkrieg und löste die Angst aus, dass irgendein drohendes schlimmes Unheil eintreten werde. Er fühlte sich außerstande, seine Besitzer im Auto zu beaufsichtigen und zu beschützen, deshalb bellte er, um sie zu ermahnen, vorsichtig zu sein. Leider war dies eher hinderlich als hilfreich, da sein Gebell so störend und ablenkend wirkte. Wir besprachen mehrere möglicherweise nützliche Heilmittel, die sie von einem ganzheitlich arbeitenden Tierarzt beziehen könnten, und ich behandelte Billy, um etwas von der Angst aufzulösen, die er um seine Besitzer hegte – nicht ohne an diese zu appellieren, vorsichtiger zu sein und sich um ihre Gesundheit zu kümmern – und sei es um Billys willen, wenn nicht aus eigenem Wollen.

Der Shetland-Wissenschaftler Ned

Ich war angerufen worden, um Julie und ihr Pferd Jack aufzusuchen. Jack zeige einige schwierige Verhaltensweisen, weshalb sie ihr Vertrauen verloren habe, ihn zu reiten. Wir hatten eine angenehme Sitzung, in deren Verlauf Jack ihr gemeinsames früheres Leben beschrieb, in dem Julie ein kleiner Junge war, der mit schweren Pferden in den Bahnbetriebshöfen arbeitete. Im Hintergrund stand ein zierliches braungeschecktes Shetland-Pony, das Ned hieß, wie mir übermittelt wurde. Ned schien unserem Gespräch zu lauschen und hin und wieder klug zu nicken, als wollte er sagen: „Nun, das hätte ich dir auch sagen können." Ich arbeitete mit Julie und Jack, um ihre Ängste auflösen zu helfen.

Die Informationen über das frühere Leben schienen alle schwierigen Verhaltensweisen zu erklären, und sobald sie verstanden waren, konnten sie losgelassen werden. Ned schien viel dringendere Informationen zu besitzen, die er nun beitragen wollte. Er drängte sich zwischen uns und begann mir Bilder von kleinen Kindern zu zeigen, die auf den Spielplatz einer typischen Dorfschule gingen. Er zeigte mir zwei kleine blonde Mädchen, das eine hatte einen Pferdeschwanz, das andere trug Zöpfe. Sie seien gute Freundinnen, doch er sei ein wenig in Sorge um sie. Ich meldete dies an Julie weiter, die etwas erschreckt blickte, weil es ihr kleines Mädchen war, das Ned beschrieben hatte, sowie seine beste Freundin und ihre Dorfschule. Wie konnte Ned dies wissen? Natürlich wusste er, wie Julies Tochter aussah, und ihre Freundin mag zum Spielen gekommen sein – aber wie konnte er die Schule in so genauen Einzelheiten beschreiben? Ned sprach weiter und teilte mir mit, dass die Tochter sich einen schlimmen Husten zugezogen habe, der sich verbreitet hatte, als ein Virus in der Schule die Runde machte. Dann zeigte er mir ein Klassenzimmer mit Kindern, die an kleinen Tischen saßen, und ein Kind hustete. Er zeigte mir etwas, das wie lindgrüne Teilchen aussah, die hinaus versprüht wurden und sich in der Luft verteilten. Dann atmete Julies Tochter diese grünen Teilchen ein. Ned schien es als Selbstverständlichkeit zu empfinden, als Julie bestätigte, dass in der Schule ein schlimmer Husten umgegangen war und sie den Verdacht hege, dass auch ihre Tochter ihn bekommen werde.

Entgegenkommende Lehrer

Die folgende Geschichte illustriert, dass wir die Weisheit dieser wunderbaren Geschöpfe niemals abtun, unterschätzen oder geringachten sollten. Bei diesem Fall geht es darum, offen und ihnen dankbar dafür zu sein, dass sie ihr verblüffendes Wissen bereitwillig mit uns teilen. Ihre Worte der Weisheit können für die Besitzer der Tiere lebensverän-

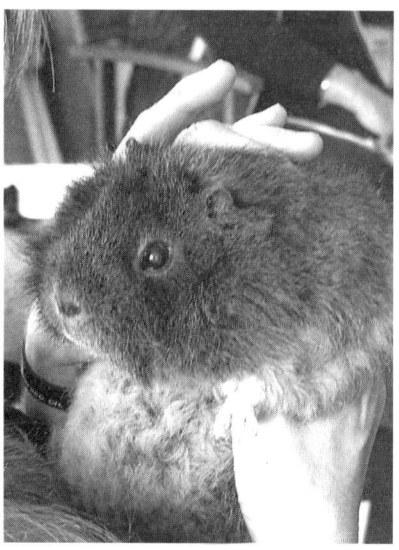

dernd sein. Ich bitte die Tiere immer um die Erlaubnis, mit ihnen zu arbeiten. Bevor ich mich auf den Weg mache, um einen Workshop zu geben, bei dem ich Schülern helfe, diese Fertigkeiten zu lernen, danke ich den Tieren im Voraus für ihr Geleit und ihre profunde Hilfe. Ihre Bereitschaft, neue Teilnehmer zu instruieren, hat mich noch nie enttäuscht, und die Tiere sind immer die Stars der Show. Sie sind die Lehrer; ich bin lediglich ein Sprachrohr oder Transportmittel für die Information, die sie weitergeben.

Einem kleinen Meerschweinchen namens Rue war ich besonders dankbar. Es schenkte Elsa, einer der Teilnehmerinnen eines Workshops, die durch schwierige Zeiten in ihrem Leben ging, viel heilsame Hilfe. Als sie den Seminarraum betrat, spürte ich, dass ihre Energie aus dem Gleichgewicht war und bei ihr nicht alles zum Besten stand. Dies war ein Workshop Stufe 2, und wir sprachen über unsere Erlebnisse bei der Ausübung der Kommunikationstechniken und Behandlungsmethoden, die im vorausgegangenen Workshop vermittelt worden waren. Elsa erwähnte, dass seit unserem letzten Treffen mehrere schwierige Veränderungen in ihrem Leben eingetreten waren. Im weiteren Verlauf des Tages und mit Hilfe der Tiere hob sich ihre Energie ein wenig, aber Elsa war immer noch nicht ihr gewohntes übersprudelndes Selbst.

Dann lernten wir Dill und Rue kennen, die beiden Meerschweinchen, die sich frohgemut unserer Schar anschlossen. Wir hatten die Chakra-Systeme und die zugeordneten emotionalen Verbindungen besprochen. Elsa entschloss sich zu dem Versuch, mit Rue zu kommunizieren, und streichelte das Tierchen sanft an der Brust. Das Meerschweinchen kuschelte sich an sie und verharrte zehn Minuten lang reglos. Ich beobachtete das Geschehen in der Gruppe und nahm wahr, dass bei Elsa eine wundervolle Heilung stattfand. Ihr ganze Miene war weicher geworden, und ihr Antlitz wirkte gelassen. Ich wusste instinktiv, dass Rue heilende Energie in Elsas Herz-Chakra strömen ließ und deren Traurigkeit und Belastung auflöste. Als die Zeit für eine Teepause kam, gab Elsa die kleine Rue widerwillig an deren junge Besitzer zurück und erklärte, dass sie sich so viel leichter und fröhlicher fühle. Sie könne selbst nicht glauben, wie anders sie sich nach den Streicheln des kleinen Heilers mit Fell fühlte.

Bettys Empfehlung

Ein weiteres wundervolles Pferd namens Betty gab jedem Teilnehmer eines Workshops, den ich in Dorset hielt, Rat und Heilung. Hamish hatte zugegeben, angesichts von Pferden sehr nervös zu sein, und war nicht sicher, wie es ihm gelingen werde, bei den Begegnungen in der Reithalle in großer Nähe der Pferde mit diesen zu arbeiten. Wir hatten am Vormittag verschiedene Visualisierungen geübt, uns mit Krafttieren verbunden, Kugeln aus heilender Energie erschaffen und telepathisch recht einfache Fragen an die Hunde gerichtet, die gekommen waren, um uns zu helfen. Wir stellten Fragen wie: „Was isst du am liebsten? Wo schläfst du gerne? Hast du einen Lieblingsplatz, den du besuchen oder an den du gehen möchtest? Was magst du, und was magst du nicht? Gibt es etwas, das du in deinem Leben verändern solltest? Gibt es etwas, das du deinem menschlichen Begleiter mitteilen möchtest?" Wir konnten uns über zahlreiche anregende Antworten freuen, erfuhren aber nichts weltbewegend Tiefgreifendes, bis wir am Nachmittag Betty kennenlernten. Hamish war es gelungen, die Verbindung zu einem hübschen grauen Pferd aufzunehmen, doch er war dabei auf Distanz geblieben.

Als Betty hereingebracht wurde, veränderte sich alles. Sie war eine schlanke, geschmeidige, kastanienbraune Stute, und wir entdeckten, dass sie, obwohl sie fast fünf Jahre alt war, ihr ganzes Leben in einer kleinen Herde auf einer großen Weide verbracht hatte. Sie hatte kaum Umgang mit Menschen gehabt und war niemals wirklich unter Menschen gekommen. Wir visualisierten, Fäden aus liebevoller Energie von unseren Herzen auszusenden, die sich mit Bettys Herz verbanden, und fragten mit tiefstem Respekt, ob sie mit uns arbeiten möchte. Sie gestattete es uns, und wir plauderten telepathisch über verschiedene Themen. Die meisten Schüler hatten das Empfinden, Antworten auf ihre Fragen zu erhalten. Wir „hörten", dass sie einen dunkelrotbraunen Freund vermisste, und erfuhren von ihrer Besitzerin, dass sie tatsächlich ein dunkel-rotbraunes Pferd besessen hatte, das mit ihr gereist war. Aber es sei an einen anderen Stall verkauft worden, und so wurden die Tiere getrennt. Betty konnte mit alledem gut fertigwerden und war sehr geduldig bei den Versuchen der Gruppe, die Verbindung zu ihr aufzubauen.

Plötzlich marschierte sie vorwärts. Vorher war sie ruhig in der Mitte unseres Kreises gestanden, aber nun näherte sie sich nacheinander jedem einzelnen Teilnehmer unserer Gruppe, während ich übersetzte, was sie sagte. Dieses erstaunliche Pferd ging sehr behutsam auf Hamish zu und sprach über seine Ängste und woher sie kamen. Betty zeigte mir ein schreckliches Ende, das Hamish erlitten hatte, als er in einem früheren Leben von Pferden totgetrampelt wurde, und das seine unbeschreibliche Furcht erklärte. Nichts war im gegenwärtigen Leben je geschehen, das diese Angst hätte begründen können; er empfand einfach heftiges körperliches und emotionales Unbehagen. Betty empfahl Hamish, sich in ein warmes Bad zu legen und zu visualisieren, wie alle seine Verletzungen und Ängste abgespült und fortgewaschen werden. Als Betty fertig war, schien Hamish in ihrer Gegenwart bereits ruhiger und entspannter.

Als sie zufrieden war, Hamish geholfen zu haben, fuhr sie fort und sprach über ein hübsches Pferd in der geistigen Welt, was die Schülerin, die es besessen und geliebt hatte, sehr bewegte. Betty teilte der Schülerin mit, dass das Pferd geradewegs hinter ihr stehe und über sie wache. Sie müsse aufhören, so traurig zu sein und stattdessen ihre Präsenz in und ihr Geleit aus der geistigen Welt anerkennen. Danach sprach Betty mit dem Rest der Gruppe über verschiedene gesundheitliche und emotionale Probleme, und wir alle blieben sprachlos angesichts der Fülle an Wissen, über das dieses Pferd verfügte. Es hatte bis vor drei Wochen niemals auch nur seine Weide verlassen, und doch schien es fähig, der ganzen Gruppe auf die eine oder andere relevante und spezifische Weise zu helfen. Es war bemerkenswert. Es schenkte Hamish das Vertrauen, seine Ängste zu besiegen und anzufangen, mit Tieren aller Arten zu arbeiten – auch mit Pferden.

Das Medium Maddy

Viele Pferde können als Medien wirken und geliebte Menschen hereinbringen, die bereits hinübergegangen sind. Ich arbeitete mit einem Pferd namens Maddy, das den Geist der Großmutter ihrer Besitzerin hereinbrachte, und sie zeigte, wie sie Kuchen backte und Süßigkeiten bereitete, weil sie, wie sie sagte, ihnen „das Leben versüßen" wollte. Maddys Besitzerin gab zu, dass es die Familie zur Zeit sehr schwer habe und sie für die Empfindungen ihrer Großmutter sehr dankbar sei. Ein hübsches Pferd namens Saracen zeigte seine reizende Besitzerin im Sitzen mit einem wunderschönen flauschigen Kater, der sich auf ihrem Schoß zusammengerollt hatte. Er teilte mir mit, dass dieser Kater in der geistigen Welt sei, aber immer noch gerne auf dem Schoß seiner Besitzerin liege.

Als ich der Besitzerin mitteilte, was Saracen gesagt hatte, flossen die unvermeidlichen Tränen. Sie wisse, dass ihr Kater immer noch bei ihr sei, und denke häufig, dass sie ihn auf ihrem Schoß fühle. Eines der größten Geschenke, die unsere Tiere uns machen können, ist, unsere Tränen zum Fließen zu bringen. Als Menschen sind wir Experten darin, unsere Gefühle zu verbergen, und dann nagen sie in uns und verursachen körperliche Symptome, wenn sie nicht befreit werden. Tiere erleichtern ein solches Emporwallen unserer Emotionen, so dass wir die lange vergrabenen Gefühle angehen können und sie an die Oberfläche bringen, um sie loszulassen. Wenn ich mit Tieren und ihren Besitzern arbeite, gibt es nur sehr wenige Tage, an denen keine Tränen fließen. Mindestens ein Tierhalter beginnt gewöhnlich zu schluchzen – und manchmal ich selbst, wenn ich überwältigt bin von der Liebe, die unsere Tiere uns schenken. Manchmal sind Beratungsgespräche über Wochen hinweg nötig, um einem Menschen zu helfen, seine Trauer oder tiefwurzelnde Probleme anzunehmen und aufzuarbeiten, doch es bedarf oft nur weniger Worte von einem Tier, und schon kann alles an die Oberfläche kommen und geheilt werden. Das ist der Grund, warum inzwischen viele Pferde in der pferdeunterstützten Therapie arbeiten – mit fantastischen Resultaten bei ihren menschlichen Patienten.

Prima

Heilen mit Tieren erlebte ich auch in anderen Formen, wie durch Träume und außerkörperliche Erlebnisse. Ich arbeitete gerade an dem kränksten Pferd, das ich je gesehen hatte, es hieß Prima. Später fanden wir heraus, dass Prima mit Louping-ill angesteckt worden war. Das ist eine sehr schlimme Krankheit, die durch Zecken übertragen wird. Prima lebte auf einer Schaffarm in Devon, wo Zecken stark verbreitet waren. Ihre normalerweise kräftige Fuchs-Statur schmolz dahin, als die Krankheit in ihrem Organismus wütete. Ihr Gleichgewicht war massiv beeinträchtigt, und sie stürzte so schwer, dass sie die Seite des hölzernen Stalls herausschlug, schlimm stolperte und hart auf den Stallboden aufschlug. Angesichts ihrer Erscheinung war ich in großer Sorge und zweifelte daran, dass sie noch zu retten war. Während sie sich mit Mühe aufrechthielt, zitterten ihre Beine. Sie schien sich zu fürchten, sich niederzulegen, als wüsste sie, dass es ihr vielleicht nicht möglich wäre, wieder aufzustehen. Ihre Augen waren glasig und hohl vor Schmerzen, als ob sie die schlimmste Migräne hätte, die man sich vorstellen konnte. Sie schien am Rande eines Abgrunds zu stehen. Ich visualisierte, goldene Energie durch ihren Körper zu senden, und arbeitete sanft daran, den Schmerz in ihrem Kopf zu lindern. Sie blickte etwas erleichtert, und ich versprach, wenn ich wieder zu Hause wäre, aus der Ferne weiter an ihr zu arbeiten. Die arme Prima konnte ihren Kopf nicht senken, um zu essen oder zu trinken, und selbst wenn Wasser oder Leckerbissen ihr dargereicht oder ins Maul gegeben wurden, vermochte sie nicht zu kauen oder die schmerzhafte Anstrengung des Trinkens zu bewältigen. Sie erhielt eine intensive Behandlung mit Antibiotika und bekam Elektrolyte gegen die Dehydrierung eingeflößt, doch ihr Leben schien an einem seidenen Faden zu hängen. Drei Nächte lang pflegten ihre Besitzer sie, der Jagdhundehüter war in Bereitschaft, um zu kommen und sie aus ihrem Elend zu erlösen, wenn man das Gefühl hätte, dass es zu grausam wäre, diesen schrecklichen Zustand weiter zu verlängern. Ich blieb in engem Kontakt mit den Besitzern, und der Schamane Dave und ich taten, was wir konnten, in unserem gemeinsamen Bemühen, zu ihrer Rettung beizutragen.

Unser Pferd Troy arbeitete heldenhaft aus der Ferne, kümmerte sich um ihre Schmerzen und gab ihr heilende Energie. Sehr früh am vierten Tag – um etwa fünf Uhr morgens, ich schlief noch im Bett – träumte ich, dass es Prima gelungen war, ihren Kopf leicht zu senken und etwas von dem dringend benötigten Wasser zu trinken. Ich hörte sie die lebenspendende Flüssigkeit schlürfen, es schien ganz real. Ich wachte auf und betete inständig, dass dies wahr sein möge und sie sich wohl und kräftig genug fühle, um zu trinken. Dann konnte ich meine Neugier nicht länger im Zaume halten und rief die Besitzer an, die, wie ich wusste, auf sein und sich um Prima kümmern würden. Ich war so froh, zu erfahren, dass Prima tatsächlich Wasser getrunken hatte, zum ersten Mal seit ihrer Erkrankung – und genau zu der Zeit, als sie es mir im Traum gezeigt hatte. Von da an machte sie nach und nach immer größere Fortschritte, und es kam zu einer zwar langsamen, aber vollständigen Genesung, zur großen Freude von uns allen. Bevor Troy mit ihr arbeitete, hatte Prima niemals eine Vorliebe für Pfefferminze gezeigt, doch ich denke, nicht alle seine Einflüsse waren unbedingt gut. Er hatte eine schreckliche Pfefferminz-Sucht und würde jeden um Minzhaltiges behelligen, der solches in der Tasche hatte. Seit Troys Heilungsbemühungen jedenfalls hatte Prima ein ähnliches Interesse entwickelt. Doch ich denke, dies ist ein bescheidener Preis dafür, dass er zu ihrer Rettung beigetragen hat, und jedermann ist dankbar, dass Prima genas; und dafür, dass sie einen so starken Lebenswillen unter Beweis gestellt hat, verdient sie durchaus einige süße Leckereien.

Gullivers Reisen

Ein weiterer Traum, den ich hatte, handelte von Gulliver, einem sehr lahmen Pferd für dreitägige Veranstaltungen. Gulliver nahm an den renommierten Pferdewettbewerben von Badminton teil. Er gehörte dem Sohn meiner Freunde, und sie waren sehr gespannt, weil er seinen zweiten Tag vor einem internationalen Feld in Führung beendet hatte und startklar war, die Gesamtqualifikation zu gewinnen.

Doch bei der tierärztlichen Untersuchung am Abend hieß es, er sei lahm und für die weitere Teilnahme wahrscheinlich nicht fit genug. Damit war seine ganze Karriere als Teilnehmer bei internationalen Topveranstaltungen infrage gestellt. Ich erhielt einen Anruf mit der Bitte um Hilfe und versprach, mein Bestes zu tun. Als ich im Bett lag, versuchte ich, an heilende Energie zu denken, die in seine Sehnen strömte, aber leider war ich so müde, dass ich bald einschlief. Ich hatte einen höchst merkwürdigen Traum, der so lebendig schien, dass ich daraus erwachte und dabei erwartete, mich von Pferdegeruch und Stroh umgeben zu finden. Ich hatte geträumt, dass ich unter Gulliver lag und behutsam sein verletztes Vorderbein hielt. Ich visualisierte, Kohlefaser-Implantate in seine Sehnen zu pflanzen, und sah, wie sie das ganze Gewebe kräftigten und mit neuer Energie erfüllten. Schließlich sah ich, wie er aufstand und umhertrottete, allem Anschein nach völlig genesen.

An jenem Nachmittag schaltete ich den Fernseher an, um zu sehen, ob Gulliver an der dort übertragenen Veranstaltung teilnahm, aber er war leider definitiv aus dem Rennen genommen worden. Ich war so enttäuscht, da mein Traum so real erschienen war, und ich fühlte mit Gewissheit, dass etwas geschehen sein musste und er auf irgendeine Weise davon profitiert hatte. Ich rief meine Freunde an, um mich zu erkundigen, wie es Gulliver gehe und ob sie irgendwelche Neuigkeiten gehört hätten. Ich erzählte ihnen von meinem Traum, und sie berichteten, dass ihr Sohn angerufen und zu ihrem Erstaunen gemeldet habe, dass es dem Pferd am nächsten Morgen viel besser gegangen sei, aber man habe ihn aus dem Rennen genommen, um seine Zukunft nicht aufs Spiel zu setzen. Er könnte in der Lage gewesen sein, am Wettbewerb teilzunehmen und ihn möglicherweise auch zu gewinnen, doch dies hätte einen zu hohen Preis kosten und seinem Bein irreparablen Schaden zufügen können. Deshalb erlaubten sie ihm klugerweise, sich zu erholen und seine Karriere fortzusetzen, wenn er wieder ganz fit war. Am nächsten Tag hörte ich, er springe umher wie ein Zweijähriger, und man versuche, ihn zu beruhigen, um sein Bein zu schonen.

Positives Heilwerkzeug

Die positive Visualisierung ist ein sehr kraftvolles Heilwerkzeug. Die stille Meditation ist immer ein sehr geeigneter Weg, Zugang zum höheren Bewusstsein zu erlangen, das über Kommunikation alles weiß! Die Kraft unserer Absicht ist dabei das Wichtigste. Im täglichen Leben nutzen wir so wenig von unserem Geist. Wenn wir in tiefere Bereiche der unterbewussten Weisheit eintauchen, gibt es dort keine Grenzen für unsere heilenden Fähigkeiten, zur Hilfe sowohl für uns selbst als auch für andere.

Ich arbeitete mit einem Pony namens Logan. Den Galopp schien er rundheraus abzulehnen, und so war er auf Jennys Hof zur Nachschulung gekommen. Er zeigte mir frühere Leben, einmal als ein Traber und einmal als ein Isländer-Packpferd, das schwere Karibu-Ladungen trug. Keines dieser Leben erforderte die Gangart Galopp, und nachdem ich selbst einen Traber im Ruhestand geritten hatte, wusste ich, dass er um keinen Preis galoppieren, sondern nur eben schneller und immer schneller traben würde. So bat ich die Besitzerinnen, zwei junge Mädchen, und ihre recht skeptische Mutter, zu visualisieren, wie Logan perfekt galoppierte. Dann bat ich Jenny, sich vorzustellen, dass Logan mühelos rund um den Übungsplatz galoppierte, bevor sie in die Reitschule gingen. Alle versprachen mir, meine Anweisungen zu befolgen, und verpflichteten sich, ihre Hausaufgaben zu machen. Als Jenny Logan das nächste Mal auf den Übungsplatz mitnahm, hatte sie visualisiert und vor ihren inneren Augen gesehen, wie er in wunderschön gleichmäßigen Kreisen galoppierte. Und siehe da: Nach einigen leichten Aufwärmübungen brach Logan plötzlich zu einem mühelosen Galopp auf. Es herrschte allgemeine Begeisterung. Logan selbst gab mir einen freundlichen Dankeschön-Kuss für meine Hilfe.

Wie im Falle von Nick und Lily, als Nick all die Routen visualisiert hatte, die sie ohne Angst und unbeschwert reiten würden, war es genau dies, was ihnen begegnete. Es ist, als könnten wir unsere Gedanken auf positive Ergebnisse programmieren. Athleten nutzen diese Techniken mit großem Erfolg, da sie sich buchstäblich selbst bildlich vorstellen, wie sie höher springen oder schneller laufen und über die Ziellinie rasen. Dies ist einfach eine Nutzanwendung der Kraft des Geistes, eines wahrlich ehrfurchtgebietenden Werkzeugs.

Kapitel 11

Die Liebe stirbt nie

Fast jeden Tag, den ich damit verbringe, mit Klienten und ihren Tieren zu arbeiten, sind wir berührt und bewegt von der tiefen Verbundenheit der Tiere mit ihren Besitzern. Es ist phänomenal, wie weit sie bereit sind zu gehen, um ihren Weg zurück zu uns zu finden. Welche Widrigkeiten sie sich schon vor ihrer Inkarnation bereit erklären, auf sich zu nehmen, nur um uns zu helfen, ist ehrfurchtgebietend.

Pillow spricht

Pillow ist eine weitere sehr spezielle Hündin, die mir auf der Reise meiner Seele sehr geholfen hat, ähnlich wie Mulberry für Cameron wichtig war. Tatsächlich habe ich Pillows Anwesenheit während der ganzen Entstehung dieses Buches gespürt, deshalb verdient sie, Ihnen in diesem letzten Kapitel vorgestellt zu werden.

Ich war angerufen und gebeten worden, mit dem Pferd einer Dame in einem Dorf in der Nähe zu arbeiten. Wir erzielten einige sehr erfreuliche Resultate für das emotionale und körperliche Wohlbefinden des Pferdes, und so fragte die Besitzerin, ob ich auch mit Menschen arbeitete. Ich sagte ihr, dass ich in der Tat auch mit den körperlichen und seelischen Problemen von Menschen arbeite und glücklich sei, zu helfen, wo es mir möglich sei. Sie erwähnte, ihr Mann leide an Rückenschmerzen, und fragte, ob es irgendetwas gäbe, was ich tun könne, um den Schmerz auflösen zu helfen. Ich antwortete, ich würde sie zu Hause besuchen und mein Bestes geben, um zu helfen.

Dort rannten zwei hübsche Hunde um den Stallhof, deren bemerkenswerte Zeichnung mir auffiel; es waren langhaarige Blue-Merle-Collies. Ich machte eine Bemerkung über ihre ungewöhnliche Fellzeichnung und dass sie sehr hübsche Hunde seien; offenbar handelte es sich um Mutter und Sohn.

Ich kam in das Haus und arbeitete an dem Rücken des Ehemanns, was seine Beschwerden zu lindern schien, doch dann waren plötzlich viel Gequieke und allgemeine Aufregung aus Nachbars Garten zu vernehmen. Es war ein recht warmer Tag, deshalb waren die Türen zur Terrasse geöffnet und jedes Geräusch von draußen zu hören. Sie erzählten mir, dass der Collie-Rüde mit der Collie-Hündin des Nachbarn fraternisiert hatte, die kürzlich einen größeren Wurf geboren habe. Die Hündin war ein Border-Collie mit der weitverbreiteten Schwarz-Weiß-Zeichnung, doch die Welpen seien süß, und viele wiesen die herrliche Blue-Merle-Zeichnung auf. Ich wusste gleich: Wenn ich in den Garten ginge und sie zu sehen bekäme, würde ich einen von ihnen haben wollen, deshalb – und höchst erstaunlich für mich – verzichtete ich auf diesen Anblick.

Doch ich besuchte seinerzeit eine Meditationsgruppe, und eine der Teilnehmerinnen war nach dem Tode ihres heißgeliebten Hundes am Boden zerstört, und so versprach ich, sie mit dem Besitzer der Hündin in Kontakt zu bringen, der Schwierigkeiten hatte, ein geeignetes Zuhause für jeden seiner Welpen zu finden. Die Leute, die nach einem Welpen suchten, fanden diese Jungtiere nicht geeignet, weil sie aufgrund ihrer Collie-Gene zu lebhaft seien. Ich war enttäuscht, da ich wusste, dass dies für eines der Hündchen genau die richtige Familie wäre. Die verbleibenden Welpen wurden in ein Tierheim geschickt, da für sie kein anderes Zuhause gefunden worden war. Mir war klar, dass diese lebhaften, gesunden Welpen möglicherweise eingeschläfert würden. Das durfte nicht sein, deshalb beschloss ich, am nächsten Tag zu dem Haus zu fahren und um einen Welpen zu bitten. Irgendetwas drängte mich, eines der Tierchen unterzubringen. Doch als ich dort ankam, war es einige Minuten zu spät, die Welpen waren bereits abgeholt worden und auf dem Weg zum Tierheim. Ich sprang in den Wagen und fuhr zu dem Tierheim, wo mir die drei übrigen Welpen gezeigt wurden. Eines war schwarz-weiß, das zweite war flauschig mit einer hübschen Zeichnung, aber das letzte Hündchen schien mich auszuwählen. Die Kleine war liebreizend. Es hatte weiches Haar in den herrlichsten unterschiedlichen Grautönen, die sich als Flecken und Kleckse von dem weißen Fell-Hintergrund abhoben. Das Tierheim hatte ihnen gerade Namen gegeben für den Fall, dass jemand sie adoptieren wollte, und dieses Hündchen war Penny genannt worden. Ich trug sofort meinen Namen für sie ein und vereinbarte, sie abzuholen, sobald sie freigegeben werden konnte. Das arme kleine Ding war so verängstigt durch das Trauma, von seiner Mutter getrennt zu werden, und durch das schreckliche, traurige, anhaltende Bellen, das aus solchen Orten hervorzuströmen schien, wo unglückliche Hunde um ein neues, liebevolles Zuhause betteln.

Leider schien in den Zwingern ein schlimmer Hundegrippe-Erreger die Runde zu machen, und so wurde die Abholung verschoben, bis die Quarantäne-Zeit vorüber war. Als wir sie endlich abholen durften, fuhren meine Mutter und ich in erregter Vorfreude, um das Hündchen nach Hause zu bringen. Ich hatte Schwerarbeit geleistet, um meinen Mann zu überreden, dass es großartig wäre, noch einen Hund zu haben, obwohl wir bereits meinen Border-Terrier-Welpen namens Teazle und einen alten Border-Collie-Hütehund namens Dusty besaßen. Er war nicht ganz überzeugt, wusste aber, dass der Versuch, dieser bedürftigen Kreatur ein Zuhause zu verwehren, zwecklos war, und so arrangierte er sich mit der Aussicht, dass unsere Menagerie wieder einmal Zuwachs bekam.

Das arme kleine Hündchen war durch seine frühere Reise, als es von seiner Mutter getrennt wurde, so traumatisiert, dass es im Auto sehr verängstigt war und ihm auf der Fahrt recht übel wurde. Ich kannte noch nicht die Techniken, die mir heute vertraut sind, und war selbst bedrückt wegen seiner Angst. Meine Mutter streichelte die Kleine auf dem ganzen Weg nach Hause. Dort wurde sie Teazle und Dusty vorgestellt, der Matriarchin im Haushalt. Teazle, die völlig rätselhaftes Verhalten auszeichnete, sprang auf sie zu, freundete sich sofort mit ihr an und versuchte ihr anscheinend zu demonstrieren, dass das Leben Spaß machen konnte. Aufgrund von Teazles seltsamem Verhalten tauften wir den Neuankömmling um. Den Linoleum-Fußboden in der Küche empfand Teazle als zu kalt, um darauf zu sitzen, wenn sie sich nicht gerade zwischen den Decken in ihrem Körbchen aufhielt. Also beschloss sie, das neue Hündchen als Sitzpolster zu gebrauchen. Den Kopf des Welpen konnte man unter Teazle hervorragen sehen, die den dazugehörigen Körper als weiches Kissen benutzte. Der Welpe war so gutmütig, dass es ihm nichts auszumachen schien. Sie war tatsächlich die verschmusteste kleine Seele, und deshalb wurde Pillow („Kissen") ihr neuer Name. Nichts schien sie mehr zu genießen, als sich an uns zu schmiegen, und jedermann verliebte sich in sie. Einmal war Cameron nicht im Kindergarten, sondern blieb zu Hause, weil er eine schwere Erkältung mit Husten hatte und sich elend fühlte. Da verbrachten er und Pillow den größten Teil des Tages eng umschlungen auf der Couch, und ich wusste, dass Pillow ihrem Patienten Hilfe leistete, indem sie ihm als weiches Kissen diente, auf dem sein fieberheißer Kopf ruhte.

Pillow wurde ein integraler Bestandteil unseres Familienlebens, und wir beschlossen, in ein großes Bauernhaus im Flachland von Somerset umzuziehen, zu dem ein riesiger Garten mit genügend Platz für Mulberry, die Ziege, gehörte. Es bot auch einen hübschen, L-förmigen Stallhof, den Dusty überwachte, da sie im Stall neben Mulberry schlief. Pillow war in ihren Zahnungsphasen in der frühen Kindheit sehr zerstörerisch; trotz der gebotenen Knochen und Kaubonbons hatte sie sich vorgenommen, alle Plastikknöpfe an meinem Küchenherd abzunagen. (Wir hatten uns gewundert, woher die zermalmten Stückchen aus schwarzem Plastik stammten, bis ich den Herd anzu-

schalten versuchte.) Sie durchnagte auch Stuhl- und Tischbeine und die Holzknöpfe an meiner wertvollen Anrichte. Also beschlossen wir, ihr zu erlauben, nachts in dem warmen Stall bei Dusty zu schlafen, so dass sie, wenn sie nachts unbeaufsichtigt war, keine weiteren Zerstörungen anrichten konnte. Ich hatte große Schuldgefühle, da es so unfair schien, dass Teazle im Haus bleiben durfte – aber Pillow ruinierte unser Hab und Gut, und wir hatten keine Waschküche zu ihrer Verfügung.

Wir hatten beschlossen, Teazle zu erlauben, Welpen zu werfen, und sie produzierte einen Wurf wunderschöner Rassewelpen; anders als bei Pillows gekreuzten Brüdern und Schwestern, gab es eine Warteliste für diese beliebte Rasse. Mein Mann hatte kategorisch erklärt, keinen der Welpen zu behalten, da wir bereits mehr als genug Hunde besaßen, und ich erklärte mich widerwillig einverstanden. Ich wusste, dass ich sehr liebevolle Häuser für die Kleinen ausgewählt hatte, die bei ihren neuen Besitzern ein glückliches Leben haben sollten. Pillow wurde in Tante Pillow umbenannt, da sie die Welpen nach deren Fütterung liebevoll wusch. Dies geschah freilich nicht völlig selbstlos, da die Kleinen vermutlich köstlich schmeckten, zumal sie gewöhnlich mit den Resten ihrer Rinderhackfleisch-und-Ziegenmilch-Suppe bekleckert waren! Pillow war so ein Schatz, und als sie endlich ihre schrecklichen Zahnungs-Eskapaden hinter sich hatte, kuschelte sie sich in der Küche gleich neben das abgesperrte „Welpenpolster"; Teazle wiederum schien froh über ihre Hilfe und war glücklich, ihre Welpen mit der hingebungsvollen „Tante" zu teilen.

Warnende Vorahnung

Eines Nachts hatte ich eine schlimme Vorahnung. Ich bekam einen Hund „gezeigt", der tot dalag, und meine geistigen Führer gaben mir eindringlich zu verstehen, dass ich gerade erst einzusehen begann, dass ich nicht einen von Teazles Welpen behalten durfte. Alle ihre Welpen waren natürlich entzückend, und den Kümmerling aus diesem Wurf hatten wir Wilf genannt. An den Abenden, wenn ich fernsah, pflegte er auf seinem Rücken auf meiner Brust zu liegen, wie eine kleine tote Fliege, die Beinchen völlig entspannt an der Seite. Er hatte den ausgeprägtesten Charakter und die beeindruckendste Persönlichkeit des ganzen Wurfs, und wir hatten uns alle in ihn verliebt und waren ernstlich versucht, ihn zu behalten. Mir war kein klares Bild von dem Hund gezeigt worden, nur eine schlimme Warnung. Doch ich war töricht genug, die Warnung zu ignorieren. In meinem Kopf drehte ich sie um, dass es einer der Welpen gewesen sein könnte, der in dem neuen Zuhause vielleicht nicht glücklich sein würde, und ich machte mich glauben, dass dies Wilf wäre, so dass ich mich selbst dazu überreden konnte, dass er bleiben sollte.

An dem Tag, an dem eine reizende Besitzerin kam, um mit dem ausgewählten Welpen etwas Zeit zu verbringen, bearbeitete mein Mann gerade den Küchenfußboden, und so wurde Pillow nach draußen gebracht, wo er mit Dusty im Garten umherrennen konnte und bei der Bonding-Sitzung nicht im Wege war. Cameron spielte gerade draußen auf seinem Spielzeug-Traktor, und alles schien in Ordnung. Wir hatten uns schließlich entschieden, Wilf zu behalten, weil er so anbetungswürdig war; erst an diesem Morgen hatten wir uns darauf geeinigt. Eine halbe Stunde nach Beginn des Besuchs der voraussichtlichen Besitzerin kam Cameron hereingerannt und schrie, dass Pillow von einem Motorrad erfasst worden sei und auf der Straße vor unserer langen Einfahrt liege, die an dem geschlossenen Gatter endete. Im ersten Moment wies ich ihn ab, da unser Garten sehr gut eingezäunt war und ich mir nicht vorzustellen vermochte, wie es Pillow hätte sein können; es schien einfach keinen Weg zu geben, wie sie aus unserem Garten gelangen konnte. Aber als ich hinaussah, die Einfahrt entlang, konnte ich sehen, dass sich Autos auf der Straße stauten, als gebe es ein Hindernis auf der Fahrbahn. Immer noch ungläubig, rannte ich die Zufahrt hinaus, um selbst zu sehen, was da los war. Zu meinem Schrecken lag Pillow dort reglos, und mehrere Meter weiter waren ein Motorradfahrer und seine Maschine über die Straße verteilt. Diese Straße war normalerweise sehr ruhig, sie wurde nur vor und nach den allgemeinen Arbeits- und Schulzeiten, also morgens und am Nachmittag, befahren.

In meinem Schock starrte ich immer noch auf Pillow, ohne zu verstehen, wie sie hinausgelangen konnte. Was ich sah, konnte nicht wirklich geschehen sein. Mein Denken wollte nicht akzeptieren, dass unser wundervoller Hund vor meinen Augen starb. Mit meiner früheren tierärztlichen Erfahrung wusste ich, dass sie rasch ihr Leben aushauchte, und ich war am Boden zerstört, ihr Herz schlagen zu fühlen, als sie da lag, und dann nicht mehr atmete und schließlich von uns ging. Wir waren alle wie gelähmt. Ich konnte nicht weinen, ich konnte nicht sprechen, und es schien einfach unfassbar, dass dies geschehen war. Sie muss über das Tor gesprungen sein, obwohl sie so etwas noch nie zuvor probiert hatte – aber ausgerechnet diesen Zeitpunkt zu wählen, wenn die Straße gefährlich war, schien mir so verrückt. Wir begruben sie im Obstgarten mit dem Wollhut meines Mannes, den zu stehlen sie geliebt hatte, um sich hineinzukuscheln, wenn er bei der Arbeit war, während sie auf seine Rückkehr wartete. Teazle stürzte in tiefste Trauer wie wir alle, und sie sauste im Haus umher und versuchte, ihre Freundin zu finden, was uns allen noch mehr zusetzte. Meine Schuldgefühle waren schrecklich, wenn ich an die Warnung dachte, die ich erhalten – und bewusst ignoriert hatte. Wie konnte ich nur so töricht sein? Aber war es so schlimm, sich in Wilf zu verlieben und ihm irgendwie eine Zukunft bei uns zu ermöglichen? Ich hatte das Gefühl, dass wir mehr als genug Liebe für alle Hunde hatten. Aber ich fühlte auch, dass ich Pillow völlig übersehen hatte, und das war mein Fehler. Ich entschied, Wilf an die Leute abzugeben, die ihm gerne ein neues Zuhause bieten wollten, und selbst – in Erinnerung an Pillow – ein anderes Heimtier zu finden, das wirklich ein Zuhause brauchte. Teazle war sehr bestürzt und verzehrte sich vor Gram. Es war, als fiele sie zusammen – wie wir alle –, und tagelang setzte sie ihre Suche nach Pillow fort, während die Welpen nach und nach von ihren neuen Besitzern mitgenommen wurden. Ihre Welpen waren alt genug, um sich um sich selbst zu kümmern, und sie entledigte sich selbst ihrer mütterlichen Pflichten ohne Hilfe ihrer früheren Freundin.

Das Seltsamste war aber, dass wir von einem Welpen hörten, den der Hundefänger in einer sehr rauen Gegend der nahen Stadt aufgenommen hatte; so kamen wir zu Winnie. Höchst erstaunlich daran war, wie wir erst später erfuhren, dass Winnie genau zu der Zeit aufgegriffen wurde, als Pillow ums Leben kam, was uns seinerzeit sehr merkwürdig vorkam.

Es dauerte sehr lange, sich mit dem Leben ohne Pillow abzufinden. Wir konnten immer noch nicht glauben, was geschehen war. Hunde hatten wir immer gehabt, bis sie grau und steinalt geworden waren und ein langes, glückliches Leben mit uns verbracht hatten. Pillow war so jung und hatte ihr ganzes Leben noch vor sich; wir hatten nie daran gezweifelt, dass wir viele, viele glückliche Jahre gemeinsam mit ihr haben würden.

Dies alles geschah in der Phase meines Lebens, in der ich allmählich erwachte und auf meinen spirituellen Weg aufmerksam wurde; im Rückblick kann ich heute die schweren Lektionen erkennen, die ich damals zu lernen hatte. Wir führten unser Leben weiter und versuchten, Winnie und allen unseren Tieren das beste Zuhause zu bieten, das wir ermöglichen konnten. Teazle schien in Winnies Gesellschaft wieder aufzublühen, und unser Leben ging weiter.

Wiedererwachen der Tempelpriesterin

Nach der Entdeckung der Traumata Camerons aus früheren Leben hatte ich mich mit der Möglichkeit von Problemen aus der Vergangenheit bei mir selbst beschäftigt, und in einer Meditation sah ich mich in einem Tempel, der mir ägyptisch schien. Dort traf ich einen gutaussehenden Mann, und wir galoppierten zusammen auf herrlichen Araberpferden dem Sonnenuntergang entgegen. Nur zögernd kehrte ich aus jener Meditation zurück, da sie so romantisch war. Dann dachte ich kaum noch daran, aber zwei Jahre später erlebte ich bei einer Freundin von mir eine Rückführung, und ich sah den Tempel wieder und erfuhr, dass ich eine Hohepriesterin gewesen war, die als Heilerin im Tempel von Karnak diente. Ich hatte nie zuvor von Karnak gehört. Von allem Ägyptischen ging zwar eine Faszination aus, aber ich hatte mich nicht mit den verschiedenen Tempeln oder Gebieten befasst.

Eine Woche später erhielt ich ein Exemplar eines Körper-Seele-Geist-Buchclub-Magazins, und auf den letzten Seiten waren Kurse und Urlaubsreisen angeboten. Verwundert las ich eine Anzeige, in der es hieß: „An alle Priester und Priesterinnen von Karnak – kommt und erhebt von neuem Anspruch auf eure uralte Weisheit." Ich fiel fast um und zitterte vor Aufregung von Kopf bis Fuß; ich wusste einfach, dass ich nach Ägypten reisen musste, um zu sehen, ob dies wahr war.

Als ich in Karnak ankam, meinte ich, mich am Ende doch getäuscht zu haben, da ich nichts von dem Vordereingang und der Sphingen-Allee wiedererkannte. Doch als ich in den Bereich der Tempelanlagen weiterging, „wusste" ich genau, wo ich mich befand und wohin ich gerade ging. Ich erkannte den Seiteneingang, die Säulen und Pfeiler und die Abbiegung nach links, die mich in das Allerheiligste führen würde, wo ich eine große steinerne Sockelplatte gesehen hatte, auf der ich vor Jahren in meiner Meditation gelegen hatte. Im Inneren des heiligen Gebäudes begann ich zu erschaudern über die Erinnerung an mein Versäumen bei der Erfüllung meiner heilenden Pflichten, als ich meine Arbeit zugunsten eines Lebens mit meinem Geliebten im Stich ließ. In meiner Rückführung hatte ich gesehen, dass ich ihn sehr geliebt hatte, aber immer enorme Schuldgefühle in mir trug, weil ich meine Arbeit als Heilerin verriet. Ich wusste, dass ich in dieser Inkarnation meine Pflichten erfüllen musste und die Bestimmung meiner Seele niemals wieder verlassen durfte.

Dort gab es eine Statue, die dem ägyptischen Gott Chepre geweiht war, und eine Prophezeiung lautete: Wer diese Statue sieben Mal umrundet, dem wird ein Wunsch erfüllt. Das wollte ich ausprobieren. Ich bat darum, dass mir der beste Weg gezeigt werde, um mit meiner Heil-Arbeit voranzukommen, und dass es für das allerhöchste Wohl sein möge. Bei der zweiten oder dritten Umrundung der Statue war ich überrascht, dass Pillow mein Denken beherrschte; ich konnte sie deutlich sehen, wie sie mit dem Schwanz wedelte und sehr glücklich aussah. Dies war schon emotional genug, aber als sie dann anfing, mir zu erzählen, dass sie gestorben sei, um meine Probleme mit Schuldgefühlen anzusprechen, war es fast zu viel, um es zu ertragen. Sie teilte mir mit, dass ich diese seit meinem ägyptischen Leben vor etwa dreitausend Jahren durch viele Erdenleben mit mir getragen habe, und nun sei es an der Zeit, endlich loszulassen, meine Heilungsfertigkeiten wieder aufzunehmen und meine Aufgabe zu erfüllen. Die übrigen Teilnehmer der Gruppe, die ich kennengelernt hatte, waren schockiert angesichts meiner Tränen, als ich versuchte, ihnen zu berichten, was geschehen war. Jene ganze Woche in Ägypten war für mich sehr emotional, da ich mich an so viel aus meinen früheren Leben dort erinnerte.

Ein Jahr später kehrte ich mit zwei anderen Mitgliedern der Gruppe, die ebenfalls frühere Erdenleben mit mir geteilt hatten, nach Karnak zurück. Wir hatten uns entschlossen wiederzukommen, um unsere Verbindungen mit dem antiken Land weiter zu vertiefen. Wieder einmal umrundete ich die Statue, dieses Mal einfach mit der Bitte, den besten Weg vorwärts gezeigt zu bekommen nach einer sehr schwierigen Zeit seit dem Tode meiner Mutter.

Wie zuvor hegte ich keinen Gedanken an Pillow, sondern konzentrierte mich auf die Traumata in der letzten Zeit. Aber da war sie schon wieder lebensgroß in meinem Sinn. Sie sprang schwanzwedelnd umher und lachte mich mit freudiger Miene an. Sie sagte, dass ich mit dem Loslassen meiner Schuldgefühle wirklich gute Arbeit leistete und sie in der geistigen Welt sehr glücklich und froh sei, dass ich nach all dieser Zeit die Aufgabe erfüllte, zu der ich bestimmt war. Wieder zerfloss ich in Tränen angesichts der Liebe, die sie mir zeigte, aber dieses Mal versuchte ich, an ihrer Freude teilzuhaben. Ich war so froh zu sehen, dass sie in der geistigen Welt glücklich und frei war. Ich beschloss, meine heilerische Arbeit fortzusetzen und in meiner Hingabe, anderen zu dienen, dieses Mal nicht zu versagen. Es gelang mir, darüber nachzudenken, wie ich bis dahin auf dem rechten Weg geleitet worden war – dank der Tiere.

Tod und Wiedergeburt

Der jüngste Besuch von Pillow ereignete sich, nachdem ich vor der Küste der Dominikanischen Republik, nahe den Turks- und Caicos-Inseln, mit Buckelwalen kommuniziert hatte. Ich fühlte mich recht krank, erschöpft und wie leer, nachdem ich das Feld ihrer Energien verlassen hatte, die mich während einer ganzen Woche auf dem Meer getragen und eingehüllt hatten. Ich war gezwungen, in mein Hotelzimmer zu gehen und mich zu beruhigen, da ich starke Emotionen fühlte, die wie Wellen durch mich hindurchrauschten. Ich empfand Übelkeit und Schwäche und fragte mich, was um Himmels willen mit mir geschah. Als ich auf dem Bett lag, hüpfte Pillow in mein Denken herein, gerade so unerwartet wie zuvor. Ich bedauerte, dass sie uns verlassen hatte, und sagte in Gedanken zu ihr: „Oh, du warst so süß, und es war so schlimm, dich zu verlieren. Ich kann es immer noch nicht glauben, dass ich dich verloren habe."

Darauf erhielt ich eine deutliche Standpauke: „Du hast mich nie verloren, ich bin *immer* bei dir. Ich bin immer um dich, um sicherzustellen, dass du gut vorankommst. Ihr Menschen hängt ja wie besessen an euren Vorstellungen von Sterben und Tod. Es gibt keinen Tod; es ist nur ein anderer Teil des Lebens, und ein anderes Erleben. Ihr müsst wirklich ablassen von eurer Traurigkeit und Trauer. Feiert die Liebe, die Wiederverbindung und die neuen Phasen des Lebens. Tiere verstehen das viel besser und akzeptieren die Wiedergeburt im Tode."

Ihre letzten Worte waren: „Alles ist, wie es sein sollte, du lernst gut. Es gibt keine Fehler, du hast nichts falsch gemacht. Es war nicht dein Fehler." Dann sagte sie noch: „Ich kam speziell, um dein Empfinden und Wissen zu wecken, dass das Schuldgefühl losgelassen werden muss. Es nagt an deiner Seele und schmälert deine Kraft – wie dies alle Emotionen tun können, wenn sie dich beherrschen."

Ich spürte, dass Pillow eine sehr speziellen Energie trug, die ihre Inkarnation mit mir genau zu diesem Zweck ausgewählt hatte. Ich fragte sie, ob sie, wie Anneka, eines Tages wiederkehren werde, so dass wir auch physisch wieder zusammen sein könnten. Sie antwortete, dass sie darüber noch nicht entschieden habe. Sie sei gerne in der geistigen Welt und in der Freiheit, die sie habe. Sie finde die physisch-körperliche Form recht schwer und beschränkend und sei deshalb fürs Erste zufrieden, reine Energie zu sein. Sie habe das Empfinden, in dieser freien Form größere heilende Arbeit vollbringen zu können.

Gina und Mani, ein Geschichte wie ein Wal

Ich kam in Puerto Plata in der Dominikanischen Republik an, um einige Tage in einem Hotel zu verbringen, bevor ich auf das Schiff wechselte, um mich eine ganze Woche auf hoher See aufzuhalten und mit den Buckelwalen zu kommunizieren, umgeben von lebendiger Wal-Energie. Ich war so aufgeregt, da dies zeitlebens ein großer Traum gewesen war. Ich freute mich sehr darauf, mich der Gruppe und meiner Freundin anzuschließen, die die Reisen organisiert hatte. Ich verbrachte diesen Aufenthalt gemeinsam mit einer reizenden Person namens Caroline, die sich die Reise als ihr eigenes Geschenk zum siebzigsten Geburtstag gebucht hatte. Sie hatte auf dieses Einmal-im-Leben-Erlebnis ein wenig länger gewartet als ich, und ich bewunderte sie zutiefst.

Meine erste Nacht war sehr unruhig. Meinen Schlaf störten Bilder von einem „Ocean-World-Abenteuerpark", der kürzlich in Puerto Plata eröffnet worden war. Bei meiner Ankunft am Flughafen hatte ich die Plakate gesehen und so erfahren, dass dort Delfine gefangen gehalten wurden, die tägliche Shows darboten. In großen Lettern auf den Reklametafeln wurden Touristen eingeladen, „mit Delfinen zu schwimmen". Nachdem ich selbst bei den Bahamas und den Azoren mit den Delfinen geschwommen war, hasste ich den Gedanken an Delfine in Gefangenschaft und schauderte bei der Tatsache, dass sie abgerichtet und gezwungen waren, uns Menschen zu „unterhalten".

Es waren jedoch Delfine aus diesem Aquarium, die mich wachhielten und mir mitteilten, dass eines der weiblichen Tiere, das sie Mani nannten, krank sei und meiner Hilfe bedürfe. Sie erklärten mir, dass sie ein Problem mit ihrer Schwimmblase habe. Ich hatte keine Ahnung, ob

Delfine eine Schwimmblase besitzen – mein Goldfisch jedenfalls verfügte über dieses Organ! Vielleicht war es ihre Art und Weise, mir mitzuteilen, dass Mani aus dem Gleichgewicht war. Ich hatte mir geschworen, nicht zu dem neuen Abenteuerpark zu fahren, da ich nicht Kundin eines solchen Etablissements sein wollte. Aber die Delfine waren so hartnäckig, dass mir klar wurde: Ich würde keinen Schlaf bekommen, wenn ich nicht zustimmte, zu dem Erlebnispark zu fahren und Mani zu finden. Also fand ich am nächsten Morgen Caroline und berichtete ihr von meiner gestörten Nacht und meinen walartigen Besuchern. Dann fanden wir einen Reiseführer und arrangierten eine Fahrt zu dem Aquarium. Schwer wurde uns ums Herz, als wir ankamen und hörten, wie die bevorstehende Delfinshow über Lautsprecher angekündigt wurde. Als ich diese wundervollen Meerestiere sah, die in einem Pool gefangen waren und zu unserem Vergnügen verschiedene Kunststücke vorführen mussten, strömten mir die Tränen über das Gesicht. Einige Leute durften sich an ihren Rückenflossen festhalten und durchs Wasser ziehen lassen. Wir empfanden dies als eine schlimme Entwürdigung der Delfine und wünschten, mehr Menschen könnten die schiere Freude und Lebendigkeit wilder Delfine erleben, die in ihrem natürlichen Lebensraum frei wählen können, ob sie mit Menschen zu ihren eigenen Bedingungen interagieren oder nicht.

Caroline fragte mich, wie ich Mani erkennen würde, aber ich war mir einfach sicher, dass sie mich finden würde, wenn sie könnte, da dort mehrere Gruppen von Delfinen waren, die in verschiedenen Becken arbeiteten. Wir waren uns einig, dass wir die Vorstellung, dass Delfine uns durchs Wasser schleppen mussten, nicht länger ertragen konnten, und entschieden uns für ein Angebot, wo Menschen in dem Pool sitzen und einem Delfin begegnen konnten. Es waren nur zwei Delfine, die an jenem Tag auf diese Weise arbeiteten, außer einem Weibchen, das ein Baby hatte und von den Menschen ferngehalten wurde. Ich wusste einfach, dass der Mutterdelfin Mani war, obwohl ihr Wärter sie Serena nannte. Gedanklich bat ich die Delfine, Mani mich finden zu lassen, und versicherte ihnen, dass ich da war, um alles zu tun, was ich konnte. Den Delfinen hatte man beigebracht, uns die Flossen zu geben und uns zu bespritzen. Wenn hinter jedem Besucher ein Eimer voller Fische lockte, kamen die Tiere näher und lehnten sich sogar auf unsere Schulter. Als der Delfin auf mich zukam, um seinen Kopf auf meine Schulter zu legen, fühlte ich das Leid und wusste, dass „sie" es war. Ich gab mir alle Mühe, sie in meinen Armen zu halten und ihr heilende Energie zu geben. Es war ein ganz besonderer Moment, und ich betete, dass sie irgendwie davon profitierte. Als wir den Erlebnispark verließen, zeigte man uns Fotos von unseren Begegnungen. Als ich das Bild von Mani und mir sah, entschied ich, dass ich ein Dokument von unserem heilsamen Austausch in der Hand hatte.

Als ich an jenem Abend schlafen ging, dachte ich noch lange über die Ereignisse des Tages nach. Ich versuchte, mir das wundervolle Gefühl eines echten, frei lebenden Delfins in meinen Armen in den Sinn zu rufen, dachte an die sanfte, gummiartige Beschaffenheit seiner kühlen Haut und hoffte, dass ich irgendwie helfen konnte. Plötzlich fühlte ich das Gewicht der Delfinmutter wieder auf meiner Schulter. Es war, als wäre ihre Energie zurückgekehrt, um mir mehr Information zu übermitteln und selbst mehr Heilung zu empfangen. Sie erklärte mir, dass sie traurig sei, weil ihr Baby niemals die Freiheit erleben würde. Sie war von ihrem Ursprung getrennt worden, von der universellen Verbindung mit allem, das ist.

Ich behandelte sie, wie ich normalerweise mit einem Tier arbeiten würde, aber ich stellte mir dabei vor, meine Hand auf ihren Schwanz zu legen und Energie durch ihren Körper nach oben zu senden. Ich visualisierte, alle ihre körperlichen Chakras auszugleichen, die den unseren ähnlich sind. Ich war überrascht, als sie mir mitteilte, dass ein Delfin zwölf höhere Chakras habe und ein Bartenwal wie ein Buckelwal sogar einundzwanzig! Diese Seelen-Chakras haben eine direkte Verbindung mit den planetarischen Gitternetzen. Bevor Mani mir dies erklärte, hatte ich keine Ahnung davon, wie wichtig die Wale sind.

Als ich ihr half, ihre Traurigkeit loszulassen, erkannte ich, dass sie ihre Verbindung aufgrund ihrer Furcht und Traurigkeit für ihr Baby verloren hatte. Sie hatte vergessen, dass Gefangenschaft einfach eine Gemütsverfassung sein konnte und sie sich mit dem Universum neu verbinden und „reisen" konnte, wohin sie auch wollte. Tatsächlich konnte sie nicht nur „bilokalisieren" (das heißt: energetisch an zwei Orten gleichzeitig sein), sondern multi-lokalisieren. Dies entspricht der Idee, dass wir Astralreisen unternehmen und uns an viele Orte und Dimensionen außerhalb unserer normalen physischen Begrenzungen begeben können.

Mani erinnerte sich, dass sie dies ihrem Baby vermitteln konnte und war von Freude erfüllt, als sie mich verließ. Mir wurde bewusst, dass dieses Erlebnis in der Dimension stattgefunden hatte, die die Ureinwohner Australiens „Traumzeit" nennen.

Im letzten Gesäusel meiner Traumzeit in jener Nacht kehrte Mani zurück. Sie lehnte sich leicht auf meine rechte Schulter und sandte elektrifizierende Energie durch meinen Körper. Sie war so stark, dass ich am ganzen Leib zitterte, es war fast beängstigend. Ich fühlte ihre tiefe Dankbarkeit, und dann übermittelte sie mir, dass sie mir danke und mich auf die noch machtvolleren Energien der Wale vorbereite, denen ich bald begegnen werde.

Ich erzählte Caroline von meiner wundervollen Nacht, und wir überlegten, ob die Delfine in Gefangenschaft möglicherweise sehr wichtige Aufgaben erfüllen. Vielleicht hatten sie es selbst gewählt, auf diese Weise zu arbeiten, um das schlummernde Bewusstsein der Menschen auf irgendeine unterbewusste Weise erreichen und berühren zu können und es bei denen zu wecken, die sich normalerweise nicht bewusst um eine weitere Entwicklung bemühen würden. Nicht jeder kann wie Caroline und ich das Glück und Privileg genießen, mit wilden Delfinen zu schwimmen. Vielleicht war dies die einzige Art und Weise, wie Delfine die Massen erreichen konnten. Für die meisten Touristen waren solche Begegnungen ein kleiner Spaß und etwas, das die Kinder erheitert. Vielleicht erhielten sie von diesen wundervollen Geschöpfen viel mehr, als sie erkannten.

Buckelwal Gina

Es ist schwierig, die ungeheure Tiefe der überwältigenden Ehrfurcht zu beschreiben, die ich empfand, als ich neben einem Buckelwal schwamm. Ein ganze Woche lang draußen auf dem Meer zu sein, umgeben von diesen unglaublichen Geschöpfen, war ein Erlebnis, das ich nie vergessen werde. Ich bin so glücklich, dass es mir möglich war, körperlich mit diesen wundervollen Hütern des Planeten Verbindung aufzunehmen. Abgesehen von der schieren physischen Größe dieser Kreaturen, ist auch ihre energetische Präsenz atemberaubend und lebensverändernd. Das Erlebnis mit Mani war schon beeindruckend genug, doch es war nur ein Vorgeschmack von der machtvollen Energie, die mein Wesen durchströmen sollte.

Wir bestiegen unser Boot am Kai von Puerto Plata und fuhren etwa acht Stunden weit hinaus auf das Meer in ein Gebiet, das die Silver-Banks genannt wird. Dies ist eine ganz besondere Gegend, da sie von den weiblichen Tieren als ein sicheres Gebiet zum Kalben gewählt und von den männlichen Walen geschätzt wird, um dort eine Partnerin zu finden und sich mit ihr zu paaren und den Kreis des Lebens zu vollenden. Bei den Silver-Banks halten sich jederzeit etwa 150 Wale auf, so dass Sie sich vorstellen können, wie es ist, inmitten all dieser unglaublichen Energie zu sein. Wir fuhren tagsüber in kleinen Festrumpfschlauchbooten hinaus, die uns draußen, mitten auf dem Meer, sehr klein vorkamen, da wir uns bewusst waren, dass sich in der Tiefe vermutlich zwölf Meter lange Wale tummelten, die unsere Nussschalen wohl jeden Augenblick zum Kentern bringen konnten. Natürlich sind diese Geschöpfe unglaublich sanft, und die Firma, die diese Begegnungen in freier Wildbahn organisierte, handelte sehr respektvoll und versuchte auf jeden Fall, das Leben und Treiben der Tiere nicht zu stören, besonders der Mütter und ihrer Jungtiere und neugeborenen Kälber. Nur wenn sie sie Gewissheit hatten, dass die

Wale im Hinblick auf unsere Anwesenheit entspannt waren, setzte
man uns ins Wasser ab, so dass wir gleich neben den Tieren schwimmen konnten.

Zu erleben, wie diese Giganten gleich neben uns auftauchten, die
Wasseroberfläche durchstießen und bliesen, war einfach unbeschreiblich. Mehrere männliche Tiere buhlten um die Aufmerksamkeit der
Weibchen, und sie kämpften mit Flossen- oder Schwanzschlägen, was
ein beeindruckendes Schauspiel war. Einmal war ich im Wasser, als
vier konkurrierende Männchen oder „Rowdys" geradewegs auf mich
zu kamen. Dies war recht beängstigend, da sie mich wie eine kleine
Fliege im Wasser zerquetschen konnten. Doch sie waren sich unserer
Anwesenheit jederzeit bewusst und tauchten zu meiner großen Erleichterung vor uns ab. Als ich in die Tiefe des Wassers blickte, sah
ich sie, einen nach dem anderen, unter mir hindurchziehen. Sobald
sie fühlten, dass es sicher war, wieder an die Oberfläche zu kommen,
ohne uns zu beeinträchtigen, schossen sie in gewaltigen Fontänen von
Spritzwasser hervor und nahmen ihre Kämpfe unter Riesen wieder
auf. Ein anders Mal schnorchelte ich über einem Waljüngling, der

sich offenbar einsam fühlte und auf der Suche nach einer Gefährtin erfolglos war. Er sang in tiefen, traurigen Melodien, und ich konnte fühlen, wie dieser Klang durch meinen Körper drang. Es bewegte mich physisch spürbar und wirkte ausgleichend und harmonisierend auf meine physiologischen Systeme.

Als er sich anschickte, direkt unter mir aufzusteigen, und ich wusste, dass ich ihm nicht schnell genug ausweichen könnte, war ich leicht beunruhigt. Aber natürlich brauchte ich mich nicht zu sorgen. Als er sich näherte, kalkulierte er exakt, wie nahe er kommen konnte, ohne mir zu schaden. Wir waren angewiesen worden, ganz still zu bleiben, wenn sich eine solche Situation ergab. Ich fühlte mich sehr klein und unbedeutend. Anstatt in seiner normalen, gekrümmten Haltung hervorzukommen, blieb der Wal sehr flach, knapp unter mir. Erst als er wusste, dass er an mir vorbeigelangen würde, kam er an die Oberfläche, und seine große Schwanzflosse, die Fluke, war nur wenige Handbreit von mir entfernt. Das war so unglaublich! Ich wusste, dass der Wal sehr vorsichtig gewesen war, um mich nicht zu berühren, denn ich hätte dabei leicht ums Leben kommen können. Ich dankte ihm von Herzen für seine sanfte Fürsorge und versuchte, ihm ganz viel Liebe aus meinem Herz-Zentrum zu schicken. Ich betete, dass er sie empfangen möge.

Als wäre dieser tiefreichende Austausch nicht schon genug, um meinen lebenslangen Traum zu erfüllen, sollte ich mit sogar noch tieferen Erlebnissen gesegnet werden, die mir zeitlebens lieb und kostbar sein werden. Am dritten Tag unseres Aufenthalts im Wal-Schutzgebiet wurden wir angerufen, uns dem anderen kleinen Schiff anzuschließen, dessen Besatzung eine Walmutter samt Kalb ausfindig gemacht hatte, denen es Freude zu bereiten schien, Zeit mit ihren menschlichen Besuchern zu verbringen.

Sie war ein riesiges Weibchen, und ihr Baby war etwa drei Wochen alt. Doch selbst in diesem zarten Alter war das Kalb kein Leichtgewicht! Es war sehr neugierig und umschwamm fleißig unsere Gruppe, dabei starrte es – wie es schien: ungläubig – auf die seltsam aussehenden Kreaturen in ihren Taucheranzügen, die im Wasser auf und ab tanzten. Von einem Wal in Augenschein genommen zu werden, ist ein Erlebnis, das man mit Worten nicht beschreiben kann. Das Vertrauen, das die Mutter uns entgegenbrachte, war unglaublich, denn sie schien ihr Kalb fast aktiv zu ermutigen, uns Menschen kennenzulernen. Vier Stunden lang ließ sie zu, dass wir nacheinander in Gruppen Zeit mit den beiden verbrachten. Sie ruhte sich einfach im Wasser aus, kam etwa alle fünfundzwanzig Minuten herauf und schickte etwa alle fünf bis sechs Minuten ihr Kalb an die Oberfläche, um zu atmen. Dabei hob sie das Kalb behutsam mit ihrer riesigen Brustflosse empor. Das Jungtier machte einen raschen Atemzug, umrundete einmal die Gruppe seiner menschlichen Beobachter und schmiegte sich dann an seine Mutter, um etwas Milch zu trinken.

Das Wasser war kristallklar, und so konnten wir mit unseren Tauchermasken und Schnorcheln einfach im Meer treiben und dieses fantastische Schauspiel beobachten. Das Sonnenlicht schien durch das Wasser herab und besprenkelte die Leiber der gewaltigen Tiere mit tanzenden Flecken. Wir waren an jenem Tag wirklich gesegnet.

Doch während ich dort im Wasser war, empfing ich keine profunde Weisheit von den Walen. Ich denke, ich war angesichts ihrer majestätischen Großartigkeit zu sehr von Ehrfurcht ergriffen. Erst als ich mich am Abend in meine Kabine zurückzog, überschlugen sich die Botschaften. Wir konnten in jener Nacht überall um uns herum Wale hören, wie sie auftauchten und bliesen. Wenn man sich an Deck aufhielt, musste man immer wieder von einer Seite auf die andere eilen, um nur nicht eine Sekunde der nächsten Gelegenheit zu versäumen, einen Buckelwal in seinem natürlichen Lebensraum zu sehen. Wir waren hungrig nach so vielen Begegnungen und Sichtungen wie möglich, die wir uns einprägten als Erinnerungen, die uns ein Leben lang begleiten würden.

Wale und die Heilung des Planeten

Vor meiner Reise zu den Walen war ich von einer globalen Heiler-Organisation gebeten worden, mich einer Arbeitsgruppe für planetares Heilen anzuschließen. Ich hatte geantwortet, dass ich bei den Buckelwalen sein und diese um ihre Hilfe bei der Verankerung in dieser speziellen Energie der Liebe bitten werde, welche auch als göttliche Lotos-Herz-Energie bezeichnet wird.

In der Nacht vor dem für die globale Verbindungsaufnahme bestimmten Termin lag ich in meiner Kabine und nahm wieder die Verbindung zu der Walmutter auf. Sie bot mir lachend an, sie Gina zu nennen. Sie sagte, sie wisse, wie wir Menschen es liebten, Dingen Namen zu geben, und eine „Handhabe" bräuchten, um zu kommunizieren. Ich dankte ihr vom Grunde meines Herzens, dass sie uns erlaubte, Zeit mit ihr und ihrem wunderschönen Baby zu verbringen. Sie antwortete, dass sie Zeit mit uns verbracht habe, weil sie uns die tieferen Dimensionen des Vertrauens lehren und demonstrieren wollte. Bei dem Gedanken daran, wie viele Buckelwale von den Menschen schon getötet wurden und immer noch abgeschlachtet werden, fand ich es fast unvorstellbar, dass dieser Wal so viel Mitgefühl und Liebe für eine Spezies zeigen konnte, die ihre Mitgeschöpfe und deren natürliche Lebensräume im Alleingang vernichtet. Gina sagte, es sei nötig, dass wir an Vertrauen glauben und lernen, uns selbst zu vertrauen – in der tiefsten Bedeutung dieses Wortes.

Das folgende Gespräch mit Gina zeichnete ich auf, so dass ich es Ihnen in diesem Buch wiedergeben kann. Ich machte eilends Notizen, wenn sie geendet hatte, um auch nicht ein Wort ihrer Weisheit zu vergessen.

Madeleine: „Was weißt du über das Lotos-Herz?"

Gina: „Das Lotos-Herz bildet so etwas wie ein Kissen um den Planeten. Je mehr Liebe ihr dem Planeten und euch selbst sendet, desto weiter wird der Planet in die Liebe und den Schutz der göttlichen Liebe des Lotos eingesenkt. Visualisiert die Erde, wie sie in die Freude und Göttlichkeit der einen Liebe eingehüllt ist, die im Lotos beschlossen liegt."

Madeleine: „Was ist mit der Akasha-Chronik, bewahrt ihr die Schlüssel?"

Darüber wollte ich etwas erfahren, nachdem ich gehört hatte, die Wale seien die Chronisten für die ganze Menschheit, und ihre Aufzeichnungen bildeten die Akasha-Chronik.

Gina: „Ihr alle und jeder Einzelne von euch haltet den Schlüssel zur Weisheit der Akasha-Chronik. Der Schlüssel ist in deinem Herzen verborgen. Um den Schlüssel zu drehen und sie zu öffnen, musst du dir selbst Liebe senden. Du hast das Empfinden wie eine winzige Ameise, die ziellos umherrennt.

Deine Wahrnehmung sagt dir, du seist getrennt und ohne Sinn. Doch du musst erkennen, dass die Ameise ein Teil des Ganzen ist und arbeitet, um den Hügel (die Erde) zu bauen, zu stärken und zu schützen. Besinne dich auf die Kraft der Ameise, Berge zu versetzen. Oft empfindest du wie: ‚Was kann einer allein schon tun? Wozu bin ich nütze?' Denke an die Ameise und werde wie eine, um am Ganzen zu bauen."

Die Größe und Tiefe des Mitgefühls und der Fürsorge, die aus diesen Worten strömten, die meinen Geist in den kurzen Stunden der Nacht erfüllten, als ich mich in meiner Koje zusammenrollte, überwältigten mich. Es war, als spreche der Wal zum Menschen wie zu einer Art von missratenem Übeltäter, der vom rechten Weg abgekommen war. Alles, dessen es bedurfte, um die Menschheit wieder auf die Spur zu bringen, waren Liebe und Verständnis.

Ich reflektierte über das Bild, das sie gebraucht hatte, und verglich mich selbst mit der Ameise. Da wurde mir bewusst, dass die Ameise, aus ihrer eigenen Perspektive betrachtet, tatsächlich imstande war, einen Berg zu versetzen.

Ich hatte mich isoliert und abgetrennt gefühlt, und manchmal fühlte ich mich wie eine Stimme in der Wüste. Ich hatte die Liebe von den Tieren, aber ich integrierte sie nicht genug in mich selbst und setzte sie gleich mit Eigenliebe. Was für ein Geschenk, welche tiefe Wahrnehmung hatte Gina mir gegeben!

Verankerung der Energie

Am nächsten Tag lud ich jeden ein, der sich möglicherweise dafür interessierte, sich an der Verankerung der göttlichen Lotos-Herz-Energie zu beteiligen. Ich beschrieb die von Gina übermittelte Visualisierung und besprach, worauf wir uns zu konzentrieren hatten. In der Meditation visualisierte ich den Planeten Erde. Er schwebte über einem riesigen Lotos mit einer Million Blütenblättern, die sich dem Planeten einladend öffneten, damit dieser Unterstützung von seinem Schutz beziehe. Er wartete gerade darauf, dass der Planet sanft in seine Mitte herabgesenkt würde.

Zur vereinbarten Stunde – es war noch während unserer Zeit draußen im Meer – konzentrierten wir uns auf unsere Visualisation, in der sich die Erde sanft in den wartenden Lotos herabsenkte, um in dessen Liebe eingehüllt zu werden. Ich hoffte, dass unsere rund um den Globus vereinten Bemühungen dazu beitragen würden, unserem leidenden Planeten Heilung zu senden. Ich sandte auch riesige Wellen von Liebe und Dankbarkeit zu den Walen hinaus, die ich zusammenrufen konnte, und hoffte, dass Gina in ihren ozeanischen Tiefen meine Dankbarkeit fühlen würde. In der Nacht war ich gespannt, in meiner Meditation eine gewaltige Veränderung im Planeten Erde zu visualisieren. Zu meiner eigenen Verwunderung war die Erde ganz von den

Blütenblättern des Lotos umschlossen. Es war also etwas geschehen aus unser aller heilender Motivation, und ich betete inständig, dass der Planet davon physisch profitierte.

Noch erstaunlicher war für mich, dass Caroline mir ein Exemplar von *Animal Voices** von Dawn Baumann Brunke geliehen hatte. Ich genoss es sehr, ein Buch zu lesen, das auf so wunderschöne Weise wiedergab, was ich erlebte und glaubte. Ich hatte das Buch aufgenommen, um nach einem so außergewöhnlichen, aber erschöpfenden Tag einige Seiten zu lesen. Ich war sprachlos, als ich den folgenden Abschnitt las, der von einer Dame namens Penelope Smith geschrieben worden war, die ihren Eindruck von der Energie und dem Ton eines weiblichen Schwertwals beschrieb, während sie mit diesem kommunizierte.

„Das Bild, das ich außer diesem dröhnenden Ton empfange, zeigt einen großen Lotos. Er kommt unter die Erde und stützt diese ganz. Die Energie fließt durch die Erde, und jetzt hat sich mein Herz in diesen riesigen Lotos verwandelt, der die größere Liebe ist. Die wichtigste Botschaft der Wale lautet, die größere Liebe zu leben. Die Wale sagen: Von Delfinen lernt ihr, was Liebe ist, und von uns lernt ihr, die größere Liebe zu lieben."

Dieses Buch wurde mehrere Jahre vor meiner Reise zu den Walen geschrieben, und hier war es ein Schwertwal, der zusammen mit all den anderen Walen alles über die göttliche Lotos-Herz-Energie wusste – lange bevor einige Menschen feststellten, dass es notwendig ist, unsere Kräfte zu vereinen, um dies für den Planeten zu visualisieren.

Ich reflektierte auch über die Macht des Denkens, das Wassermoleküle auf positive oder negative Weise zu verändern vermag. Man stelle sich all die liebende Energie der Wale vor, die in die Meere einfließt,

---

* dt. Ausgabe: Tiergeflüster: Tierbewusstsein im Netzwerk des Lebens, Regensburg: Reichel 2003

die wiederum den größten Teil der Oberfläche unseres „blauen Planeten" ausmachen.

Eine ähnliche Lektion lernte ich von riesigen Walhaien, mit denen ich später in jenem Jahr vor der Küste Mexikos schwamm. Sie waren sich der Notlage unseres Planeten ebenso bewusst und schenkten mir großzügig Heilungsmeditationen, welche die Maya-Pyramide von Chichén Itzá mit der Großen Pyramide von Gizeh verbanden. Ich besuchte die Maya-Stätte selbst und empfing noch mehr Hilfe und Weisung, um meine von den Walhaien übermittelten Visualisationen anzuwenden.

Ich hoffe, dass die Botschaften dieser majestätischen Geschöpfe genügen, um das zu beeinflussen und zu verändern, was wie des Menschen direkte Schnellstraße zur Selbstzerstörung und Vernichtung unseres wunderschönen Planeten anmutet.

Ich fühle mich klein und bescheiden angesichts ihrer Bereitwilligkeit, uns zu heilen und uns zurück zu leiten auf den Pfad der Liebe.

Nachgeschichte

Bevor ich die Wale besuchte und meine Heilung von Mani erlebte und die Standpauke von Pillow empfing, schien ich mit dem Schreiben dieses Buches in eine Sackgasse geraten zu sein.

In meiner Furcht, dass die Menschen mir nicht glauben würden oder mit meinen Entdeckungen nichts anzufangen wüssten, erlebte ich eine Art von Leistungsangst. Ich hatte das Gefühl, nicht gut genug zu erklären oder beschreiben zu können. Dabei vergaß ich, die Tiere um Hilfe zu bitten. Als ich meine ersten Versuche erneut las, erkannte ich, dass mein Text zu sehr ich-orientiert war. Wie eitel das war! Jetzt erkenne ich einfach, wie viel Heilsames ich von den Tieren empfangen habe, die mich liebevoll unterstützten, die bettelten, lachten und aus Verzweiflung über meine Zweifel und Überlegungen seufzten. Pillow und Gina versprachen, mir zu helfen, das Buch zu vollenden. So habe ich mich auf ihre Weisheit bezogen, um mich an all die wundervollen Tiere zu erinnern, die all diese Jahre meine Lehrer gewesen waren, wofür ich ewig dankbar bin. Ich hoffe aufrichtig, dass Sie zulassen werden, dass die Botschaften und Lehren der Tiere durch Sie fließen, so dass Sie aus diesem Buch gewinnen und erkennen können, was Sie wollen. Ich habe reichlich Hilfe gehabt – und Sie auch.
Öffnen Sie einfach Ihr Herz …

Weißes Büffelkalb

Flagstaff, Arizona, Januar 2005

… lehrt mich über die Rückkehr des weißen Büffels, um Mutter Erde zu heilen …

„Wir verankern das Lebensblut in das Gestein unserer Mutter. Sie weinte über unseren Verlust. Wir kommen, um dich an das zu erinnern, was verloren ging. Wir kommen, um dich an das zu erinnern, was war, und daran, wie du unsere Mutter und dich selbst ehren solltest. Das ist unsere Botschaft …

Lerne sie wohl."

* * *

Danksagungen

Ich möchte allen Menschen, geistigen Führern und Tieren danken, die so große Katalysatoren in meinem Leben gewesen sind. Um Euch alle zu nennen und würdigen, bräuchte ich mehrere Seiten ... doch Ihr wisst, wen ich meine und was Ihr mir bedeutet! Besonders danken möchte ich Margaret Ellis, meiner Polarity-Therapeutin, die mir als Erste die Augen öffnete für die Möglichkeiten des Universums. Thea Holly gab mir viel Unterstützung vor und nach dem Tode meiner Mutter, sie verband mich mit den außerplanetarischen heilenden Energien. Leigh Jackson und „jenem Welpen" Sam, der mich mit Judith Webster bekannt machte, der ganzheitlich arbeitenden Tierärztin, die so unterstützend und ermutigend gewesen ist und mich wiederum mit der wundervollen Julie Dicker bekannt machte, einer Pionierin in der Tierkommunikation, die nun aus der geistigen Welt über uns wacht. Leigh war auch der Katalysator für meine Begegnung und Arbeit mit Dave Maclamont und Troy. Sein Team von Helfern arbeitet bei den wirklich schweren Fällen, denen wir begegnen, mit mir zusammen. Seine Hunde Rab und Rock in der geistigen Welt helfen Pillow und mir bei unseren schwierigen Hunde-Notfällen. Der Drache Gnesius hilft bei negativen Auren, und die Takaren, außerplanetarische Wesenheiten, beraten uns. Troy ist nun zu Dave zurückgekehrt, da er noch nicht bereit war, sich ganz zur Ruhe zu setzen; er ist uns allen ein wunderbarer Verbündeter im Werk des Heilens. Er und Mulberry beraten sich weiterhin, um uns den besten Rat zu geben. Riesigen Dank an Jenny und Tony Boon, die mir erlaubt haben, auf ihrer Farm zu arbeiten und Menschen und Tiere zu behandeln. Großen Dank an Kay Williams in Australien für die Gestaltung meiner Websites. Ich möchte auch Jenny Smedley danken für all ihre Hilfe und Ermutigung und technische Unterstützung, da ich selbst so technikängstlich bin. Sie war mir eine rastlose Hilfe, die meine Arbeit bekannt machte, um der Botschaft der Tiere Gehör zu verschaffen. Sie führte mich bei meinen ersten zaghaften Schritten zum Schreiben dieses Buches und half mir mit ihrem unschätzbaren Rat aus ihrer umfangreichen schriftstellerischen Erfahrung[*] und stellte für mich den Kontakt zu meinem Verlag her. Mein Dank geht natürlich auch an John Hunt von O Books, der mir diese Gelegenheit gegeben hat, meine Botschaft von *Wie Tiere Seelen heilen* „in die Welt" zu bringen. Carolyn Burdet war eine große Hilfe mit ihrem Artikel über meine Arbeit in der Zeitschrift *Kindred Spirit,* die die Botschaft landesweit und international bekannt machte; die Geschichten und Fälle von Tieren, die reinkarnieren, um wieder mit ihren Haltern vereint zu sein, und von den zerschmetterten Blaupausen der heilenden Pferde haben sich zu diesem Buch entwickelt. Ich muss ihr auch danken, dass sie eine großartige Arbeit mit dem Lektorieren dieses Buches geleistet hat, so dass ich hoffen kann, etwas geschaffen zu haben, das auch die Tiere gut finden werden!

Euch allen bin ich ewig dankbar.

---

[*] Jenny Smedley, Tiere – Gefährten meiner Seele, Grafing 2010

Nützliche Kontakte

Madeleine Walker arbeitet als Tierflüsterin und Heilerin, Trauma-Helferin für Pferd und Reiter, Heiler, Coach sowie als ganzheitliche Stressbewältigungs-Beraterin für Menschen. Sie leitet Workshops über Tierkommunikation und -heilung, und emotionale Entlastung durch Kunst. Einzelheiten über ihre Sprechstunden und Kurse oder die Verabredung zu einer Konsultation finden Sie auf www.anexchangeoflove.com und www.gatewaystothelight.com.

Für Readings per Post senden Sie ein Foto des Tieres und seinen Namen zusammen mit einem Büschel Haar oder Fell an: P. O. Box 782, Taunton, TA1 YB, England, Großbritannien. Bitte schreiben Sie Ihren Namen und Adresse sowie Ihre E-Mail-Adresse und Telefon-Nummer dazu. Für diese Arbeit wird ein Beratungshonorar fällig.

Judith Webster ist eine praktizierende homöopathische Tierärztin mit fünfundzwanzig Jahren Erfahrung, die sich auf die Behandlung von Pferden spezialisiert. Sie arbeitet grundsätzlich in allen Fällen mit Homöopathie, wenn notwendig, bezieht sie konventionelle Medizin und Naturheilkunde ein. Wenn es angezeigt ist, kann sie einen Fall auch an andere Therapeuten zur Behandlung überweisen, etwa zur Bowen-Therapie, Pferde-Osteopathie, Akupunktur, Zahnmedizin und Heilen.

Judith Webster Veterinary Surgeon, Raddon Barton, Lydford, Devon, EX20 4BP, England, Großbritannien
E-Mail: judith@webster6231.freeserve.co.uk,
Mobiltelefon: 0044-785972291

Kat Middleton, Fd.Sc., ist eine Lehrerin für natürliche Reitkunst, die Menschen trainiert, sich mit ihren Pferden über das Verständnis der Körpersprache zu verbinden. Informationen über Vorträge, Vorführungen und Training für Sie und Ihr Pferd mit „Natural Horsemanship Equine Behaviour and Training" finden Sie auf www.info@lydford-house.com.

E-Mail: middleton557@btinternet.com,
Mobiltelefon: 0044-7870944819

* * *

Über die Autorin

Madeleine Walker lebt in mit ihrem jüngsten Sohn und ihren Tieren in der Grafschaft Somerset. Sie ist als Tierflüsterin und Heilerin, als Traumaberaterin und Ermächtigungscoach für Pferd und Reiter und als ganzheitliche Stressbewältigungs-Beraterin für Menschen tätig.

Früher war sie mit einem Tierarzt verheiratet, dem sie in seiner konventionellen veterinärmedizinischen Praxis half.

Später studierte sie, erwarb das Professional Graduate Certificate in Education (PGCE) in Erwachsenenbildung und unterrichtete viele verschiedene Gruppen von Menschen mit Drogenmissbrauchs-Problemen bis hin zu Teilnehmern mit Lernschwierigkeiten. Sie studierte Kunsttherapie und befasste sich mit Psychoneuroimmunologie. Sie arbeitet auch mit der „Emotional Freedom Technique" (den Techniken der Emotionalen Freiheit, EFT), die sie „stellvertretend" mit Tieren und deren Mitmenschen ausführt. Seit ihrem spirituellen und intuitiven Erwachen hat sich ihr Leben dramatisch verändert. Nun leitet sie Workshops über Tierkommunikation und -Behandlung, emotionale Lösungen durch Kunst und „Wege zu den Ahnen", auf denen sie Brücken zu ägyptischen und anderen uralten Behandlungsmethoden schlägt.

Mit Leidenschaft widmet sie sich ihrer Aufgabe, das Gewahrsein der Menschen zu erweitern, und hilft uns, die Rolle der Tiere für unser Heilwerden zu verstehen. Ihre frühere Lehrerinnenkarriere wurde von der Arbeit mit Tieren und deren Besitzern abgelöst.

Heute leitet Madeleine Praxisstunden und Workshops überall in England und Wales. Sie reist in viele Länder, um mit Tieren unterschiedlicher Arten in ihrem natürlichen Lebensraum zu arbeiten, aber auch um überall auf der Welt heilige Stätten aufzusuchen. Anhand von Haarproben und Fotografien von Tieren erstellt sie Fern-Readings für Kunden, die zu weit entfernt leben, um sie aufsuchen zu können.

Sie hält öffentliche Vorträge und schreibt Kolumnen.

Die unglaublichen Fähigkeiten in der Tierwelt

PSI bei Tieren
Bill Schul
(ISBN 978-3-89427-597-6)
Paperback, 240 Seiten

Jeder, der schon einmal ein Haustier hatte, dürfte sich darüber gewundert haben, dass sein Hund oder seine Katze bestimmte Geschehnisse geradezu vorausgeahnt zu haben schien. Haben Tiere einen „Sechsten Sinn"? Die Antwort dieses Buches lautet ganz unmissverständlich: „Das haben sie tatsächlich!" Bill Schul hat in diesem Werk die unglaublichsten Berichte über die paranormalen Fähigkeiten der Tiere zusammengetragen. Im Tierreich gibt es offensichtlich Fähigkeiten, die weit uber jenen der Menschen liegen. Tiere verfügen über Hellsichtigkeit, über ein Wahrnehmungsvermögen, das Zeit und Raum übersteigt und über eine phänomenale Gabe der Vorahnung. Alle diese Begabungen und noch weitere seelische Kräfte dokumentiert dieses aufrüttelnde Buch. Tiere sind unendlich viel begabter, als die meisten Menschen annehmen. Nach der Lektüre dieses Buches wird dieses Defizit behoben sein!

Wie Haustiere unsere Probleme übernehmen

Wenn Tiere ihre Menschen spiegeln
Rolf Kamphausen
(ISBN 978-3-89427-680-5)
Taschenbuch, 160 Seiten

Rolf Kamphausen arbeitet als Tierarzt in eigener Praxis. Anfänglich ist er verblüfft über eine scheinbar seltsame Parallelität zwischen den Krankheiten von Tieren und ihren Besitzern, bis er eines Tages die Gesetzmäßigkeit erkennt, dass Tiere ihre Herrchen und Frauchen spiegeln! Nachdem er den Schlüssel zum Verständnis der geheimnisvollen Verbindung zwischen Mensch und Tier gefunden hat, erschließen sich ihm Schritt für Schritt die Spiegelgesetze im Krankheitsverhalten der beiden. Er entdeckt die Geheimnisse der „Organsprache" und vermag so den Tierhaltern eigene Problemfelder aufzuzeigen, die diesen noch nicht einmal aufgefallen waren. Ein weiterer Meilenstein zum Verständnis des Tierreiches und seiner schicksalhaften Verbindung mit der Welt der Menschen!

Madeleine Walker

Wie Tiere ihre Menschen heilen
Madeleine Walker
(ISBN 978-3-89427-623-2)
Paperback, 200 Seiten

Madeleine Walker ist eine der bekanntesten und angesehensten Tier-Kommunikatorinnen der Welt! Sie verfügt über jahrzehntelange Erfahrung und ein herausragendes Einfühlungsvermögen. Tiere sind ihre Freunde und sprechen mit ihr! Walkers langjährige Forschungsarbeit hat sie die Überzeugung gewinnen lassen, dass Tiere nicht nur unsterblich sind, sondern ihre Seelen ein bleibendes Band zu Herrchen oder Frauchen knüpfen.

Dieses Band führt die Tiere und ihre Menschen nicht nur im Jenseits wieder zusammen, sondern lässt sie auch in neuen Erdenleben wieder zueinander finden. Das besonders Ungewöhnliche an diesem Phänomen ist dabei für Madeleine Walker der Umstand, dass die Tiere diese neue Bindung suchen, um den mit ihnen verbundenen Menschen in ihren Heilungsprozessen beizustehen! Dieses Buch öffnet eine völlig neue Dimension im Verständnis der Fähigkeiten des Tierreiches und wird die menschliche Demut und den menschlichen Respekt vor der Liebe und Treue der Tiere um eine weitere Stufe anheben!

Wenn Tiere ihren Körper verlassen

Wenn Tiere ihren Körper verlassen
Sabine Arndt / Petra Kriegel
(ISBN 978-3-89427-626-3)
Taschenbuch, 168 Seiten

Der Tod eines geliebten Haustieres ist für viele Menschen ein häufig sehr schmerzhaftes Geschehen. Zum einen verlieren sie einen treuen Freund, zum anderen fehlt oft das Wissen, dass auch Haustiere eine Seele haben, die in einer anderen Welt weiterlebt. Die Tier-Heilpraktikerinnen Sabine Arndt & Petra Kriegel haben einen liebevollen und überaus einfühlsamen Wegbegleiter verfasst, um den Übergang der Tiere in die jenseitige Welt zu erleichtern – für das Tier und für den Menschen. Dieser wertvolle Ratgeber schildert im Einzelnen die verschiedenen Sterbephasen und welche Hilfestellungen man den Tieren dabei jeweils geben kann. Dazu kommen hilfreiche Tipps und Rituale für diejenigen, die ein Tier während der Loslösung von seiner körperlichen Hülle begleiten. Ein segensreiches Buch, das auf wunderbare Weise Trost und Inspiration schenkt!

Auch Tiere haben eine Seele
Stefano Apuzzo
(ISBN 978-3-89427-470-2)
Taschenbuch, 286 Seiten

Sind unsere vierbeinigen Freunde unsterblich und sehen wir sie
im Jenseits wieder? Die Autoren
dokumentieren anhand einer Fülle von faszinierenden Beiträgen
die geistigen Wirkkräfte in den
Seelen der Tiere und ihre Bedeutung für den Menschen. Vor allem
aber zeigen sie die Aufgaben des
Menschen in der Betreuung jener
kleinen Mitgeschöpfe auf, die ihm
vom Göttlichen Plan in die Obhut
gegeben worden sind. Besonders
berührend in diesem bewegenden
Werk sind die viele Erfahrungsbe-
richte über die Tiere im Jenseits.

Auch Tiere haben Seelen